고품질 앱을 위한
모바일 테스팅

고품질 앱을 위한
모바일 테스팅

모바일 테스트 전략부터 수행까지

다니엘 노트 지음 | 최근호 · 정미연 옮김

i!i
에이콘

이 책을 저술하는 동안 격려와 지원을 아끼지 않은
나의 아내 사라에게 감사의 마음을 전한다

지은이 소개

다니엘 노트^{Daniel Knott}

2003년부터 소프트웨어 개발과 소프트웨어 테스트 분야의 경험을 쌓아왔다. IBM에서 훈련생으로 첫발을 내디딘 후 엔터프라이즈 소프트웨어 개발과 테스트에 참여했다. IBM 근무 이후에는 독일 비스바덴^{Wiesbaden}에 있는 실무 중심 대학^{University of Applied Sciences}에서 컴퓨터공학을 전공했다. 이때부터 싹트기 시작한 소프트웨어 테스트에 대한 열정이 이 분야에 몰입하게 만든 원동력으로 작용했다. 다양한 분야의 회사에 몸담으면서 웹과 데스크톱, 모바일 애플리케이션 테스트를 담당했다. 참여한 프로젝트에서는 안드로이드/iOS, 웹 애플리케이션 테스트를 위한 자동화 테스트 프레임워크를 구축했다. 잘 알려진 모바일 전문가이자 유럽의 다양한 콘퍼런스를 무대로 발표 경험이 풍부한 강사이고, 블로그(www.adventuresinqa.com) 운영자이기도 하다. 또한 독일 중심부에 기반을 둔 두 개의 테스트 사용자 그룹, Software Test User Group Rhein Main(www.stugrm.de)과 Rhein Main Mobile Quality Crew(www.meetup.com/Rhein-Main-Mobile-Quality-Crew)의 설립자다.

감사의 글

기꺼이 헌신적인 감수자가 되어준 토비아스 가이어^Tobias Geyer에게 감사의 마음을 전한다. 당신의 기여와 격려, 도움, 조언, 핵심을 찌르는 질문이 없었다면 이 책은 나올 수 없었다.

모바일 테스트 자동화에 관한 훌륭한 조언과 함께 이 책의 내용을 구성하는 데 도움을 준 도미니크 다리^Dominik Dary에게 감사한다.

삽화와 그림의 추가에 관한 아이디어를 준 루돌프 그뢰츠^Rudolf Grötz에게 감사한다. 크라우드 테스트와 클라우드 테스트를 위한 설명에 많은 도움이 되었다.

모바일 테스트 비즈니스의 일원으로 참여할 수 있는 기회를 준 다그마르 마테스^Dagmar Mathes에게 감사한다. 당신의 믿음과 지원, 격려가 큰 힘이 되었다.

책을 읽고 유익한 조언을 해준 세르게이 무드루크^Sergej Mudruk와 크리스토프 빌구스^Christoph Wielgus에게 감사한다.

또한 편집자인 앤드류 레니슨^Andrew Rennison에게 감사한다.

마지막으로, 다양한 소프트웨어 테스트 지식과 모바일 테스트 주제를 공유해준 모든 소프트웨어 테스터들에게 감사의 말을 전한다. 커뮤니티에 대한 기여와 이곳에 쏟은 시간 및 열정 모두에 대해 감사한다.

옮긴이 소개

최근호(choiguenho@gmail.com)

모바일과 웹 애플리케이션 테스트 엔지니어다. 애자일 개발 방식이 성공하려면 일정 수준 이상의 테스트 자동화가 반드시 필요하다고 믿는다. 개발과 테스트 프로세스에도 관심이 많으며, 번역을 통해 지식과 경험을 다른 사람들과 공유하면서 한국의 소프트웨어 테스트 문화에 조금이나마 공헌하고자 노력한다. 에이콘 출판사에서 펴낸 『Ext JS 반응형 웹 애플리케이션 개발』(2013), 『Selenium 웹드라이버 테스트 자동화』(2014)를 번역했다.

정미연(latecomer21c@gmail.com)

프로젝트 매니저다. 웹 개발자로 시작해 중국에서 10년간 크고 작은 프로젝트를 수행했다. 이런 경험을 바탕으로 현재 글로벌 디지털 마케팅 회사에서 중국 관련 프로젝트를 수행하고 있다. 다양한 IT 분야에 호기심이 많은데, 최근 관심사는 빅데이터와 사물인터넷 등의 미래 산업 분야와 이커머스다. 여행을 즐기며, 여가 시간에는 주로 영화와 모바일 게임에 몰두한다.

옮긴이의 말

모바일 테스트의 중요성은 이제 누구나 공감하는, 다소 식상할 수도 있는 주제다. 하지만 실상을 들여다보면 아직도 높은 수준의 품질 보증을 위한 체계적인 프로세스나 모범 사례는 찾기 어렵다. 실무자 입장에서 이런 현실에 답답한 적이 많았는데, 이 책을 집어 든 독자도 마찬가지일 것으로 생각한다. 웹이나 데스크톱 애플리케이션에서 사용하는 프로세스를 그대로 모바일 앱에 적용한 후 확신이 들지 않고 무언가 부족한 느낌을 경험하며, "아, 모바일 테스트는 일반적인 소프트웨어와 다르구나."라는 결론에 도달했을 것이다.

이 책은 모바일 테스트에 관해 지금껏 모르고 지나쳤거나 확신이 없어서 실행에 옮기지 못했던, 아니면 별다른 생각 없이 웹 애플리케이션 개발 과정을 그대로 따르기만 했던 독자분들에게 기존의 방식을 탈피해 모바일 테스트의 기본을 새롭게 정의함으로써 한 단계 업그레이드된 모바일 품질 관리자로 변신할 수 있도록 도와준다.

차례

들어가며

모바일폰은 1970년대 중반 이후부터 등장했다. 지금의 모바일 기기에 이르기까지 많은 발전이 있었지만, 가장 큰 이정표로는 2007년 애플이 아이폰을 발표한 시점을 꼽을 수 있다. 이때부터 모바일 스마트폰 시장은 끊임없이 성장해오고 있다. 8년이 지난 지금, 스마트폰과 태블릿 같은 터치스크린 기기는 우리 주변에서 어렵지 않게 찾아볼 수 있다. 앱스토어에서는 200만 개 이상의 앱을 다운로드할 수 있고 그 개수는 지금도 계속 증가하고 있다.[1] 이제는 사진 보기와 음악 감상에서부터 문서 작성, 게임, 피트니스와 건강에 이르기까지 평범한 일상 속에서 심심치 않게 앱을 만날 수 있다. 그런데 이러한 앱의 품질은 어떤가? 과연 신뢰할 만하고 사용하기 쉬우며 테스트도 충분히 이뤄진 것인지 궁금해진다. 이 책은 모바일 분야에 몸담은 사람이라면 누구나 읽을 수 있는 모바일 테스트 실용서며 모바일 테스터를 주 대상으로 한다.

이 책을 저술하게 된 이유

이 책의 시작은 내가 모바일 프로젝트에 참여하게 된 2010년부터다. 당시 내가 속한 모바일 팀은 모바일 웹앱과 네이티브 안드로이드 앱, 네이티브 iOS 앱 개발을 담당하고 있었고, 이것이 회사의 첫 번째 모바일 프로젝트였다. 품질 보증 부서에 완전히 새로운 테스트 환경이 펼쳐진 것이다. 아무런 준비 없이 동료들과 함께 모바일 테스트 전략을 세워야 했는데, 현재 개발 라이프 사이클에 맞는 테스트 자동화 도구를 검토하는 일도 이때 진행하게 되었다. 그 당시 모바일 테스트 도구는 지금처럼 흔치 않았다. 여러 테스트 접근법과 도구 적용을 시도한 끝

---

1   2015년 6월 기준으로 iOS 앱스토어에 등록된 앱의 개수는 http://www.statista.com/statistics/263795/number-of-available-apps-in-the-apple-app-store/에서, 안드로이드 플레이 스토어에 등록된 앱의 개수는 Android Play Store numbers, www.appbrain.com/stats/number-of-android-apps에서 확인할 수 있다.

에 실패도 경험했지만, 결국에는 팀과 회사, 고객이 모두 만족할 만한 결과물을 얻을 수 있었다.

이 책을 저술하게 된 다른 이유는 내 블로그(www.adventuresinqa.com)에서 찾을 수 있다. 나는 독일 포츠담에서 개최된 애자일 테스팅 데이^{Agile Testing Days}에 발표자로 참가한 이후 2011년부터 블로그 포스팅을 시작했다. 이처럼 규모 있는 테스트 콘퍼런스에서 모바일 테스트에 관한 주제 발표가 이뤄진 것은 이때가 처음이었다. 준비한 발표를 마치자 모바일 테스트와 내가 사용한 접근 방식, 도구 등을 묻는 질문이 쇄도했는데, 이와 같은 테스트에 관한 대중의 큰 관심과 궁금증이 나를 블로그로 이끌었다. 내가 알고 있는 모바일 테스트 지식을 공유하며 다른 테스터들과 의견을 나누는 것이 블로그를 시작한 주목적이었고, 영어 어휘력을 향상하려는 개인적인 목표도 다소 반영되었다. 지금까지 모바일 앱과 테스트를 주제로 90여 개의 글을 포스팅했는데, 전 세계 곳곳의 많은 사람이 내 블로그에 이렇게 큰 관심을 보일 줄은 미처 예상하지 못했다. 그들이 보내준 피드백은 정말 유익했고 다음 단계로 한 걸음 더 나아가야겠다는 확신을 갖게 해줬다. 다음 단계란 바로 여러분이 읽고 있는, 모바일 종사자를 위한 나의 실제 경험과 지식을 담은 모바일 테스트 관련 책을 저술하는 것이었다. 이 책을 통해 모바일 테스트 산업과 관련해 그동안 잘 알지 못했던 내용을 이해하고 새로운 것을 배우는 기회를 얻길 기대한다.

이 책의 대상 독자

이 책은 초보자부터 이미 모바일 개발에 참여하고 있는 테스트 전문가까지, 모바일 앱과 모바일 테스트에 관심 있는 사람이면 누구나 읽을 수 있다. 모바일 테스트 팀이나 모바일 테스트 전략을 고심하는 테스트 관리자에게도 최고의 선택이 될 것이고, 모바일을 처음 접하거나 모바일로 업종을 바꾸고자 하는 소프트웨어 테스터에게도 두말할 나위 없이 유용하다. 모바일 테스트 지식을 배우고 싶은 개발자나 자신이 개발한 모바일 앱을 충실히 테스트하고 싶은 개발자에게 적절한 선택이 될 것이다. 마지막으로, 이 책은 모바일 테스트라는 도전 과제에 대한 통찰력을 얻고자 하는 프로덕트 매니저가 읽어도 좋다.

이 책의 구성

이 책에서 다루는 내용은 다음과 같다.

- **1장, 모바일 테스트만의 특별함**에서는 모바일 테스트가 가지는 특별함에 주목한다. 모바일 사용자의 기대치, 데이터 네트워크, 모바일 기기 등을 살펴보고 모바일 테스트가 소프트웨어 테스트가 되는 이유를 설명한다.

- **2장, 모바일 기기와 모바일 앱**에서는 모바일 데이터 네트워크를 소개하고, 이런 배경지식이 중요한 이유를 설명한다. 통화만 가능한 수준의 덤브폰^{dumb phone}과 현재의 스마트폰을 아우르는 모바일 기기의 혁신 과정도 담고 있으며, 다양한 종류의 앱과 비즈니스 모델도 소개한다.

- **3장, 모바일 테스트의 도전 과제들**에서는 모바일 테스트가 마주하는 문제들과 해결책을 다룬다. 모바일 테스트의 도전 과제에는 고객의 요구사항과 기기 파편화, 센서와 인터페이스, 시스템 앱, 모바일 브라우저 이슈 등이 있다. 각 단원에서는 모바일 테스터로서 이러한 문제들을 처리할 수 있는 해결 방안을 제시한다.

- **4장, 모바일 앱 테스트**에서는 모바일 애플리케이션을 테스트하는 방법을 다룬다. 에뮬레이터, 시뮬레이터, 실제 기기 간의 차이점과 함께 모바일 앱에서 테스트해야 하는 부분을 설명한다. 기능적 요소와 비기능적 요소에 관한 테스트 접근법도 다루며, 또한 모바일 테스트 효율을 높일 수 있는 모바일 테스트 마인드맵, 연상 기호법, 체크리스트를 살펴본다.

- **5장, 모바일 테스트 자동화와 관련 도구**에서는 가장 중요한 주제 중 하나인 모바일 테스트 자동화를 다룬다. 테스트 자동화 도구의 종류와 각 도구만의 접근법을 배우고, 각자의 테스트 환경에 맞는 자동화 도구를 선택하는 아이디어를 얻을 수 있다. 추가로, 안드로이드와 iOS 플랫폼에서 사용 가능한 모바일 테스트 자동화 도구의 현주소를 개략적으로 설명한다.

- **6장, 크라우드 테스트와 클라우드 테스트**에서는 크라우드^{crowd}와 클라우드^{cloud}라는 새로운 모바일 테스트 접근법을 살펴본다. 각각의 장단점을 지닌 이 두 접근법은 모바일 테스트에 좋은 선택이 될 수 있다.

- **7장, 모바일 테스트와 런칭 전략**에서는 런칭할 때 고려할 테스트 이슈를 다룬다. 개발과 테스트를 끝내고 런칭하는 과정까지 고품질의 제품이 될 수 있도록 가이드하는 중요한 부분이다. 모바일 테스트와 런칭 전략을 세우는 방법에 관한 풍부한 아이디어와 예제를 제공한다.
- **8장, 모바일 테스터의 필수 역량**에서는 모바일 테스터가 반드시 갖춰야 할 역량들을 설명한다. 모바일 테스터로서 스킬 세트를 향상하는 방법도 함께 살펴본다.
- **9장, 앞으로 펼쳐질 일들**에서는 소프트웨어 테스터가 머지않은 미래에 수행하게 될 일을 설명한다. 사물인터넷, 스마트홈, 스마트카, 웨어러블이 여기서 다루는 주제들이다. 마지막에는 성공적인 커리어를 위한 다섯 가지 성공 요소를 알려준다.

각 장은 모바일 테스트의 실용적인 부분에 초점을 맞췄다. 이론적인 부분도 간혹 있겠지만, 대부분의 내용은 모바일 테스터로 일했던 내 실제 경험을 기반으로 작성됐다.

이 책의 활용법

이 책은 모바일 테스트 실용서다. 처음부터 끝까지 읽으며 모바일 테스트의 개요를 알아가도 좋고, 관심 분야만 골라 읽어도 상관없다. 책을 읽는 동안 명심해야 할 사항이 하나 있는데, 적어도 하나의 모바일 기기를 옆에 두고 읽은 것을 실습해보며 진행하라는 것이다. 책에서 언급한 테스트 자동화 도구를 사용해보고 싶은 생각이 든다면, 바로 지금이 PC를 켜고 확인할 적기다.

1장
모바일 테스트만의 특별함

소프트웨어 테스트에서는 볼 수 없는 모바일 테스트만의 특별함을 이야기하기 전에 먼저 실제로 있었던 일화를 하나 소개할까 한다.

'모바일 테스트는 무엇이 다른가요?' 몇 년 전 발표자로 참가한 테스트 콘퍼런스에서 어느 한 청년이 이런 질문을 했다. 모바일 기술과 모바일 앱의 테스트 방법, 모바일 테스트가 가지는 특수성에 대한 이야기로 질문에 답했는데, 그 질문자는 썩 내키지 않는 듯한 표정으로 "음. 그냥 뭐 더 작아진 화면에서 동작하는 소프트웨어 아닌가요? 그것 외에는 별로 특별한 것은 없어 보이는데요."라고 말했다. 그때만 해도 그는 꽤 거만했고 모바일 테스트 앞에 놓인 도전 과제를 이해하지 못하는 것 같았다. 여러 사례를 들며 대화를 좀 더 했지만 좀처럼 모바일 기술의 중요성을 받아들이려 하지 않았다.

하지만 시간이 흘러 2014년 어느 모바일 관련 콘퍼런스에 참석했을 때 모바일 앱의 중요성과 테스트 방법을 설명하며 강단에 있던 사람은 다름 아닌 바로 그 질문자였다.

이처럼 새로운 기술이 처음 나오면 경시되기 쉽지만, 소프트웨어 종사자라면 생소한 것에 호기심을 갖고 배워서 스킬 영역을 확장해야 한다.

다시 도입부에서 그 청년이 했던 첫 번째 질문으로 돌아가보자. 모바일 테스트는 무엇이 특별한가? 여러분은 스마트폰이라는 모바일 기기를 하나쯤은 가지고 있을 것이다. 태블릿도 괜찮다. 지금 손에 든 기기를 한번 들여다보자. 단지 작은 화면에 아이콘이 나열된 컴퓨터일까? 아니면, 개인정보를 저장하기 위한 다양한 센서와 입력 장치가 있는 개인용 컴퓨터인가? 시간을 갖고 조금만 더 생각해보자.

내가 소유한 스마트폰과 태블릿은 이메일과 SMS, 사진, 음악, 동영상 등 모든 개인정보를 담고 있는 지극히 사적인 컴퓨터다. 이것으로 어디서든 데이터에 접근하고 내비게이션으로 활용하거나, 내가 있는 곳의 주변 정보를 검색하기도 한다. 이런 이유로 내가 사용하는 앱은 신뢰도 높고 빠르며 편리하게 작동하기를 바란다. 이 세 가지는 나의 주관적인 요구사항이며, 이런 요구사항은 사용자에 따라 달라질 수 있을 것이다. 다양한 사용자가 저마다 가지는 각기 다른 요구사항. 이것이 바로 모바일 테스트에서만 만날 수 있는 특별함이다.

사용자가 원하는 것

모바일 앱의 목표와 핵심은 결국 사용자다. 하지만 다양한 사용자의 각기 다른 요구사항이 때로는 앱 개발을 힘들게 한다. 많은 보고서와 조사 결과가 말해주듯이, 모바일 사용자의 경우 일반 브라우저에서 동작하는 애플리케이션에 대한 기대치보다 모바일 앱에 대한 기대치가 더 높다.[1] 보고서에 의하면 모바일 사용자의 약 80%는 앱을 설치해 단 한 번만 사용하고 곧바로 삭제한다. 이런 결과를 가져오는 가장 흔한 원인은 마음에 들지 않는 디자인이나 사용상의 불편함, 너무 느린 로딩 속도, 설치하자마자 발생하는 충돌 문제 등이다. 모바일 사용자의 약 60%는 앱이 사용자 등록 등을 요구할 때 그 자리에서 앱을 지우며, 절반 이상의 사용자는 실행까지 2초 이상이 걸리면 여지없이 앱을 삭제해버린다. 설치하자마자 앱 충돌을 경험한 사용자도 대부분 앱을 삭제한다.

조사에 의하면, 평균적으로 모바일 기기에 앱을 40개 정도 설치하고 6초에 한 번씩은 기기를 들여다본다. 이런 사실을 근거로 모바일 사용자는 매우 높은 수준의 사용성과 성능, 신뢰성을 요구할 것이라 짐작해볼 수 있다. 실제로, 방금 언급

---

1 http://offers2.compuware.com/rs/compuware/images/Mobile_App_Survey_Report.pdf

한 세 가지는 모바일 앱 사용자들의 입에서 단골로 나오는 요구사항이다.

현재 가장 큰 앱스토어에는 200만 개 이상의 앱이 등록되어 있다. 그중에는 유사한 앱도 수없이 많아서 경쟁 앱이 적어도 하나 이상은 있기 마련인데, 앱스토어에는 비슷한 앱을 모아놓은 탭이 따로 있어서 사용자가 한눈에 비교하며 맘에 드는 앱을 다운로드할 수 있다.

다음은 모바일 앱 개발과 테스트 과정에서 명심해야 할 사항이다.

- 사용자 그룹에 대한 정보를 수집한다.
- 사용자가 원하는 것이 무엇인지 묻는다.
- 사용자의 요구사항을 충족시킨다.
- 사용성은 매우 중요하다.
- 앱은 신뢰성 있고 강건해야 한다.
- 성능도 매우 중요하다.
- 디자인이 미려해야 한다.

물론 이것 말고도 고려할 부분이 많겠지만, 최소한 위에 있는 항목만이라도 충실히 따르면 많은 사용자에게 만족감을 줄 수 있다.

KISS라는 기법을 한 번쯤 들어봤을 것이다.[2] '간단하고 단순하게 생각하라Keep It Simple, Stupid.'는 뜻을 지닌 약어인데, 제품을 만들면서 새로운 기능이나 옵션을 추가할 때 되뇌면 소프트웨어가 불필요하게 무거워지는 것을 막을 수 있다.

대부분의 경우 가볍고 단순 명료하게 만드는 것이 사용자의 만족감을 높이는 최고의 방법이다. 모바일 앱에 적용할 수 있는 KIFSU라는 원칙을 하나 소개한다 (그림 1.1). KIFSU는 KISS에서 영감을 받아 만든 것으로, 사용자의 니즈needs를 포용하고 쓸모없는 기능으로 앱이 무거워지는 것에 대한 경각심을 심어준다.

---

2 http://people.apache.org/~fhanik/kiss.html

K	I	F	S	U
Keep	It	Fast	Simple	Usable

그림 1.1 KIFSU

이동성과 데이터 네트워크

PC 기반의 소프트웨어와 달리 모바일 앱이 직면한 과제는 따로 있다. 모바일 앱 사용자는 이곳저곳으로 이동하고 때로는 인터넷을 통해 최신 정보를 가져온다.

모바일 앱은 잠재적 고객이 생활하는 실제 환경에서 테스트해야 한다. 스노보드와 스키 애호가를 대상으로 만든 앱을 예로 들어보자. 이 앱이 슬로프에 대한 정보와 코스에서 내려오는 속도를 공유하는 기능을 제공한다고 가정하자. 이 앱에 대한 테스트가 필요하다면 직접 스키장에 가서 기능 검증을 해야 한다. 이렇게 하지 않으면, 결과가 어떻게 나올지 아무도 예측할 수 없다.

물론 슬로프 정보의 유효성이나 앱이 정상적으로 설치되는지 확인하는 테스트는 회사 내에서도 충분하다. 하지만 슬로프에서 내려오는 속도나 기후의 영향, 산 정상의 인터넷 연결 문제 등이 끼어들면 이야기가 달라진다.

산 정상은 맑은 날씨부터 눈보라가 몰아치는 상황까지 변화의 폭이 넓어서 기능 구현이 까다롭다. 환경 조건의 영향을 받는 부분에서는 설계 자체에 대한 이슈와 사용성 문제가 많이 나올 수 있고, 추운 날씨가 하드웨어에 영향을 미치면 기능성 결함이 나오기도 한다.

앞서 언급했듯이, 몹시 추운 환경에서는 인터넷 속도와 연결 상태가 불안정해질 수 있다. 산 정상에서는 네트워크 상황이 좋았다가 산 아래 낮은 지역에서는 신호가 약해지기도 한다. 앱을 사용하는 도중에 신호가 약해지거나 연결이 끊어지면 어떻게 될까? 비정상 중지될까? 아니면, 여전히 동작할까? 네트워크 망이 바뀌면 또 어떤 상황이 발생할까? 알프스 산맥의 국경 근처에서 스노보드를 즐기고 있다면 이런 시나리오가 그리 특별한 케이스도 아니다.

이런 물음에 대한 답을 실내에서 찾으려 한다면 마땅한 해결책이 나오지 않을 것이다. 그러므로 네트워크에 연결된 채 직접 움직이면서 테스트하는 수고가 필요하다.

보다시피 실제 환경은 물론, 신호 대역에 따라 각기 다른 네트워크에서 앱을 테스트하는 것이 매우 중요하다. 네트워크 신호 세기는 앱에 미치는 영향이 큰데, 가령 낮은 신호 대역에서는 예상치 못한 에러 메시지가 튀어나오기도 하고 높은 신호 대역 사이를 오가다가 성능 이슈나 앱이 멈추는 현상이 발생하기도 한다.

어떤 앱이라도 좋으니 실제 환경과 네트워크 연결 때문에 일어날 법한 시나리오를 찾는 훈련을 해보자.

모바일 기기

이번 절을 시작하기 전에 가지고 있는 모바일 기기를 한번 꺼내보자. 기기의 전원을 켜지는 말고 손에 든 기기를 둘러본다. 무엇이 보이는가?

충전 단자와 헤드폰 연결 단자, 카메라, 몇 개의 물리적 버튼이 있고 터치스크린을 가진 기기가 대부분일 것이다. 쿼티 자판이 있는 스마트폰을 제외하면 버튼은 모두 합쳐도 다섯 개를 넘지 않는다.

지금은 휴대폰^{cell phone}이란 말이 스마트폰^{smartphone}과 같은 의미로 쓰이지만, 예전에는 지금보다 더 많은 물리 버튼으로 통화도 하고 문자를 보내는 이른바 덤브폰^{dumb phone}과 피처폰^{feature phone}도 휴대폰이라고 불렀다. 덤브폰으로는 통화나 문자 보내기, 전화번호 저장 정도만 가능했고 인터넷에 연결할 수 있는 폰은 극히 드물었다. 좀 더 진보된 기기인 피처폰은 게임, 일정 관리, 인터넷에 연결되는 기본적인 웹 브라우저를 제공했지만, 그렇더라도 사용자가 앱을 설치하거나 소프트웨어를 최신으로 업데이트할 방법은 없었기 때문에 기능성과 확장성 측면에서 매우 단순했다고 말할 수 있다. 현재 휴대전화 시장, 특히 급성장하고 있는 신흥 시장에서는 두 가지 종류의 폰을 모두 만날 수 있다. 하지만 2013년 이후부터는 지금의 스마트폰이 피처폰의 판매량을 앞지르고 있으며[3] 시간이 지날수록 격차는 더 커지고 있다. 아마도 몇 년 후 피처폰은 자취를 감출 것이다.

요즘 주변에 흔히 보이는 폰은 과거의 것과는 완전히 다르다. 최근의 스마트폰은 하드웨어와 소프트웨어의 다양한 기능이 집약된 작은 수퍼컴퓨터다. 휘도와 근접도, 가속도, 기울기 등을 측정할 수 있는 다양한 센서가 내장되어 있고 전면과 후면에 카메라가 있다. Wi-Fi와 셀룰러 네트워크로 인터넷에 연결하는 것은 물론이고 블루투스, NFC, GPS 같은 다양한 통신수단까지 지원한다. 모바일 플랫폼과 제조사에 따라서는 특화된 하드웨어 기능을 찾아볼 수도 있다.

소프트웨어 관점에서 보면 스마트폰은 매우 다양한 애플리케이션 프로그래밍 인터페이스[API]를 제조사와 개발자, 사용자에게 제공하면서 기능 확장을 용이하게 한다.

주요 모바일 플랫폼인 iOS와 안드로이드에만 집중하더라도 매우 많은 하드웨어와 소프트웨어 조합을 테스트 대상으로 잡아야 한다. 이렇게 무수히 많은 조합의 결과가 파편화[fragmentation]라는 단어를 낳았다. 모바일 기기에서 파편화는 매우 중요한 이슈이며 테스트에 있어서도 어제오늘의 이야기가 아니다.

모든 종류의 하드웨어와 소프트웨어 조합으로 앱을 테스트할 수는 없다. 무대를 옮겨 실제 환경에서 테스트해야 한다면 더더욱 그렇다. 결국, 모바일 테스터는 여러 종류의 기기를 테스트할 때 최소한의 노력으로 효과를 극대화하는 전략을 세워야 한다.

그 방법은 무엇일까? 하나의 플랫폼에서 테스트해야 하나? 최신 기기로 테스트할까? 아니면 최신 버전에서 테스트를 수행할까?

하지만 전략을 세우기 전에 먼저 고려할 것이 있다. 모든 앱은 저마다 특별하다. 요구사항과 문제점, 사용자층도 모두 다르다. 이런 부분을 이해하면 스스로에게 다음과 같이 질문함으로써 테스트에 적합한 모바일 기기를 선택할 수 있다.

---

3 www.gartner.com/newsroom/id/2665715

- 주요 사용자는 누구인가?
- 평균 연령대는?
- 예상하는 남녀 사용자 비율은?
- 사용자들이 사용하는 플랫폼은?
- 주로 사용하는 기기의 종류는?
- 가장 많이 설치된 소프트웨어 버전은?
- 앱에서 사용하는 센서의 종류는?
- 외부와 통신하는 방식은?
- 가장 일반적인 사용 패턴은?

질문거리가 더 있겠지만, 먼저 위의 내용에 답해가며 테스트 기기의 범위를 조금씩 줄여나갈 수 있다.

테스트를 시작할 때 적합한 기기를 선택하는 방법에 관한 이야기는 2장에서 계속한다.

모바일 기기의 라이프 사이클

앱을 테스트하는 데 적합한 모바일 기기를 찾는 과정은 한 번으로 끝나지 않고 계속 반복된다.

모바일 제조사는 새로운 기능을 탑재한 자사의 주력 상품을 매년 출시한다. 최근에는 다양한 사용자층과 사용 패턴에 특화된 모바일 기기를 내놓는다. 이런 현상은 특히 안드로이드 계열에서 두드러지는데, 새로운 폰에 탑재되는 최신 운영체제에는 새로운 기능과 디자인, API가 추가된다. 소프트웨어 업데이트는 버그 수정과 새로운 기능 추가를 포함해 1년에도 몇 번씩 이뤄진다. 이런 흐름에 맞춰 테스터는 최신의 하드웨어와 소프트웨어에서 앱이 동작하는 것을 보장할 책임이 있다.

이 문제는 어떻게 풀어야 할까? 매번 새로운 폰을 구매해야 할까? 또한 운영체제는 꾸준히 새 버전으로 업데이트해야 할까?

다시 말하지만, 중요한 것은 목표로 하는 사용자 그룹과 테스트 앱이다. 사용자 그룹이 언제나 최신 기기를 사용한다면, 뒤따라 똑같은 최신 기기를 구매해야 한다. 단, 사용자의 기기가 무엇이든 간에 모바일 시장의 변화는 항상 주시하고 있는 것이 좋다.

그리고 사람들의 구매 욕구를 자극하는 제조사의 최신 기종이 언제 출시되는지 알고 있어야 한다. 패치와 새로운 기능, 새로운 디자인의 적용 시기도 함께 알고 있어야 한다.

방금 전의 질문으로 돌아가서, 항상 새로운 폰을 사고 꾸준히 업데이트해야 하는가에 대해 답하자면 '절반만 그렇다.'라고 해야 할 것이다. 새로운 기기를 매번 구매해야 할 필요는 없지만, 운영체제를 최신 버전으로 업데이트하는 것은 생각해볼 문제다. 모든 사용자가 항상 최신 버전으로 사용하는 것은 아니기 때문이다. 대부분의 사용자는 업데이트 방법을 모르거나 관심조차 없다. 최소한 이전 버전의 운영체제가 설치된 폰에서 앱이 어떻게 동작하는지 확인하는 절차는 필요하다. 때에 따라서는 이미 보고된 문제점과 버그를 끄집어내 이전 버전에서 다시 확인하는 과정도 필요하다.

가장 좋은 방법은 지금 사용하는 폰으로 기존의 운영체제 버전을 유지하면서 최신 버전으로 출시된 새로운 폰을 준비하는 것이다. 문제는 비용인데, 불과 몇 달만 사용하는 기기에 투자하는 것이 부담스러울 수 있다. 이럴 때는 기기 대여를 고려해본다. 일정 기간 기기를 대여해주는 업체나 오픈랩Open Device Lab이 있다(3장에서 대여 업체와 오픈랩 목록을 볼 수 있다). 다른 방법은 모바일 클라우드cloud 서비스 업체를 통해 여러 명의 테스터에게 기기의 접근 권한을 부여하고 클라우드 환경에서 테스트를 수행하는 것이다. 인터넷 검색으로 이런 서비스 제공 업체를 한번 찾아본다.

내가 참여했던 모바일 프로젝트에서는 개발과 테스트 목적으로 사용자가 주로 사용하는 모델을 추려 상위 10개에서 15개까지 기기를 사용했다. 이 숫자는 대상 그룹이 사용하는 기기의 약 90%에 해당하는 적절한 양으로, 15개 이내의 기기로 심각한 버그를 대부분 찾아낼 수 있었고 테스트하지 않은 10%의 기기에서는 프로젝트나 사용자 요구사항을 변경할 만한 큰 문제가 나오지 않았다.

모바일 기기의 빠른 출시 주기에 대응하기 위해 다음 사항을 숙지한다.

- 모바일 시장과 소프트웨어 시장을 항상 주시한다.
- 새로운 폰의 출시일을 기억한다.
- 새로운 운영체제에 추가된 새로운 기능을 찾아본다.
- 사용자 그룹을 주시하면서 통계에 새로운 기기가 나타나는 것을 모니터링한다.
- 최신 버전으로의 업데이트는 신중하게 결정한다.
- 최신 운영체제가 설치된 새로운 폰을 구매한다.
- 구매가 힘들면 대여를 고려해본다.

기기 업데이트, 구매, 유지 보수는 만만한 일이 아니므로 절대 예산을 적게 잡아서는 안 된다. 어떤 때는 프로젝트에서 사용하는 기기의 수에 치여 온종일 여기에만 신경 써야 하는 일이 될 수도 있다.

모바일 테스트 vs. 소프트웨어 테스트

1장의 서두에서 언급한, 콘퍼런스에서 모바일 테스트를 대수롭지 않게 여겼던 청년 질문자의 일화로 돌아가보자. 그는 모바일 테스트가 진정한 소프트웨어 테스트는 아니라고 생각했고, 모바일 앱은 기능이 별로 없는 작은 프로그램이며 소프트웨어 테스트 측면에서 논할 가치가 없다고 말했다. 하지만 이 주장은 완전히 틀렸다. 여기까지 읽었으면 모바일 테스터가 마주하게 되는 문제에 대해 강렬한 인상이 남을 것이다. 모바일 테스트는 웹이나 데스크톱 애플리케이션의 테스트와 완전히 다르다. 모바일 앱은 웹 애플리케이션과 비교했을 때, 앱 위에서 동작하는 소프트웨어 영역을 넘어 물리적 장치의 영향도 받는다. 시장에는 각기 다른 스마트폰이 매우 많으므로 모바일 테스터는 하드웨어 영역에 좀 더 관심을 기울이면서 여러 네트워크에 접속하는 사용자를 따라 같이 움직이며 검증하려는 노력이 필요하다.

하드웨어뿐 아니라 사용자의 요구사항을 수용하는 것도 중요한 업무 중 하나로 받아들여야 한다. 관계자들과 협업하고 성공적으로 앱을 출시하기 위해 알아야 할 내용이 아직 많이 남아있다. 다음은 앞으로 다루게 될 내용이다.

- 모바일 테스터 앞에 놓인 더 큰 도전 과제와 해결책
- 모바일 앱을 체계적으로 테스트하는 방법
- 자동화 도구의 선정 방법
- 다양한 자동화 도구의 콘셉트
- 모바일 테스트 전략
- 모바일 테스트 기법
- 모바일 테스터의 자격 요건

1장에 다뤘던 내용을 복습해보자. 단순하고 가볍게 동작하는 앱을 만든다 (KIFSU를 기억한다). 실제로 이동하며 테스트하고, 사용자 그룹에 근거해 다양한 기기에서 검증한다.

요약

1장은 모바일 테스트에서 가장 중요한 주제를 다뤘다. 모바일 테스트는 노트북이나 데스크톱을 기반으로 하는 테스트 방법과 완전히 다르다. 가장 큰 차이점은 모바일 사용자가 계속해서 이동하며 앱을 사용한다는 것이고, 이런 이유로 네트워크와 다양한 기기에 대한 이해가 무엇보다 중요하다.

사용자가 바라는 높은 기대치에 관한 이야기도 했다. 모바일 앱 설계와 개발, 테스트 단계에서 KIFSU를 꼭 기억해서 목표에 집중하자. 이로써 사용자에게 외면받는 불필요한 기능을 개발하는 데 자원을 낭비하지 않을 수 있다.

마지막으로, 새로운 기술을 대수롭지 않게 생각하는 습관을 버리고 열린 마음과 호기심으로 더 나은 업무 환경을 만들어보자.

2장
모바일 기기와 모바일 앱

모바일 테스트에 관한 심도 있는 주제로 넘어가기 전에 모바일 기기와 셀룰러 네트워크의 역사를 먼저 알아보자. 지루하게 들릴지도 모르겠지만, 2장이 끝날 무렵에는 모바일이 성장한 과정과 이전 기술에 대한 이해가 얼마나 중요한지 깨닫게 될 것이다. 지금부터는 다양한 종류의 모바일 앱과 비즈니스 모델을 설명하고 모바일 앱스토어 시장의 상황을 개략적으로 알아본다.

모바일^{mobile}이라는 단어로 이야기를 시작해보자. 모바일이라는 말은 mobilis라는 라틴어에서 유래했다. 이 단어는 '움직이다'라는 의미의 movere에서 나왔는데, 자유롭게 이동하며 걷고 하늘을 날 수 있음을 뜻한다.

간단한 내용이라 어렵지 않게 이해될 텐데, 이 정도 의미는 이미 짐작했을 것이다. 하지만 기술적인 시각으로 모바일이라는 단어를 떠올리면 지난 수십 년 동안 끊임없이 발전한 모습에 머릿속이 복잡해질 것이다. 시대를 이전으로 옮겨 이야기를 계속해보자.

모바일 네트워크

모바일 기기로 통신하기 위해서는 유무선 기반의 통신 인프라가 필요하다. 현재 모바일은 4G 혹은 LTE[Long-Term Evolution]라 부르는 4세대 통신 기술을 사용한다.[1] 이 전에도 0G, 1G, 2G, 3G 같이 세대별로 이정표가 되는 기술이 있었다.

선구자 격인 0세대는 1960년대에 아날로그 라디오 통신으로 주로 사용되었는데, 0세대 이동통신[Mobile Radio Telephone System]으로 잘 알려졌다. 이 시절의 통신은 반 이중 통신 방식[half duplex]으로 한 명이 말하면 다른 한 명은 듣는 구조다.

0세대는 MTS[Mobile Telephone Service], MTD[Mobile Telephone System D], AMTS[Advanced Mobile Telephone System], OLT[Offentlig Landmobil Telefoni] 등의 다양한 이동통신 표준으로 구성되어 있다. 이때의 셀룰러 전화기는 너무 무거워서 트럭이나 기차 등 이동 수단에 주로 장착되었다. 폰의 구조는 송수신기[transceiver]와 헤드[head]로 나눌 수 있다. 송수신 기는 송신 스테이션과 연결을 담당하고, 헤드는 다이얼 키, 디스플레이, 핸드셋으로 구성되어 송수신기와 선으로 이어진다. 0세대 기술은 연결 방식의 문제로 사용자 회선 수에 제한이 있었다.

1세대(1G) 셀룰러 네트워크는 0세대의 기술에 비해 한 단계 발전을 이루며 1980년대에 등장한다. 1G도 여전히 아날로그 통신으로 AMPS나 NMT[Nordic Mobile Telephone]를 사용해 정보를 전달했다. 1세대 네트워크 통신은 일본을 시작으로 덴마크, 핀란드, 노르웨이, 스웨덴, 미국이 채택했고, 몇 년 후에는 다른 국가에서도 1G 네트워크 인프라가 갖춰지기 시작했다. 이전 세대 기술을 뛰어넘는 가장 큰 진보는 하나의 지역을 작은 셀로 나눠 10배나 더 많은 사용자를 수용하는 데 있었다. 하지만 1세대 기술도 문제점이 있었는데, 다른 사람의 통화를 엿듣거나 시스템에 몰래 접근해 비용을 내지 않고 통화할 수 있는 보안상의 취약점이었다.

이동통신 네트워크에서 가장 큰 진보는 2세대(2G)로 넘어가면서부터 이뤄졌다고 말할 수 있다. 2G는 1991년 GSM[Global System for Mobile Communications][2] 방식을 채택한 핀란드를 시작으로 등장했고, 몇 년 후에는 미국에서 CDMA[Code Division Multiple

---

1 www.etsi.org/technologies-clusters/technologies/mobile/long-term-evolution

2 www.etsi.org/technologies-clusters/technologies/mobile/gsm

Access 방식으로 2G 서비스가 시작되었다.[3] 두 가지 새로운 표준은 오늘날 이동통신 기술의 근간이 되었고 앞선 세대에 비해 다음과 같은 장점을 가졌다.

- 디지털 방식의 도입으로 통신을 암호화한다.
- 효율적인 방식으로 휴대폰 대중화가 쉽다.
- SMS로 알려진 문자 서비스를 사용할 수 있다.

2G 네트워크는 음성 통화와 단문 메시지 전송이 주 기능이고, 느리지만 데이터 전송도 어느 정도 가능하다. 하지만 2G가 도입된 후 모바일 서비스 사용이 급증하면서 데이터 전송 속도에서 아쉬움이 있었다. 좀 더 빠르게 데이터를 전송하고자 2G 네트워크를 확장한 GPRS^{General Packet Radio Service}[4]와 EDGE^{Enhanced Data rates for Global Evolution}[5] 표준이 생겨났다. 다른 이름으로 GPRS는 2.5G, EDGE는 2.75G로 부르기도 한다. 둘 다 3G 네트워크의 전신으로 일반 2G보다는 높은 데이터 전송 속도(GPRS: 56Kbit/s ~ 115Kbit/s, EDGE: 최대 236Kbit/s)를 보인다.

2001년에는 3세대(3G) 이동통신이 등장하면서 기존의 2G 네트워크에서 발전된 모습을 선보였다. 3세대는 UMTS^{Univeral Mobile Telecommunications System}[6]와 CDMA2000 표준 방식을 사용한다. 3G는 사용자의 환경에 따라 최대 21Mbit/s까지 높은 데이터 전송 속도를 제공한다. 이 정도의 전송 속도라면 스마트폰이나 태블릿 사용자가 이동 중에도 화상 통화, 모바일 TV, 웹서핑을 무리 없이 사용할 수 있다. 빠른 데이터 전송 속도를 가지는 3G 네트워크는 모바일 기기와 앱이 발전하는 데 커다란 구심점이 되었다.

4세대 이동통신 네트워크는 이전까지 보지 못했던 전송 속도로 많은 양의 데이터 처리 능력을 갖추고 있다. 4G 네트워크는 두 개의 표준으로 나뉜다. WiMAX^{Worldwide Interoperability for Microwave Access}[7]와 LTE가 그것이다. WiMAX는 다운로드가 최대 128Mbit/, 업로드가 최대 56Mbit/s다. LTE는 다운로드가 최대

3　www.etsi.org/technologies-clusters/technologies/mobile/w-cdma
4　www.etsi.org/index.php/technologies-clusters/technologies/mobile/gprs
5　www.etsi.org/index.php/technologies-clusters/technologies/mobile/edge
6　www.etsi.org/technologies-clusters/technologies/mobile/umts
7　www.wimaxforum.org/index.htm

100Mbit/s, 업로드는 최대 50Mbit/s다. 완전한 4G는 다운로드 속도가 1Gbit/s까지 나온다.

네트워크 제공자, 국가에 따라 스마트폰은 WiMAX나 LTE 네트워크 둘 중 하나를 사용한다. 4G를 지원하는 스마트폰의 상태바에서 LTE나 4G라는 아이콘을 볼 수 있다.

5세대 모바일 네트워크는 현재 상용화를 위해 개발 중에 있다. 여러 연구 팀이 모여 차세대 이동통신 기술과 아키텍처를 개발하고 있지만, 아마도 2020년 이전에는 새로운 표준이 나타나지 않을 전망이다.[8]

지금까지 상위 레벨의 모바일 네트워크 기술에 대해 간략하게 알아봤는데, 모바일 앱을 테스트할 때 각기 다른 표준을 따르는 다양한 네트워크를 이해하는 것은 매우 중요하다. 어떤 표준이 사용되고 얼마만큼의 네트워크 속도가 보장되는지도 알아야 한다. 각기 다른 데이터 네트워크에서 테스트하는 방법은 3장에서 다룬다. 현장에서 앞으로 배울 내용을 적용해보길 권한다.

2007년 이후의 모바일 기기

2007년 이전에 출시된 대부분의 폰은 소위 말하는 피처폰(1장, '모바일 테스트만의 특별함')이며, 소프트웨어적으로는 기능 확장이 불가능했다. 네트워크를 통한 데이터 전송이 가능하기는 했지만 모든 폰에서 인터넷을 연결할 수 있는 것도 아니었다. 이 시절에는 노키아, 모토로라, 블랙베리(리서치 인 모션) 등 일부 제조사가 모바일 시장을 장악했다. 대부분의 기기는 작은 화면과 함께 통화나 문자 보내기에 적합한 물리 키보드가 있었는데, 웹서핑이나 연락처를 찾을 때 썩 즐거운 경험fun to use을 제공하지는 못했다.

그러다가 2007년 1월 애플이 첫 번째 아이폰iPhone을 발표하면서 스마트폰의 혁명이 일어난다. 스티브 잡스는 다음과 같은 말과 함께 1세대 아이폰을 발표한다. "오늘 애플은 휴대전화를 다시 발명했습니다."

---

8 http://europa.eu/rapid/press-release_IP-13-159_en.htm

스티브 잡스의 말은 옳았다. 모바일 기기 시장의 흐름은 2007년을 기점으로 급변하기 시작했다. 1년 후에는 구글이 HTC를 통해 HTC 드림$^{HTC\ Dream}$이라는 첫 번째 안드로이드 스마트폰을 선보였고(G1으로도 불린다.), 다음 해부터는 여러 제조사에서 각기 다른 안드로이드 소프트웨어 버전을 탑재한 자사의 안드로이드 스마트폰을 만들기 시작했다.

애플이 아이폰을 발표했을 때 구글은 발 빠르게 대응하면서 자신만의 모바일 플랫폼을 구축해나갔다. 하지만 마이크로소프트와 블랙베리는 오직 애플이나 구글과의 모바일 기술 격차만을 줄이고자 노력했는데, 지금까지도 따라잡지 못하는 형국이다.

2007년 이후부터는 하드웨어와 소프트웨어 기술이 끊임없이 발전해서 시장에 나온 새로운 기능이 무엇인지 알기 힘든 경우도 간혹 있다.

업계 종사자로서 스마트폰 내부의 물리적인 부품과 각 파트에서 하는 일이 무엇인지는 개략적으로 알고 있어야 한다. 이런 지식은 테스트하는 기기에 대한 이해도를 높여 테스트를 더 효과적으로 할 수 있게 한다.

주변에 흔히 보이는 모바일 기기는 작고 얇은, 평평하거나 굴곡진 모양의 유리나 플라스틱, 메탈 소재로 대부분 만들어졌다. 이렇게 작은 기기를 동작하게 만드는 하드웨어는 케이스로 씌워져 사용자의 눈에는 보이지 않는다. 그 안에는 무엇이 있을까? 일반적으로 스마트폰은 다음과 같은 하드웨어 부품으로 구성된다.

- 메인보드나 로직보드
- CPU$^{central\ processing\ unit}$
- GPU$^{graphics\ processing\ unit}$
- 메모리
- 각기 다른 안테나와 인터페이스
  - 2G, 3G, 4G와 연결하는 셀룰러 네트워크 칩
  - Wi-Fi
  - NFC$^{near\ field\ communication}$
  - GPS$^{Global\ Positioning\ System}$
  - 블루투스

- 다양한 센서(모든 센서가 필수적으로 장착되는 건 아니다.)
  - 조도 센서
  - 근접 센서
  - 가속도 센서
  - 중력 센서
  - 자기 센서
  - 압력 센서
  - 온도 센서
  - 습도 센서
- 배터리
- 진동 모터
- 확장 메모리 슬롯
- SIM 카드 슬롯

다음은 겉에서 보이는 부분이다.

- 케이스
- 터치스크린
- 물리 버튼(전원 버튼, 볼륨 업/다운 버튼, 컨트롤 버튼)
- 헤드폰 잭
- 스피커와 마이크로폰
- 충전/USB 커넥터
- 전후면 카메라
- 플래시

더 상세한 부품 정보가 필요하면 인터넷에서 'teardown'이라는 키워드로 찾아보거나 제조사의 웹사이트에 들어가본다. 위에 나열한 항목은 태블릿에도 대부분 적용된다.

모바일 테스터로서 모바일 기기에서 사용할 수 있는 부품을 아는 것은 매우 중요하다. 이런 지식이 쌓여 하드웨어나 앱에 얽힌 문제를 식별하고 범위를 좁혀나갈 수 있다.

안드로이드와 iOS 비교

앞 장에서 언급했듯이 윈도우폰이나 블랙베리 같은 모바일 플랫폼은 안드로이드나 iOS보다 시장 점유율이 매우 낮다.[9] 2015년 2월까지의 시장 점유율을 보면 안드로이드가 55.26%, iOS가 23.82%, 윈도우폰이 2.32%, 블랙베리가 1.66%를 차지하고 있다. 나머지 17%는 심비안, Series 40, 구식 모바일 운영체제다.

> **중요**　이 수치는 지리적 위치에 따라 다를 수 있지만 큰 흐름을 이해하는 지표가 된다.

블랙베리와 윈도우폰은 시장 영향력이 작으므로 지금부터는 iOS와 안드로이드에 초점을 맞춰 설명한다.

표 2.1은 두 운영체제의 차이점은 무엇이고 공통점은 무엇인지 비교한 내용이다.

표 2.1 안드로이드와 iOS 비교

비교 항목	안드로이드	iOS
회사	구글	애플
OS 계열	리눅스	OS X, 리눅스
프로그래밍 언어	C, C++ 앱은 자바로 개발	C, C++ 앱은 오브젝티브C, (iOS 8 이후로는) 스위프트로 개발
소스 모델	오픈소스	클로즈드 소스
오픈소스	커널, UI, 일부 기본 앱	iOS 커널은 오픈소스는 아니지만 다윈 OS를 기반으로 함
제조사	LG, 삼성, HTC, 소니, 아수스, 모토로라, 화웨이 등	애플
커스터마이징	자유롭게 변경 가능	매우 제한적

(계속)

9　http://gs.statcounter.com

위젯	알림 센터 외에 바탕화면에서도 설정 가능	알림 센터에서만 가능
인터페이스	터치스크린	터치스크린
음성 명령	구글 나우	시리
지도	구글 맵	애플 맵
화상 통화	행아웃	페이스타임
사용 가능한 언어	32개 국어	34개 국어
앱스토어	구글 플레이, 아마존, 삼성 스토어 등	애플 앱스토어

표에서 보듯이 두 플랫폼 모두 많은 기술과 기능이 집약되어 있고, 음성 명령, 지도, 화상 통화, 이메일, 일정 관리 등 다양한 앱을 제공한다. 이 둘의 가장 큰 차이점은 소스 모델과 사용하는 프로그래밍 언어라 할 수 있겠다. 오픈소스인 안드로이드 운영체제는 C와 C++로 작성되었지만, 안드로이드 앱은 자바^{Java}로 개발한다. iOS도 C와 C++를 사용하지만 클로즈드 소스다. iOS 앱은 오브젝티브 C$^{Objective-C}$나 스위프트^{Swift}로 개발하는데, iOS는 오픈소스 유닉스인 다윈^{Darwin}을 기본 운영체제로 사용하는 클로즈드 소스다.

또 하나의 차이점은 제조사에 있다. 애플은 iOS 기기를 직접 만든다. 이에 반해 구글은 여러 제조사를 통해 안드로이드 운영체제를 탑재한 안드로이드 기기를 생산한다. 제조사는 안드로이드 운영체제를 자사만의 하드웨어에 맞게 확장한 커스터마이징 버전의 제품을 만든다.

모바일 테스터는 제조사마다 다른 하드웨어의 특징도 알고 있어야 하는데, 유저인터페이스가 저마다 다른 탓에 앱에서 동작이 달라질 수 있기 때문이다. 안드로이드 기기와 소프트웨어 버전의 파편화는 앞으로 풀어나가야 할 숙제이긴 하지만, 구글과 일부 하드웨어 제조사가 협력해 만든 넥서스^{Nexus} 시리즈 같은 커스터마이징이 없는 순수 안드로이드 기기도 있다.

마지막으로 언급하고자 하는 차이점은 유저 인터페이스^{UI}다. 두 플랫폼 모두 터치 인터페이스로 스와이핑^{swiping}과 탭핑^{tapping}, 핀치앤줌$^{pinch and zoom}$ 같은 제스처를 사용하지만, 특유의 UI와 디자인 패턴을 고수한다. 자세한 설명은 안드로이드 디자인 가이드[10]와 iOS 디자인 가이드[11]에 나와 있으니 참조해보길 바란다. 새로운 버전의 운영체제에 관한 설명도 가이드에 함께 실려 있다. 앱을 출시하려면 이런 문서를 잘 따라야 하는데, 가이드라인을 지키지 않으면 앱스토어 등록을 거부당할 수 있다. 보통은 안드로이드보다 애플 앱스토어에서 이런 일이 종종 발생한다. 애플에서 제공하는 'Common App Rejections' 페이지를 보면 앱스토어에서 등록이 거부될 수 있는 사유가 나와 있다.[12]

가이드를 준수해야 하는 다른 이유는, 화면 넘김은 오른쪽에서 왼쪽으로 쓸어 넘기고 새로고침은 아래로 당겨야 하는 것에 사용자가 이미 그동안의 경험으로 익숙해졌기 때문이다.

기기가 부팅되면 데스크톱에서 볼 수 있는 홈 스크린 화면이 나타난다. iOS의 홈 스크린은 여러 개의 홈 스크린에 아이콘이 나열된 모습이고, 안드로이드는 앱과 위젯Widget으로 사용자가 개성 있게 꾸밀 수 있다.[13] 위젯은 이메일이나 트위터, 날씨 앱 등에서 제공하는 정보를 화면에 좀 더 보여주는데, 사용자가 원하는 위치에 배치하고 크기를 늘리거나 줄일 수 있다. 애플 기기에서도 iOS 8 이후로 알림 센터를 통해 위젯을 사용하는 것이 가능해졌다.

두 플랫폼 모두 홈 스크린은 화면 아래 고정 영역에 자주 사용하는 앱을 위치시켜, 다른 홈 화면으로 이동해도 한 번에 앱을 실행할 수 있도록 설정할 수 있다. 화면 상단의 상태바status bar에는 배터리 상태와 네트워크 신호의 세기, 현재 시간, 앱에서 알려주는 알림 정보 등의 관련 정보가 나타난다. 안드로이드 계열에서는 수신된 이메일, 문자, 전화, 설치한 앱의 링크 등 더 많은 정보가 나타난다.

둘 중 하나의 플랫폼에만 익숙하다면 다른 플랫폼을 알기 위해 기기를 대여하거나 구매해볼 것을 권한다. 모바일 테스터로 성공적인 커리어를 쌓기 위해서는 많이 사용하는 플랫폼에 대해 충분한 지식을 가지고 있어야 한다.

---

10 https://developer.android.com/design/index.html
11 https://developer.apple.com/design/
12 https://developer.apple.com/app-store/review/rejections/
13 https://developer.android.com/guide/topics/appwidgets/index.html

앱의 종류

홈 스크린 화면에는 설치한 앱이 있다. 그런데 설치된 앱이 어떤 종류의 앱인지 알고 있는가? 네이티브 앱, 하이브리드 앱, 웹 기반의 애플리케이션 같은 종류 말이다. 앱 아이콘을 들여다봐서는 알 수 없지만, 앱을 실행해 몇 번 탭을 하다 보면 어느 정도는 추측할 수 있다.

모바일 기기를 꺼내 원하는 앱을 선택해 실행해보자.

무엇이 보이나? 브라우저 창이 보이나? 아니면, 전체 화면 모드가 앱으로만 가득 차 있나? 브라우저 창이 보인다면 웹 기반의 앱이다. 그럼, 하이브리드와 네이티브 앱은 구별할 수 있을까? 답은 하이브리드 앱의 최적화 정도에 달려 있다. 다음 내용은 모바일 앱의 종류와 장단점에 관한 내용이다.

네이티브 앱

네이티브 앱^{Native apps}은 모바일 플랫폼에 맞는 특정 프로그래밍 언어로 만든다. 예를 들어, 안드로이드 앱은 자바 언어로, iOS 앱은 오브젝티브C나 스위프트로 개발한다. 네이티브 앱은 플랫폼에서 제공하는 라이브러리와 API를 사용해 요즘 스마트폰에서 제공하는 모든 기능을 사용할 수 있는 장점이 있다. 사용자가 필요한 권한을 허용하기만 하면 카메라와 GPS 등 여러 센서를 앱에서 접근할 수 있다. 개발자는 GPU와 CPU 같은 시스템 리소스를 활용해 빠르고 안정적으로 동작하는 앱을 개발할 수 있는데, 일반적으로는 네이티브 앱이 좋은 성능과 최적화된 모습을 나타낸다. 또한 룩앤필^{look and feel}이 우수하고 터치스크린에서 할 수 있는 모든 제스처 기능을 제공한다.

배포도 매우 간단해서 앱스토어에 네이티브 앱을 업로드해 판매만 하면 끝이다. 하지만 일부 앱스토어의 경우 승인 심사가 있어서 판매까지 시간이 다소 걸릴 수도 있다. 이미 출시된 앱을 업데이트할 때도 같은 심사 과정이 적용되는데, 긴급 패치가 필요할 때는 문제가 될 수 있다.

장점

- 네이티브 앱은 플랫폼 특화된 모든 하드웨어와 소프트웨어 기능을 사용할 수 있다.
- 네이티브 앱은 해당 모바일 플랫폼에 최적화되어 있어서 성능이 우수하다.
- 네이티브 앱은 모양과 사용감이 좋다.
- UI 가이드라인을 준수하기만 하면 사용성이 보장된다.
- 모든 터치 제스처를 사용할 수 있다(기능을 구현하는 경우).
- 배포가 매우 쉽다. 사용자는 검색으로 앱을 찾을 수 있다.
- 오프라인에서도 데이터를 저장할 수 있다.

단점

- 플랫폼마다 사용하는 언어가 달라 각 플랫폼에서 동작하는 앱을 만들려면 그만큼 개발해야 한다.
- 승인 시간이 길어질 수 있다.
- 이미 출시한 앱이라도 업데이트하려면 시간이 필요하다(긴급 패치가 필요할 때 짜증스런 일이다).
- 개발 비용이 많이 든다.
- 플랫폼 벤더에게 판매 수익의 30%를 지급해야 한다.

하이브리드 앱

하이브리드 앱Hybrid apps은 이름이 암시하듯이 HTML이나 자바스크립트 같은 웹 기술로 구성된다. 웹 파트가 만들어졌으면 웹 코드를 기반으로 안드로이드, iOS, 윈도우폰, 블랙베리 등 네이티브 형식으로 컴파일할 수 있다. 웹 코드를 네이티브 코드로 컴파일하려면 폰갭PhoneGap 같은 하이브리드 개발 프레임워크를 사용해야 한다.[14] 이런 종류의 프레임워크는 하드웨어 기능에 접근할 수 있는 API를 제공한다.

---

14 http://phonegap.com/

프레임워크 내에서 동작은 어떨까?

프레임워크는 HTML 렌더링 엔진을 통해 웹 코드와 브릿지bridge를 만든다. 앱을 구성하는 일부 요소만 네이티브 운영체제 위에서 동작하고, 대부분은 브릿지를 통해 렌더링 엔진의 웹 코드와 통신하는 기능을 한다. 브릿지의 도움으로 웹 코드가 네이티브 하드웨어 기능에 접근할 수 있다.

HTML 콘텐츠나 하이브리드 앱의 컴포넌트는 서버에서 호스팅하는데, 마이너 업데이트는 이런 방식을 통해 앱스토어의 승인을 기다릴 필요 없이 부분 적용이 가능하다. 하지만 서버 측으로 정보를 보내는 과정에는 한 가지 큰 단점이 있다. 폰이 오프라인 상태일 때 콘텐츠와 엘리먼트가 동작하지 않는 점이다. 이런 요소들은 오직 기기가 네트워크에 연결되어 있을 때만 동작한다. 콘텐츠와 엘리먼트를 모두 다운로드하면 오프라인일 때도 사용할 수는 있겠지만, 그래도 온라인 업데이트가 안 되는 건 마찬가지다. 하이브리드 앱으로 개발할 계획이면 다음 내용을 참고한다.

장점

- 기본 웹 코드를 여러 모바일 플랫폼에서도 사용할 수 있다.
- 하드웨어 기능에 접근할 방법을 프레임워크에서 제공한다.
- 작은 업데이트는 서버에서 수행할 수 있다.
- 앱 배포가 쉽다.
- 앱스토어에서 검색으로 앱을 찾을 수 있다.

단점

- 서버의 콘텐츠와 컴포넌트에 접근하는 경우 성능이 떨어진다.
- 모바일 플랫폼마다 다른 디자인 가이드를 준수하기가 쉽지 않다.

- 플랫폼 특화 기능은 다른 플랫폼에서는 동작하지 않으므로 개발할 수 없다.
- 승인 심사 과정이 길다.

'모바일 프레임워크 비교'라는 웹사이트에는 여러 개발 프레임워크를 비교한 좋은 내용이 있다.[15]

웹앱

모바일 웹앱Web app은 모바일 기기의 웹 브라우저에서도 접근할 수 있는 웹사이트 다. 이런 웹사이트는 모바일 브라우저를 사용했을 때 최적화된 화면을 제공하고 모바일 플랫폼에도 구애받지 않는다. 모바일 웹앱은 HTML과 자바스크립트 같은 언어로 개발하는데, HTML5[16]와 CSS3[17], 자바스크립트가 주로 사용된다.

HTML5를 사용하면 애니메이션과 인터랙티브한 효과로 웹사이트를 만들 수 있다. 뿐만 아니라 오디오나 비디오 파일 재생, 로컬 스토리지, 위치 기반의 기능 도 포함하고 있다. 이렇게 다양한 기능이 HTML5, CSS3, 자바스크립트를 사용해 모바일 웹앱으로 쉽게 구현된다. 게다가 모바일 웹앱은 앱스토어의 승인을 기다 릴 필요 없이 쉽고 간단하게 업데이트할 수 있다.

모바일 웹앱도 단점은 있다. 예를 들어, 하드웨어 기능 접근이 제한적이어서 근접 센서나 가속도 센서를 사용할 수 없다. 마찬가지로 카메라나 나침반, 마이크 로폰, 다양한 알림 기능 등을 사용할 수 없다. 그리고 네이티브나 하이브리드 앱 보다 느린 경향이 있는데, 이것은 화면에 보이는 모든 정보를 다운로드하기 때문 이다.

모바일 웹앱은 모바일 브라우저에 의존적이다. 모바일 브라우저에서 HTML5 와 CSS3, 자바스크립트 표준을 모두 지원하지 않으면 웹앱은 기기마다 다르게 동작할 수 있다. 이 문제는 확인해야 할 모바일 브라우저의 수가 증가한다는 의 미로, 모바일 웹앱 테스트에서 큰 골칫거리가 된다.

모바일 웹앱의 장단점을 요약하면 다음과 같다.

---

15 http://mobile-frameworks-comparison-chart.com/
16 http://dev.w3.org/html5/html-author/
17 www.w3.org/Style/CSS/

장점

- 일반적인 기술로 개발할 수 있다.
- 네이티브나 하이브리드 앱보다 개발 비용이 낮고 빠르게 구현할 수 있다.
- 모바일 플랫폼에 의존하지 않는다.
- 웹 브라우저로 쉽게 접근할 수 있다(앱 설치가 필요 없다).
- 앱스토어의 승인을 받지 않아도 된다.
- 업데이트가 빠르고 쉽다.

단점

- 하드웨어 기능 사용에 제약이 있다.
- 오프라인일 때 사용에 제약이 있다.
- 이미지나 비디오 같이 용량이 큰 미디어 파일은 다운로드에 시간이 걸린다.
- HTML5, CSS, 자바스크립트 표준을 지원하는 브라우저 종류가 다양하다.
- 네이티브 앱만큼 사용이 편리하지 않다.
- 터치 제스처 사용에 제약이 있다.
- 앱스토어에 없다.

모바일 앱의 비즈니스 모델

모바일 앱의 수익은 어디서 발생하고 확인은 어떻게 해야 할까? 두 가지 물음은 앱 개발과 테스트에 매우 중요하다. 대부분의 개인 개발자와 개발사는 인앱in-app 결제로 수익이 발생하기를 갈망한다.

따라서 모바일 앱을 통한 수익을 확인하는 유료화 모델payment model의 테스트가 필요하고, 같은 맥락으로 모바일 앱 시장의 비즈니스 모델을 잘 알고 있어야 한다.

- 프리미엄 모델
- 유료 모델
- 트랜잭션 모델

프리미엄 모델

프리미엄 모델freemium model은 가능한 한 많은 사용자 확보를 목표로 한다. 일단 앱이 설치되면 다음과 같은 다양한 방법으로 수익을 만든다.

- 가장 흔한 방법은 무료 버전이다. 무료 버전은 기능이나 내용 면에서 사용에 제한이 있으며, 전체 기능을 사용하고 싶으면 풀 버전(유료)을 다운로드해야 한다. 프리미엄 모델에서는 이런 방식을 가장 많이 사용한다.
- 수익을 내기 위해 두 번째로 많이 사용하는 방법은 광고를 싣는 것이다. 다양한 종류의 광고 포맷이 있으며, 광고 수익을 목적으로 앱에 추가할 수 있다. 광고는 대부분의 무료 앱에서 볼 수 있는데, 때로는 사용자를 매우 귀찮게 하거나 짜증 나게 만든다. 광고를 삽입할 때는 고객을 잃을 수도 있다는 위험을 감수하고 신중을 기해야 한다. 광고 삽입은 AdMob[18]이나 iAd[19] 같은 프레임워크를 사용하면 된다.
- 세 번째 방법은 인앱 결제다. 인앱 결제는 주로 게임 앱에서 사용하는 방식이며 게임을 좀 더 즐기고자 새로운 레벨이나 고급 아이템을 구매하는 행위에서 발생한다. 인앱 결제를 통해 최신 뉴스를 제공하는 신문 기사 앱도 많다. 어떤 앱은 사용자가 결제를 하면 광고를 보이지 않게 해주기도 한다.

유료 모델

유료 모델paid business model은 단순하다. 사용자는 결제 후에 앱을 다운로드할 수 있는데, 게임 앱이나 필터를 사용해 마치 폴라로이드 사진 같은 효과를 내는 특수한 기능이 있는 앱에서 흔한 방식이다.

트랜잭션 모델

트랜잭션 모델transaction business model은 사용자가 앱으로 어떤 기능을 수행한 후 사용료를 지급하는 방식이다. 트랜잭션 앱의 예는 구글 월렛Google Wallet에서 찾아볼

---

18 www.google.com/ads/admob/
19 http://advertising.apple.com/

수 있다.[20] 사용자는 신용카드나 체크카드를 사용해 다른 계좌로 송금할 수 있고, 송금이 완료되면 송금액에 따라 일정 수수료가 부과된다.

사업 모델 선택

가트너[Gartner]의 조사에 의하면 앱스토어를 통해 다운로드된 앱은 인앱 결제를 하는 프리미엄 앱이 대부분이고(약 90%), 유료 앱의 다운로드 빈도는 이보다 훨씬 적었다.[21] 이러한 조사 결과를 토대로 앱의 사업 모델과 가격은 좀 고민해볼 필요가 있다.

사업 모델을 선택할 때는 앱의 종류도 신경 써야 한다. 지금까지 배운 사업 모델을 모든 앱에 적용할 수 있는 건 아니다. 예를 들어 모바일 웹앱을 유료로 판매하려면, 로그인 기능으로 사용료를 지급한 사용자를 식별해 해당하는 콘텐츠에만 접근할 수 있도록 접근을 제한할 필요가 있다. 반면에 네이티브 앱이나 하이브리드 앱은 앱스토어에서 결제가 이뤄지기 때문에 로그인 기능이 필요 없다.

앱스토어

앱스토어[App store]는 모바일 시장의 핵심이다. 앱스토어에서는 앱을 다운로드하고 평점을 매긴다. 앱스토어가 없었다면 스마트폰은 소비자가 원하는 만큼 똑똑하지 않고 기능이 풍부하지도 않았을 것이다. 현재 가장 큰 모바일 플랫폼인 구글[22]과 애플[23]의 앱스토어에는 200만 개 이상의 앱이 올라가 있다. 지금까지 1,000억 개 이상의 앱이 다운로드되었고 이 기록적인 수치는 계속해서 갱신되고 있다.

애플과 구글이 구축한 앱스토어 이외에도 제조사와 통신사가 지원하는 스토어가 있다. 다음은 각자의 플랫폼에서 앱스토어를 운영하는 제조사와 통신사 목록이다.

20 www.google.com/wallet/

21 www.gartner.com/newsroom/id/2592315

22 Google Play store, https://play.google.com/store

23 Apple App Store, https://itunes.apple.com/us/genre/ios/id36?mt=8

- 아마존
- AT&T
- 차이나 모바일
- 모질라
- 삼성
- 티-모바일
- 보다폰

그런데 왜 이렇게 많은 스토어가 존재할까? 특히 안드로이드 진영에서는 아마존[24]과 삼성 스토어[25] 같은 앱스토어가 여러 개 있다. 그 이유는 간단하다. 모바일 앱 사업으로 이익을 얻고 싶기 때문이다.

삼성 앱스토어를 예로 들어보자. 갤럭시 시리즈를 출시한 후, 삼성은 가장 크고 성공한 안드로이드 기기 제조사가 되었다. 세계 곳곳에 수많은 기기를 팔았으며 지금도 계속되고 있다. 모든 삼성 스마트폰에는 자사의 앱스토어가 설치되어 있는데, 구글에서 삼성 앱스토어로 소비자의 발길을 돌릴 기회가 숨어있는 것이다. 많은 사용자가 삼성 앱스토어를 사용하면 트래픽이 생겨나고 광고 수익을 올릴 수 있다. 게다가 앱스토어를 통해 앱이 팔리면 추가 이익도 얻는다. 대부분의 앱스토어는 판매 수익의 30%를 플랫폼 제공자가 가진다. 인앱 결제도 마찬가지다.

아마도 모바일 앱스토어가 우후죽순으로 생겨난 이유는 여기에 있는 것 같다. 인터넷에서 검색해보면 훨씬 더 많은 앱스토어가 튀어나온다.

아직 언급하지 않은 다른 모바일 플랫폼도 앱스토어를 가지고 있다. 블랙베리 앱은 블랙베리 월드BlackBerry World[26]라는 공식 마켓에서 앱을 다운로드할 수 있고, 윈도우폰 앱은 마이크로소프트 스토어Microsoft Store[27]에서 다운로드 가능하다.

모바일 시장에 앱을 선보이기 전에는 목표에 대해 고민해볼 필요가 있다. 단순히 가장 큰 앱스토어에 앱을 등록하는 것보다 현재 상황에 맞는 앱스토어를 선택

---

24 www.amazon.com/mobile-apps/b?node=2350149011

25 http://apps.samsung.com/

26 http://appworld.blackberry.com/webstore/?d=android&o=m&countrycode=US&land=en

27 www.windowsphone.com/en-us/store

하는 편이 더 나을 수 있다. 예를 들면, 수익을 70(개발자) 대 30(앱스토어 제공자)으로 배분하는 일반 앱스토어보다 더 좋은 조건을 제공하는 앱스토어를 선택한다거나, 아프리카 또는 아시아 시장을 타깃으로 하는 앱스토어에 앱을 배포하는 방법을 택할 수 있다.

어찌 되었든, 앱스토어에 앱을 올릴 때는 앱스토어마다 다른 리뷰 절차와 퍼블리싱 절차를 충분히 숙지하고 있어야 한다. 앱은 앱스토어의 리뷰와 퍼블리싱 가이드라인을 준수해야 하는데, 이런 가이드라인을 따르지 않으면 앱 등록이 거부될 확률이 높다.

다양한 리뷰 가이드라인을 잘 알고 있으면 앱을 개발하고 릴리스할 때 많은 도움이 된다. 주요 모바일 앱스토어에서 제공하는 가이드라인은 다음 웹사이트에서 확인할 수 있다.

- 아마존 앱스토어 가이드라인 (https://developer.amazon.com/help/faq.html)
- 애플 앱스토어 가이드라인 (https://developer.apple.com/app-store/ review/)
- 블랙베리 월드 가이드라인 (http://developer.blackberry.com/blackberryworld/ vp_checklist.html)
- 구글 플레이 가이드라인 (http://developer.android.com/distribute/googleplay/ publish/preparing.html)
- 삼성 앱스토어 가이드라인 (http://developer.samsung.com/distribute/app- submission-guide)
- 윈도우폰 스토어 가이드라인 (http://msdn.microsoft.com/en-us/library/ windows/apps/br230835.aspx)

요약

2장은 모바일 데이터 네트워크와 모바일 기기의 발전 과정을 다뤘다. 데이터 네트워크와 속도, 기술의 변화 과정에서 차이점을 이해하는 것은 매우 중요하다. 이동성을 특징으로 하는 모바일 앱 테스트에서 이런 지식은 필수다.

데이터 네트워크뿐 아니라 모바일 기기에 대한 지식도 반드시 습득해야 한다. 모바일 테스터는 스마트폰의 하드웨어와 소프트웨어를 이해하고 이 둘의 조합과 다양한 상황을 바탕으로 앱을 테스트해야 한다.

후반부에서는 현재 나와 있는 앱의 종류에 관해 설명했다. 네이티브 앱, 하이브리드 앱, 웹앱의 차이점과 각각이 지닌 장단점은 여기서 확실히 알고 넘어가야 한다.

모바일 앱의 사업 모델도 이야기했는데, 마지막 절에서는 각기 다른 플랫폼에서 제공하는 모바일 앱스토어와 꼭 알아야 할 내용을 추려 설명했다.

3장
모바일 테스트의 도전 과제들

1장, '모바일 테스트만의 특별함'에서는 사용자의 요구사항과 데이터 네트워크, 모바일 기기, 신제품의 출시 주기에 관한 내용을 다뤘다. 하지만 아직도 모바일 테스트를 특별하고 도전적인 일로 만드는 주제가 남아있다.

3장은 모바일 테스트 앞에 놓인 도전 과제와 해결책을 제시한다.

모바일 세상의 고객

1장에서 언급했듯이, 고객과 고객의 요구사항은 모바일 앱 개발자와 테스터에게 있어서 큰 도전 과제다.

고객을 만족시키려면 고객의 요구사항을 파악하는 것이 매우 중요하다. 대상이 되는 고객 그룹에 대한 사전 지식 없이 앱을 출시했을 경우에는, 사용자에게 외면받거나 혹독한 평가를 받을 가능성이 커진다. 결국 다운로드 횟수는 점점 줄어들고 오히려 경쟁사 앱의 다운로드가 늘어나는 현상이 발생한다.

고객의 마음을 사로잡기 위해서는 잠재적 고객인 일반 사용자에 대한 정보를 최대한 많이 수집해야 한다. 즉, 나이와 성별, 지리적 배경 같은 정보를 개발과 테스트에 활용해야 한다. 필요한 정보는 다음과 같다.

- 성별
- 나이
- 월수입(사업 모델 측면에서 중요함)
- 학력
- 사는 곳(도시 거주자인가?)
- 주로 사용하는 앱
- 스마트폰 사용 패턴(스마트폰 확인 주기)
- 경쟁사 앱의 사용 여부와 만족도
- 그 밖에 사용하는 기기

중요 개인적인 질문을 할 때는 정도를 넘어 개인정보보호법을 위반하지 않도록 유의한다.

대상 그룹의 정보를 수집하는 다른 방법은 고객을 모아서 모바일 사용 패턴이나 습관에 관한 인터뷰를 진행하는 것이다. 위에 있는 질문의 답변을 얻는 데 어려움이 있거나 잠재적 고객과 직접 대면하기 힘들다면 모바일 페르소나^{Mobile Personas[1]} 같은 곳에서 모바일 사용자의 사용 패턴 정보를 얻을 수 있다.

이런 정보를 모아 분석하면 앱을 개발할 때 어떤 사용자 그룹을 대상으로 정할지 파악할 수 있다. 여러 고객층을 만족하게 하려면 사용자의 다양한 요구가 반영된 페르소나^{personas[2]}를 사용하면 도움이 된다. 페르소나는 1998년 앨런 쿠퍼^{Alan Cooper[3]}가 그의 책 『The Inmates are Running the Asylum』에서 처음 언급했다.

페르소나는 현실의 고객을 반영하는 가상의 인격체다. 페르소나는 사용자의 행위에 대한 동기와 기대 결과, 발생하는 문제점, 습관, 목적의식을 측정하는 일반적이고 매우 유용한 방법이다.

페르소나는 기능이나 제스처, 디자인과 같은 앱과 관련된 사항을 결정할 때 유용한데, 개발 팀은 페르소나를 통해 고객의 니즈와 문제점을 간접적으로 알게 된

---

1 www.mobilepersonas.com/
2 www.usability.gov/how-to-and-tools/methods/personas.html
3 www.cooper.com/journal/2008/05/the_origin_of_personas

다. 페르소나 명세서는 테스터가 작성하면 된다. 표 3.1은 일반적으로 사용하는 페르소나 예제다.

표 3.1 페르소나 명세서

정보	프로필
이름	마틴(Martin)
성별	남성
나이	28
월수입	3,000달러
학력	컴퓨터공학 석사
위치	대뉴욕(Greater New York)
사용 앱	트위터, 페이스북, 링크드인, 피들리, 스포티파이, 텀블러
스마트폰 일 확인 횟수	150
사용 기기	LG 구글 넥서스 5, 아이패드 미니
성향	다정함, 스마트함, 예의 바름, 친구 만나기를 좋아함

페르소나 명세서는 다음과 같이 서술식으로 작성할 수도 있다.

마틴은 컴퓨터공학 석사 학위를 가진 28살의 첨단 기술에 능통한 남성이다. 뉴욕에 살고 있으며 스마트폰을 많이 사용하는 사람 중 한 명으로 보통 하루에 150번은 꺼내 본다. 마틴은 트위터와 페이스북, 스포티파이^{Spotify}, 텀블러^{Tumblr}를 주로 사용한다. 월수입은 3,000달러 정도이며, 다정하면서 스마트하고 친구 만나기를 좋아하는 예의 바른 청년이다.

페르소나를 통해 알게 된 사실로 막연한 기대 결과에 의지하는 것보다 고객의 니즈에 좀 더 다가가 모바일 앱을 테스트할 수 있다.

페르소나는 모바일 테스트에서 사용자와 접하는 훌륭한 방법 중 하나다. 일단 페르소나를 사용하기로 결정했으면 개발 팀은 페르소나와 일치하는 실제 사용자를 찾는 데 노력해야 한다. 사용자를 찾았으면 사용하는 앱에 대해 질문하고 추가했으면 하는 기능에 대해서도 적극적으로 이야기를 나눠야 한다. 사용성 테스트$^{usability test}$를 위해 한곳에 불러 모아 개발한 앱과 친밀해지도록 유도하는 것도 방법이다. 베타 테스트 역시 사용자의 피드백이나 참여를 끌어내는 일반적인 접근법 중 하나다. 꽤 규모 있는 어떤 모바일 앱 회사에서는 출시할 앱의 베타 버전을 개발 단계에서 공개해 사용자의 피드백을 얻고 품질을 높이기도 한다.[4]

이 밖에 사용자 리뷰와 평점을 확인할 수 있는 앱스토어도 사용자의 소중한 정보를 얻을 수 있는 장소다. 또한 사용자가 남기는 글에서 교훈을 얻을 수 있다. 불필요한 정보도 있을 수 있지만 불편함이나 버그, 생각하지도 못한 문제점을 토로하는 글은 매우 가치가 있다. 앱스토어에 등록된 앱의 리뷰와 인기 순위, 댓글과 관련한 내용은 7장에서 다시 확인한다.

요약

다음 내용을 따라 고객 만족을 극대화한다.

- 사용자 정보를 수집한다.
- 페르소나를 작성한다.
- 테스트에 페르소나를 사용한다.
- 사용자를 불러 모아 사용성 테스트를 한다.
- 앱에 대한 인터뷰를 진행한다.
- 베타 테스트를 한다.
- 앱스토어의 댓글에서 유용한 정보를 얻는다.

모바일 플랫폼과 파편화

2장에서 다양한 모바일 제조사와 플랫폼을 이야기했으니 이제는 모바일 세상의 속사정을 어느 정도 이해할 수 있으리라 생각된다. 특정 모바일 플랫폼에는 다수의 모바일 제조사가 관여되어 있는 사실도 알고 있을 것이다.

지금부터 말하는 파편화Fragmentation는 모바일 업계에서 큰 골칫거리로 자리매

---

4 www.sonos.com/beta/screen/

김했는데, 특히 안드로이드 진영에서 그렇다. 오픈시그널[OpenSignal5]에서 조사한 자료에 의하면 약 1만 9,000개의 안드로이드 기기가 시장에 나와 있다. 하지만 이렇게 많은 기기에서 일일이 앱을 테스트할 수 없고 그럴 필요도 없다. 이런 현상이 안드로이드에만 국한된 것은 아니다. iOS와 윈도우폰, 블랙베리 역시 파편화의 늪에 빠져 있다. 덧붙이면 플랫폼에서 하드웨어와 소프트웨어의 조합 또한 문제점으로 꼽힌다.

지금부터는 테스트 과정에서 마주하는 파편화에 대한 대처 방법을 설명한다.

모바일 기기 분류

테스트 단계에서 기기 파편화에 대처하는 방법 중 하나는 테스트 기기를 그룹 지어 분류하는 것이다. 이렇게 그룹으로 묶으면 몇 개만 선별해 테스트하는 식으로 업무량을 줄일 수 있다. 나는 이런 접근법을 실제 모바일 프로젝트에 적용해 효율성을 확인했다. 기기 그룹은 사용자 그룹에 따라 세 개 그룹으로 만든다(사용자 그룹은 새로운 IT 기술에 능통하다고 가정한다).

첫 번째 그룹은 가장 높은 우선순위를 가진다. 이 그룹에서 사용하는 기기는 하드웨어 성능이 매우 우수하고 고해상도에 화소 수도 많은 큰 화면을 가진 최신 제품으로, 운영체제도 가장 나중에 나온 버전을 사용한다. 테스트 앱은 기능과 디자인, 사용성 측면에서 첫 번째 그룹의 기기를 완벽하게 지원해야 한다.

- 1그룹, 우선순위 A
  - 하이엔드급 기기
  - 듀얼/쿼드코어 CPU
  - 2,048MB 이상의 램
  - 5인치 이상의 화면 크기
  - 레티나[Retina], 풀 HD 디스플레이
  - 모바일 기기에서 수용 가능한 최신 운영체제

---

5 http://opensignal.com/reports/2014/android-fragmentation/

두 번째 그룹은 중간 등급의 우선순위를 가진다. 사용하는 기기는 1그룹보다 조금 낮은 수준의 CPU와 화면 해상도를 가지는 보통의 하드웨어를 장착한 기기로, 운영체제는 1년 미만의 버전을 사용한다. 테스트 앱은 기능성과 사용성에서 두 번째 그룹의 기기를 완벽하게 지원해야 하지만, 좀 더 작아진 화면을 사용하므로 디자인 적용은 완벽하지 않아도 된다.

- 2그룹, 우선순위 B
  - 중급 기기
  - 듀얼코어 CPU
  - 2,048MB 이하의 램
  - 5인치 미만의 화면 크기
  - 비 레티나, 풀 HD 디스플레이
  - 1년 미만의 운영체제

세 번째 그룹은 낮은 우선순위를 가진다. 여기서 사용할 기기는 낮은 CPU와 저해상도 화면을 가지며, 운영체제는 나온 지 1년 이상 된 버전을 사용한다. 테스트 앱은 기능성 측면에서 완벽하게 지원되어야 하지만, 하드웨어가 따라주지 못해 반응이 느리므로 디자인과 사용성은 위 그룹과는 다른 기준으로 평가해야 한다.

- 3그룹, 우선순위 C
  - 보급형 기기
  - 싱글코어 CPU
  - 1,024MB 이하의 램
  - 4인치 미만의 화면 크기
  - 저해상도 디스플레이
  - 1년 이상 된 운영체제

대상 기기 그룹을 정한 후에도 대상 그룹과 일치하는 다른 새로운 기기가 출시되지는 않는지 시장을 주시해야 한다. 다시 말해, 고객이 사용하지 않는 기기라면 기기 그룹에서 걸러낼 필요도 있다는 의미다. 마지막으로 중요한 내용은 고객의 스펙트럼을 충분히 아우를 수 있도록 그룹의 기준을 수시로 검토하는 것이다.

　이렇게 대상 기기를 그룹화하면 기기의 파편화에 대응하면서 테스트에 적합한 기기를 쉽게 분별해낼 수 있다.

　'Our Mobile Planet'[6]이라는 멋진 웹사이트가 있는데, 여기서 국가, 나이, 성, 사용자 행동별 정보를 얻을 수 있다. 대상 고객이 불분명하다면 여기를 참조한다.

> **중요**　대상 기기 그룹은 프로젝트의 규모나 내용에 따라 달라질 수 있다.

모바일 디바이스 랩

모바일 앱 프로젝트에 따라 테스트용 기기가 많이 필요할 수 있는데, 기기가 많아질수록 유지 비용과 테스트 시간도 함께 증가한다. 따라서 테스트 기기를 닥치는 대로 구매할 것이 아니라 대여하는 것도 하나의 대안이다.

　모바일 디바이스 랩$^{mobile\ device\ labs}$이나 클라우드 서비스를 이용하면 테스트 장비를 필요한 만큼 대여할 수 있다. 하지만 기기를 대여하기 전에 먼저 기기 그룹을 나눠 가상 장비나 실제 장비에서 수행할 테스트의 범위를 좁히는 준비가 필요하다.

　요즘에는 클라우드 환경에서 테스트 기기를 사용할 수 있게 해주는 모바일 디바이스 랩이 많아졌다. 앱 파일을 올리고 기기를 선택하기만 하면 직접 테스트하거나 자동화를 적용할 수 있다.

　이런 서비스의 장점은 새로운 기기를 구매하거나 관리할 필요가 없는 것이다. 하지만 모바일 클라우드 제공 업체를 선택할 때는 실제 기기를 사용하는 것인지, 시뮬레이터나 에뮬레이터는 아닌지를 따져봐야 한다.

　모바일 클라우드 테스트 서비스 업체는 다음 조건을 만족해야 한다.

- 실제 기기에서 테스트가 이뤄져야 한다.
- 필요에 따라 에뮬레이터나 시뮬레이터도 사용할 수 있어야 한다.

6　http://think.withgoogle.com/mobileplanet/en/

- 탈옥^{jailbroken}이나 루팅한 기기^{rooted devices}를 사용해서는 안 된다.
- 가능하다면 다른 모바일 플랫폼에서도 테스트할 수 있어야 한다.
- 다양한 언어로 테스트 자동화 스크립트 작성이 가능해야 한다.
- 지속적인 통합^{continuous integration} 환경을 제공해야 한다.
- 성능 모니터링을 할 수 있어야 한다.
- 테스트가 끝나면 결과 리포트가 나와야 한다.

클라우드 환경에서 에뮬레이터나 시뮬레이터로 하는 모바일 앱 테스트는 성능 때문에 답답한 상황이 발생할 수 있다. 로컬 환경에서 동작하는 에뮬레이터도 느린 마당에 웹 브라우저를 통해서는 오죽하랴.

클라우드에서 실제 기기를 연결해 테스트 환경을 구축한다 해도 로컬 환경에서 실제 기기를 사용하는 것만큼 속도가 나올지는 아무도 확신할 수 없다. 클라우드의 지연 시간^{latency}이 너무 길면 기기의 반응도 늦어지기 마련인데, 스크롤과 탭핑의 반응 속도가 늦거나 로딩이 오래 걸리는 상황에서는 테스트 수행과 결과에 큰 영향을 미친다.

클라우드 업체를 선정할 때 또 하나 살펴볼 점은 접근성을 따져보고 테스트가 끝날 때마다 앱을 삭제할 수 있는지 확인하는 것이다. 전용 테스트 클라우드^{private test cloud} 환경을 제공하는지도 알아본다. 설치한 앱이 그대로 있으면 다음 사용자에게 노출될 위험이 있다. 업체 평가 과정에서 나오는 문제는 위험 신호이며 결코 무시하고 넘겨서는 안 된다. 보안이나 개인의 프라이버시가 중요하다고 판단되면 이런 문제가 없는 다른 업체를 찾아본다.

다음은 모바일 기기 테스트를 클라우드 서비스로 제공하는 업체 목록이다.

- AppThwack (https://appthwack.com/)
- CloudMonkey LabManager (www.cloudmonkeymobile.com/labmanager)
- Keynote Mobile Testing (www.keynotedeviceanywhere.com/)
- Mobile Labs (http://mobilelabsinc.com/)
- Perfecto Mobile (www.perfectomobile.com/)
- Sauce Labs (https://saucelabs.com/)
- Testmunk (www.testmunk.com/)

- TestObject (http://testobject.com/)
- TouchTest (www.soasta.com/products/touchtest/)
- Xamarin Test Cloud (http://xamarin.com/test-cloud)

> **중요**   위 목록에는 일부 업체만 나와 있다. 인터넷 검색으로 적합한 테스트 환경을 제공하는
> 곳을 더 찾아볼 수 있다.

테스트 기기를 구매하기도 힘들고 클라우드 서비스도 사용하기 꺼려진다면(또는 그럴 상황이 아니라면), 모바일 기기를 구할 수 있는 또 다른 방법이 있다.

오픈 디바이스 랩^{ODL, Open Device Labs}은 모바일 테스터와 개발자, 모바일과 관련된 사람이라면 누구든지 방문해 기기를 사용할 수 있도록 만든 모바일 커뮤니티의 오프라인 매장이다. 오픈 디바이스 랩의 주목적은 무료 기기 대여에 있다. 이 프로젝트가 성공하기 위해서는 모바일 커뮤니티의 발전을 위해 개인이나 회사 차원의 모바일 기기 기부가 필요하다. 근처에 오픈 디바이스 랩이 있을지도 모르니 웹사이트[7]에서 가장 가까운 곳에 있는 오픈 랩을 반드시 찾아보길 권한다.

7장에는 모바일 테스트 전략의 일부로 모바일 테스트 랩과 오픈 디바이스 랩에 관한 내용이 더 자세히 나와 있다.

지금까지 모바일 기기의 파편화에 대처하는 세 가지 방법을 배웠다.

- 테스트에 필요한 기기를 그룹으로 나누기
- 클라우드 환경을 제공하는 모바일 디바이스 랩
- 실제 기기를 사용할 수 있는 오픈 디바이스 랩

---

7   http://opendevicelab.com/

각종 센서와 인터페이스

모든 스마트폰에는 다양한 종류의 센서와 인터페이스가 있어서 앱을 통해 각종 유용한 기능을 사용할 수 있다. 센서와 인터페이스는 특정한 경우에만 동작하는데, 이들 센서와 인터페이스는 복잡도가 높고 전기적 간섭에 민감하다.

모바일 테스터라면 센서와 인터페이스가 올바르게 동작하는지 검증할 책임이 있다. 고장 난 센서가 앱에 부정적인 영향을 미치지 않는지 확인하는 테스트도 매우 중요하다.

주변광 센서

주변광 센서Ambient Light Sensor는 현 위치에서 빛의 세기와 양을 측정한다. 센서를 통해 얻은 정보는 소프트웨어 처리 과정을 통해 화면 밝기를 자동으로 조절해 배터리 소모를 막는 데 도움을 줄 수 있다.

주변광 센서를 사용하는 앱은 빛의 세기가 다른 장소로 이동해 확인하는 테스트를 해야 한다. 예를 들어, 어두운 방이나 햇볕이 내리쬐는 야외, 작업실 등으로 자리를 옮겨 적절하게 반응하는지 확인해본다. 상상력을 발휘해 테스트에 적합한 장소를 생각해보자.

여기서 권장하는 적합한 장소는 다음과 같다.

- 어두운 방
- 조명이 있는 작업실
- 맑은 날씨의 야외
- 천장에 여러 조명 기구가 있는 방

근접 센서

다른 유용한 센서로 근접 센서Proximity Sensor가 있다. 근접 센서는 사람의 얼굴이나 표면에 기기가 얼마나 가까운지 알려준다. 물리적 접촉 없이도 스스로 화면이 꺼지도록 하는 기능에 사용되는데, 이 기술을 사용하면 실수로 버튼이 눌리는 일을 막을 수 있다. 이것 역시 배터리 소모를 막는 데 도움이 된다.

근접 센서를 테스트할 때는 센서와 마주하는 표면적을 달리하는 상황뿐 아니라, 다양한 조건의 빛이 있는 곳으로 이동해 센서에서 보내는 정보를 앱에서 정확하게 읽어오는지 확인해야 한다.

다양한 장소나 표면적을 달리하는 상황이란 다음과 같다.

- 어두운 방
- 조명이 있는 작업실
- 맑은 날씨의 야외
- 손이 화면 위를 움직이는 상황
- 손이 화면과 가까워지는 상황
- 폰을 얼굴 쪽으로 가져오는 상황
- 기기의 화면을 거울이나 유리창으로 가져가는 상황

가속도 센서

가속도 센서Acceleration Sensor는 기기 움직임의 변화를 알아낸다. 가속도 센서는 흔히 가로 모드와 세로 모드 사이를 오갈 때 기기가 회전하는 것을 감지할 목적으로 사용하는데, 앱에서 가로 뷰와 세로 뷰가 구현되어 있으면 거의 모두 가속도 센서를 사용하는 것으로 볼 수 있다. 앱에서 두 가지 모드를 지원하면 방향을 바꿔가며 테스트해야 한다. UI 엘리먼트가 다른 위치로 이동하면서 자잘한 결함이 많이 나올 수 있다. 앱 충돌 문제도 자주 발생하는데, 이런 현상은 주로 UI가 바뀌는 동안 백엔드에서 데이터를 가져올 때 일어난다.

중력 센서

중력 센서Gyroscope Sensor는 기기의 방향을 측정하거나 유지할 목적으로 사용된다. 중력 센서는 선가속도linear acceleration를 알아내는 가속도 센서와 달리, 방향exact orientation을 측정한다. 이 말의 의미는 기기가 360도 어느 방향으로 회전하든지 움직임을 감지할 수 있다는 뜻이다. 가속도 센서와 중력 센서로 모바일 기기는 상, 하, 좌, 우, 앞, 뒤 여섯 개의 회전축으로 롤링^{rolling}, 요잉^{yawing}, 피칭^{pitching}을 알아낸다.

실제로 몸을 움직이며 즐기는 비행기 시뮬레이션 게임은 두 센서를 모두 사용한다. 앱을 테스트할 때는 여섯 개의 축이 있다는 사실을 기억하고 회전축을 따로 검증하면서 앱이 정상적으로 반응하는지 살펴봐야 한다.

자기 센서

자기 센서^{Magnetic Sensor}로는 기기 주변에 흐르는 자기장의 세기와 방향을 측정할 수 있다. 자기 센서는 주로 내비게이션 같은 나침반 정보가 필요한 앱에서 사용한다. 센서의 도움으로 동, 서, 남, 북으로 바라보는 방향을 알 수 있다.

앱에서 자기 센서를 사용하고 있다면 장소를 바꿔가며 테스트해야 한다. 예를 들어, 금속 재질에 둘러싸인 빌딩에서 앱을 사용하고 있으면 센서가 잘못된 정보를 전달해 앱에서 부작용^{side effects}이 발생할 수 있다.

테스트 환경은 다음과 같은 장소를 생각할 수 있다.

- 빌딩 내부
- 길거리
- 교통 체증이 심한 도로
- 금속 재질의 빌딩 근처

압력 센서, 온도 센서, 습도 센서

아직은 모든 스마트폰에 이런 센서가 달려 있지는 않지만, 머지않아 기본적으로 장착될 것으로 예상한다. 이런 센서는 현재 온도^{Temperature}나 대기압에 따른 고도^{Altitude}, 습도^{Humidity} 같은 유용한 정보를 수집해 앱으로 전달한다.

주로 날씨나 야외 활동과 관련된 앱에서 센서를 활용하는데, 마찬가지로 각기 다른 온도와 압력, 고도, 습도 상황으로 장소를 바꿔가며 센서를 테스트하는 절차가 필요하다. 물론 이런 상황을 실내에서 시뮬레이트할 수도 있지만, 예상하지 못한 결함을 찾으려면 실제 환경에서 테스트해야 한다.

위치 센서

위치 센서^{Location Sensor}는 흔히 GPS로 잘 알려져 있다. GPS를 사용하면 기기의 현재 위치를 알 수 있으며, 주로 지도 앱과 카메라 앱, 소셜 미디어 앱 등에서 많이 사용한다. 사용자는 앱으로 서로의 위치를 공유하고 다른 사람에게 위치를 알려주기도 한다.

앱에서 GPS를 사용한다면 GPS 센서를 사용한 후 원래의 비활성화 상태로 되돌아가는지 확인해야 한다. GPS가 꺼지지 않으면 배터리는 순식간에 닳아 없어진다.

GPS 기능 역시 다양한 장소에서 테스트해봐야 하는데, 한적한 교외나 빌딩이 많은 도심지면 적당하다. 이런 조건의 환경에서는 현재 위치가 정확하지 않거나 아예 잡히지 않을 수 있다. 특히 도시에서는 주변 빌딩의 방해로 이런 현상이 자주 발생한다. GPS 신호가 충분히 강하지 않으면 Wi-Fi나 네트워크 기반의 위치 찾기 기능을 활성화해 현재 위치를 확보한다.

GPS 신호가 약하면 앱에서는 현재 위치 정보를 처리하는 데 어려움을 겪으며 성능을 떨어뜨리는 결과를 초래하기도 한다. 앱에서 GPS 기능을 검증할 때는 기기의 온도를 주의 깊게 살펴보는 것이 중요하다. GPS는 기기의 온도를 높이고 배터리를 많이 사용하기 때문에 앱 성능에도 영향을 미친다. GPS를 비활성화했을 때 앱의 반응을 보는 테스트도 시도해볼 만하다.

비접촉식 센서

비접촉식 센서^{Touchless Sensor}도 아직은 대다수 스마트폰에 설치되어 있지 않다. 이 센서는 대부분 기기 전면에 장착되어 손가락의 움직임이나 손의 제스처를 감지한다. 이런 기능을 사용해 화면 위에서 손을 휘저어가며 사진 갤러리의 사진을 간편하게 넘기거나, 전화가 왔을 때 버튼을 터치하지 않고 귀 옆에 갖다 대는 식으로 전화를 받을 수 있다.

앱 기능 중에 비접촉식 센서를 지원하는 기능이 있으면 다양한 각도에서 제스처가 동작하는지 확인해야 한다.

요약

앞서 설명한 센서 모두는 대부분 사용자의 위치와 주변 환경의 영향을 받는다. 따라서 환경의 작은 변화가 앱과 센서 테스트에 크게 영향을 미친다. 센서를 테스트할 때는 여러 가지 상황을 조합해 센서에서 보내는 정보로 앱이 정확하게 동작하는지 확인해야 한다.

다음은 시도해볼 만한 센서 테스트 방법이다.

- 앱 사용 중에 걸어본다.
- 걷다가 갑자기 멈춰 서서 몇 분간 머무르고 다시 걷는다.
- 기기를 흔들어보고 이리저리 돌려본다.
- 기차나 차를 탄 것처럼 진동을 줘본다.
- 스핀을 주거나 회전하듯이 극단적으로 움직여본다.
- 화창한 날, 흐린 날, 어두운 날 야외에서 앱을 사용해본다.
- 보통의 빛이나 스탠드 아래에서 앱을 사용해본다.
- 기기 위에서 손을 흔들어본다.
- 극단적인 경우도 테스트한다. 예를 들어, GPS 좌표가 0, 0인 상황, 온도가 0도인 상황, 방수 기능이 있는 경우 높은 습도에서 기능을 확인해본다.
- 해당 센서나 인터페이스가 없는 기기에서도 앱을 사용할 수 있는지 확인한다.

이런 테스트를 하면서 앱이 충돌하거나 비정상적으로 중지되는 것을 확인할 수 있다. 다양한 상황에서 UI 엘리먼트가 잘 보이는지도 확인해야 하고 앱 성능과 배터리가 소모되는 시간에도 주의를 기울인다.

터치스크린

스마트폰에서 가장 중요한 인터페이스를 꼽으라면 당연히 터치스크린이다. 손가락 여러 개를 사용해 터치하면 해당 명령어가 하드웨어로 전달된다.

> **중요** 터치스크린 기술에 대한 내용은 간단히 다루지만, 인터넷을 검색하면 상세한 정보를 많이 얻을 수 있다.

기본적으로 터치스크린 기술은 두 가지로 나뉜다. 첫 번째는 층을 쌓아 압력에 반응하는 감압 방식^{resistive screen}이다. 보통 감압 방식은 스타일러스 펜을 함께 사용한다. 택배가 도착해서 서명할 때를 떠올리면 된다. 이 기술은 한 가지 큰 단점이 있는데, 멀티터치가 지원되지 않는 것이다.

이러한 이유로 스마트폰에서는 두 번째 기술인 정전용량 방식^{capacitive touch screens}(정전식)을 사용한다. 정전식은 감압이 아닌 터치에 반응하고 멀티터치 제스처도 지원한다.

정전식은 절연체^{insulator}로 구성되어 있고, 인듐 틴 옥사이드^{ITO, indium tin oxide} 같은 투명전극^{transparent conductor}으로 코팅된 유리를 사용한다. 사람의 몸도 전도체 역할을 하기 때문에 화면을 터치하면 정전기장^{electrostatic field}에 왜곡이 생기고, 이런 왜곡된 정보가 데이터로 전환되어 하드웨어 단에서 처리할 수 있게 되는 것이다.

다음은 정전식에서 사용할 수 있는 제스처의 종류다.

- 터치: 손가락으로 화면 터치
- 롱터치: 오랫동안 화면 터치
- 스와이프: 손가락으로 쓸어 넘기기
- 탭: 손가락으로 가볍게 두드리기
- 더블탭: 손가락으로 가볍게 두 번 두드리기
- 드래그: 손가락을 떼지 않고 다른 쪽으로 끌기
- 멀티터치: 동시에 두 개 이상의 손가락을 사용하기
- 핀치오픈: 두 개의 손가락을 서로 벌리기
- 핀치클로즈: 두 개의 손가락을 한 곳으로 모으기
- 회전: 두 개의 손가락을 사용해 회전하기. 지도 앱 같은 일부 앱에서는 지도가 회전한다.

이렇게 다양한 터치 제스처 기능이 모바일 앱 테스트에서는 여러 가지 문제를 야기한다. 여러 종류의 터치 제스처를 기억해뒀다가 테스트에 들어갔을 때 사용해본다. 앱과 터치 제스처의 상호 관계를 살피기 위해서는 터치스크린을 손가락으로 직접 조작해봐야 한다. 다양한 제스처를 매우 빠르게 수행하면서 앱의 반응을 확인하거나 성능 이슈, UI 이슈가 발생하지 않는지 유심히 지켜봐야 한다.

터치스크린 확인에서 중요하게 고려할 요소 중 하나는 현재의 기후 조건이다. 추운 날씨에는 손가락 터치 입력이 잘 되지 않을 수 있다. 추운 날씨나 더운 날씨, 낮은 습도나 높은 습도와 같은 다양한 기후 조건에서 다양한 제스처 동작을 시도해보며 앱의 반응을 살피는 것도 좋은 테스트 아이디어다.

마이크로폰

음성이나 소리를 사용해 앱과 소통하는 방법도 있다. 대부분의 스마트폰에는 하나 이상의 마이크로폰^{Microphones}이 설치되어 있다. 보통은 세 개가 있는데, 하나는 전면, 다른 하나는 후면(카메라 근처), 마지막 하나는 기기의 아랫부분에 있다. 마이크로폰은 위치에 상관없이 어떤 각도라도 좋은 음질로 녹음할 수 있어야 한다.

마이크로폰을 통해 소리의 입력을 테스트하려면 다음 내용을 참고한다.

- 보통 정도의 잡음과 시끄러운 소리가 나는 곳에서 음성 입력을 테스트한다.
- 사무실이나 식당 같이 배경 소음이 있는 곳에서 테스트한다.
- 길거리나 차가 지나다니는 실외에서 테스트한다.
- 음 소거 기능의 정상 유무를 확인한다.
- 뮤직 앱 같은 소리가 나는 앱을 실행하고 앱의 반응을 관찰한다.
- 볼륨 키를 제어해 소리 크기를 조절하면서 앱의 반응을 확인한다.
- 음성 입력이 정상적으로 처리되는지 확인한다.
- 음성 녹음 후 재생했을 때 정상적으로 동작하는지 확인한다.
- 실제 환경에서 음성을 입력해본다.

각기 다른 환경에서 앱을 테스트하면서 소리의 지연, 혹은 왜곡이 발생하지 않는지 녹음 모드와 재생 모드에서 확인해야 한다. 리소스 부족으로 인한 비정상 중지나 충돌 등의 성능 문제에도 관심을 기울인다(저장할 때 주로 발생). 마지막으로 음성과 음향 파일을 사용할 때는 디지털 저작권 관리^{DRM, digital rights management}에 어긋나지 않도록 유의한다.

카메라

스마트폰에는 적어도 한 개 이상의 카메라가 달려 있다. 카메라는 보통 스마트폰 뒷면에 있지만, 요즘 나오는 폰에는 전면과 후면 모두 장착되는 것이 기본이다. 후면 카메라는 고해상도의 사진을 찍을 때 사용하고, 전면 카메라는 비교적 낮은 해상도로 화상 통화를 할 때 사용한다. 후면 카메라는 보통 플래시와 쌍을 이룬다.

다양한 종류의 사진 앱과 비디오 앱에서 카메라를 사용하는데, 어떤 앱에서는 광학식 문자판독기$^{OCR, optical character recognition}$로 정보를 캡처하는 스캐너 역할로 사용한다. QR$^{Quick Response}$ 코드나 스캐너 앱, 명함을 연락처로 바로 전환해주는 앱이 여기에 해당한다. 단순히 LED 플래시에서 나오는 불빛을 손전등으로 사용하는 앱도 있다.

앱이 카메라를 사용하면 다양한 모바일 기기에서 테스트해봐야 한다. 스마트폰 카메라는 렌즈와 플래시, 해상도가 저마다 다르다. 해상도는 이미지의 크기에 영향을 주는데, 해상도가 높을수록 이미지의 크기는 커진다. 다양한 해상도와 카메라로 테스트하면서 크거나 작은 이미지를 앱에서 처리할 수 있는지 확인해야 한다.

추가로, 카메라 모드가 활성화되는 동안 앱의 성능도 확인해야 한다. 카메라는 하드웨어 리소스를 많이 사용하기 때문에 반대로 앱이 죽거나 중지되는 일이 발생할 수 있다.

카메라를 너무 오래 사용하면 카메라 센서에 열이 가해져 손상을 입을 수 있으므로, 앱으로 인해 이런 일이 발생하지 않도록 유의해야 한다. 마지막으로, 사진이나 동영상 촬영 시 흔들림을 방지하기 위한 스태빌라이저^{stabilizer}도 테스트 대상이다.

시스템 앱

시스템 앱^{System Apps}이란 제조사가 미리 설치한 앱을 말한다. 보통 주소록 앱과 전화 앱, 일정 관리 앱 등이 미리 설치되어 나오는데, 비슷한 기능의 다른 앱으로 시스템 앱을 대체할 수 있다. 이렇게 따로 앱을 설치하는 이유는 시스템 앱의 사용성이 떨어지거나 기능이 부족한 탓이다. 앱스토어에서 일정 관리 앱을 찾아보면 시스템 앱보다 기능이 풍부한 앱을 무수히 많이 볼 수 있다.

여기서 흥미로운 것은 키보드 앱이다. 키보드 앱은 테스트 대상이 되는 앱에도 영향을 미친다. 안드로이드 폰과 태블릿(애플 기기는 iOS 8 이후부터 설치 가능)은 미리 설치된 키보드를 완전히 새로운 입력 방식과 디자인으로 바꿀 수 있다. 키보드 앱에는 쿼티^{QWERTY} 방식의 일반적인 탭 키보드와 하나의 키로 여러 개 심볼을 표시할 수 있는 키보드, 탭 슬라이더^{tap-slider} 기능을 활용한 키보드, 스와이프 기능으로 문자를 입력하는 키보드가 있다.

키보드를 바꾸면 앱에도 영향을 줄 수 있다. 예를 들어, 새로운 키보드가 기본 키보드보다 길어서 중요한 기능을 하는 UI 엘리먼트를 가리거나, 새로운 크기의 키보드를 인지하지 못해 스크롤바가 나타나지 않는 현상이 발생할 수 있다. 어떤 경우에는 새로 설치한 키보드에 앱에서 필요한 키가 없어서 기능을 사용할 수 없는 일도 있다. 또 환경 설정에서 키보드를 찾지 못하면 앱이 중지되거나 종료되기도 한다.

지금까지 예로 든 것은 시스템 앱을 바꿀 때 발생할 수 있는 상황 중 몇 가지에 지나지 않는다. 대상 앱이 시스템 앱과 상호작용하는 경우라면 사용자에 따라 시스템 앱 대신 다른 앱을 사용할 수 있다는 점을 기억해야 한다. 시스템 앱을 대체하는 앱 중에 인기가 많은 것을 추려 테스트 대상 앱과 호환되는지 확인하거나 같이 사용해보는 과정이 필요하다.

국제화와 현지화

모바일 앱 개발에서 해결해야 할 또 하나의 과제는 국제화^{internationalization}(I18n)와 현지화^{localization}(L10n)다. I18n은 애플리케이션을 코드 변경 없이 전 세계 여러 나라에서 사용할 수 있도록 다양한 언어로 설계하는 것을 의미한다(일부 앱과 모바일 플랫폼에서는 재시작이 필요하다).

L10n은 지역 특화된 요소를 반영하거나 번역으로 소프트웨어를 특정 지역과 언어 환경에 맞추는 작업이다.

출시할 앱이 다양한 국가의 사용자를 대상으로 한다면 I18n과 L10n 테스트는 매우 중요하다. 특정 국가의 언어를 사용했을 때 UI 엘리먼트에서 튀어나오거나 사용성을 떨어뜨리지는 않는지도 확인해야 한다.

> **중요** 언어마다 자신만의 문자 세트를 가지고 있어서 단어 하나에서 길이와 폭이 서로 크게 다를 수 있다.

logout을 예로 들어보자. 독일어, 프랑스어, 터키어, 러시아어로 번역된 결과를 비교해보면 문자와 길이, 폭의 차이가 매우 크다는 것을 한눈에 알 수 있다.

* Logout (영어)
* Ausloggen (독일어)
* Déconnexion (프랑스어)
* Çikiş yap (터키어)
* Выйти (러시아어)

독일어 Ausloggen과 프랑스어 Déconnexion는 영어보다 길이가 길다. 심지어 터키어는 두 개로 단어가 나뉜다. 일반적으로, 아시아 지역의 언어는 짧고 독일어와 포르투갈어는 긴 언어로 간주한다. 번역의 차이로 사소한 UI 문제나 디자인 규칙에 어긋나는 결과가 나올 수 있으므로 언어를 다양하게 바꿔가며 테스트할 때는 번역 결과가 UI 엘리먼트에 잘 맞고 화면 전체적으로 통일된 룩앤필^{look}

^{and feel}을 제공하는지 확인해야 한다. 로컬 데이터베이스에 각기 다른 문자와 폰트 타입이 저장되는지도 확인해야 한다.

앱에서 사용하는 날짜 포맷도 같은 맥락으로 접근할 수 있다. 국가나 지역에 따라 날짜를 표현하는 형식이 모두 다른데, 지역 설정에 따라 적절한 포맷의 날짜가 나오는지 확인해야 한다. 날짜 포맷을 바꿨을 때 오류가 없는지 확인하는 파싱 기능 테스트도 필요하다. 다음은 일반적으로 사용하는 날짜 포맷이다.

- DD/MM/YYYY (일/월/년)
- DD.MM.YYYY
- DD-MM-YYYY
- MM/DD/YYYY (월/일/년)
- MM.DD.YYYY
- MM-DD-YYYY
- YYYY/MM/DD (년/월/일)
- YYYY.MM.DD
- YYYY-MM-DD

곧 출시할 앱이 여러 국가나 지역을 목표로 했다면, 가장 중요도 높은 언어 하나를 사용자 그룹에 지정해서 사용자 경험을 최대로 높여야 한다. 앱 테스트는 모든 종류의 언어로 바꿔가며 확인해야 하는데, 언어를 변경했을 때 기기에서 설정한 언어로만 보이는 것은 아닌지 확인해야 한다. 이와는 별개로 지원하지 않는 언어에 대한 대비책도 있어야 한다. 앱에서 지원하지 않는 언어로 설정했을 때 다른 언어로 대체되어 나오는 것을 테스트해본다. 앱에서 보이는 언어와 날짜 포맷은 해당 지역에 맞지 않는 조합이 사용되면 안 된다. 마지막으로, 앱에서 사용하는 언어가 올바른지 확인하려면 현지인^{native}에게 자문을 구해 오역이나 단순 오타가 없도록 해야 한다.

> **중요** 다양한 언어와 날짜 포맷 사용에 대한 고려는 초기 설계 단계부터 시작해서 전반적인 룩앤필을 디자이너가 계획할 수 있도록 해야 한다. 번역 이슈로 개발 후반에 변경이 일어나면 앱 출시가 지연되거나 디자인에 좋지 않은 결과가 초래된다.

모바일 브라우저

테스트 대상이 모바일 웹앱이라면 당연히 모바일 웹 브라우저에서도 테스트가 이뤄져야 한다. 모바일 웹 브라우저는 작은 화면에서 접근이 쉽도록 웹 콘텐츠에 최적화되어 있지만, 불행히도 모바일 플랫폼마다 다양한 버전의 수많은 모바일 웹 브라우저가 있다. 게다가 다음과 같이 저마다 다른 레이아웃 엔진을 사용한다.

- Blink (www.chromium.org/blink)
- Gecko (https://developer.mozilla.org/en-US/docs/Mozilla/Gecko)
- Presto (www.opera.com/docs/specs/)
- Trident (http://msdn.microsoft.com/en-us/library/aa741312(v=vs.85).aspx)
- WebKit (www.webkit.org/)

모바일 웹앱은 레이아웃 엔진과 브라우저의 설정 값, 버전에 따라 보이는 것과 동작이 크게 달라진다. 특히 레이아웃 엔진이 다를 때 이런 현상이 두드러지는데, HTML과 CSS, 자바스크립트 같은 표준을 저마다 다르게 처리하고 있기 때문이다. 또한 모든 브라우저에서 이런 언어(HTML, CSS, 자바스크립트)의 기능을 완벽하게 구현하고 있지도 않고, 최신 버전을 지원하지 않을 수도 있다. 동작의 차이는 이런 점 때문에 발생한다.

모바일 웹앱이 다양한 브라우저에서 제대로 동작하는 것을 확인하려면 안드로이드나 iOS, 윈도우폰, 블랙베리 플랫폼에서 다양한 브라우저 버전의 조합으로 테스트해야 한다. 하지만 이 역시 네이티브 앱이 안고 있는 파편화 문제가 그대로 상속된다. 모바일 웹앱 테스트는 모바일 웹 브라우저라는 새로운 변수가 등장하면서 더 힘들어진다. 이제는 브라우저 버전과 모바일 플랫폼, 운영체제에 더 집중할 필요가 있다.

표 3.2는 여러 플랫폼에서 사용할 수 있는 모바일 웹 브라우저를 비교한 것이다. 브라우저 버전에 따라 어떤 레이아웃 엔진을 사용하는지 궁금하면 각 브라우저의 웹사이트를 참조한다.

중요 플랫폼마다 사용할 수 있는 브라우저가 따로 있다. 표 3.2는 가장 많이 사용하는 모바일 웹 브라우저 몇 개만 추렸다.[8]

표 3.2 모바일 브라우저 요약

브라우저	제작사	레이아웃 엔진	사용 가능한 플랫폼
크롬 (www.google.com/intl/en/chrome/ browser/mobile/)	구글	WebKit(iOS), Blink	안드로이드, iOS
사파리 (https://developer.apple.com/ safari/)	애플	WebKit	iOS
인터넷 익스플로러 모바일 (http://windows.microsoft.com/en-us/internet-explorer/browser-ie#touchweb=touchvidtab1)	마이크로소프트트	Trident	윈도우폰
블랙베리 (http://us.blackberry.com/devices/features/getting-started.html)	리서치 인 모션	WebKit	블랙베리
안드로이드 브라우저	다양함	WebKit	안드로이드
돌핀 브라우저 (http://dolphin.com/)	모보탭	WebKit	안드로이드, iOS
파이어폭스 모바일 (www.mozilla.org/en-US/firefox/android/)	모질라	Gecko	안드로이드
오페라 모바일 (www.opera.com/mobile)	오페라 소프트웨어	Presto, Blink	안드로이드, iOS

표에서 보듯이 다양한 모바일 브라우저에서 모바일 앱을 테스트하기란 불가능한 도전일지도 모른다. 테스트에 드는 노력을 최소화하려면 모바일 브라우저 그룹을 따로 만들거나 사용자 그룹에 모바일 브라우저 요구사항을 추가해야 한다. 브라우저 그룹을 새로 만들기로 했으면 사용자 그룹을 기반으로 브라우저의 우

8 http://akamai.me/1EQZbP0

선순위를 정하고 브라우저 그룹에 한해 테스트를 진행하면 된다.

요약

3장에서는 처음으로 실무적인 내용을 다뤘다. 이제는 대상 사용자 그룹과 앱 사용 방식에 대한 정보로 페르소나를 만들어 활용할 수 있다. 페르소나는 개발과 테스트에 집중해 불필요한 기능 추가에 시간이 낭비되지 않도록 한다.

페르소나에 이어 기기의 파편화에 대응하는 방법을 배웠다. 앱을 모든 종류의 모바일 기기에서 테스트하는 건 불가능할 뿐더러 비경제적이다. 결국 대상 그룹에 근거해 모바일 기기 그룹을 정의하고 각 그룹에 해당하는 기기에서 테스트하는 전략이 필요하다. 이런 전략으로 테스트에 드는 수고를 획기적으로 줄일 수 있다. 모바일 디바이스 랩도 기기 파편화에 대응하는 한 가지 방안이 될 수 있다.

알고 있다시피, 모바일 기기는 많은 센서와 인터페이스로 둘러싸여 있다. 앱에서 사용하는 센서에 따라 각기 다른 테스트가 필요한데, 센서와 인터페이스 테스트는 3장에서 비중 있게 다뤘던 주제이며 상황별 테스트 방법을 설명했다.

출시할 앱이 여러 국가를 대상으로 많은 언어를 지원할 예정이라면, '국제화와 현지화' 절을 통해 세계 곳곳에서 사용하는 언어와 지역에 맞는 테스트가 필요함을 알 수 있다.

마지막 절에서는 현재 사용되는 다양한 모바일 브라우저에 관한 내용으로 끝맺음했다.

4장

모바일 앱 테스트

지금까지는 네트워크를 시작으로 앱의 종류와 사업 모델, 앱스토어, 고객의 요구 사항, 모바일 테스터의 도전 과제, 하드웨어에 이르기까지 모바일 세계에 관한 내용을 두루 살펴봤다. 4장에서는 모바일 앱 테스트 방법을 배우는데, 이제부터는 실무적인 내용에 가까우므로 모바일 기기를 하나 옆에 두고 진행하길 권한다.

책에서 배운 방법으로 앱을 테스트하면서 버그나 모순점을 찾아보자.

에뮬레이터? 시뮬레이터? 아니면 실제 기기?

앱을 테스트하기 전에 먼저 중요한 결정을 내려야 한다. 테스트는 실제 기기에서 할 것인가? 아니면 시뮬레이터^{Simulator}나 에뮬레이터^{Emulator}를 사용할 것인가?

안드로이드 에뮬레이터[1] 같은 모바일 에뮬레이터는 일종의 데스크톱 애플리케이션인데, 컴파일된 앱의 소스 코드가 PC에서 돌아갈 수 있도록 한다. 에뮬레이터는 마치 실제 모바일 기기의 하드웨어와 운영 환경인 것처럼 동작하면서 애플리케이션 디버깅이나 테스트를 가능하게 한다. 앱은 PC에서 동작하기 때문에 센서나 터치 제스처 같은 모바일에 특화된 기능을 모두 에뮬레이트할 수는 없지만, 이런 제약에도 불구하고 구현 기능에 대해 빠른 피드백을 얻을 수 있어서 개발

---

1 http://developer.android.com/tools/help/emulator.html

초기 단계에서 유용하게 사용된다.

iOS 시뮬레이터[2] 같은 모의 장치는 기기의 동작과 하드웨어 일부를 시뮬레이트하는, 조금은 덜 복잡한 소프트웨어 애플리케이션이다. 에뮬레이터와 비교해보면, 플랫폼을 흉내 내는 것에 더 충실하면서 에뮬레이터보다 빠르게 기기의 하드웨어 환경을 재현한다. 시뮬레이터도 마찬가지로 모바일 기기에 특화된 하드웨어 기능에는 제약이 따른다. 둘 간의 가장 큰 차이점은, 시뮬레이터는 모바일 기기의 동작을 복제하는 반면에 에뮬레이터는 내부 아키텍처까지 모두 가져와 사용하는 것이다. 따라서 에뮬레이터가 실제 플랫폼에 더 가깝다고 말할 수 있다. 모바일 플랫폼에 따라 제조사는 시뮬레이터와 에뮬레이터를 구분해 제공한다. 애플과 블랙베리(리서치 인 모션)는 시뮬레이터를, 구글과 마이크로소프트는 에뮬레이터를 제공한다.

앞 장에서 살펴봤듯이 모바일 테스트는 사용자의 움직임과 다양한 하드웨어가 필요하다. 즉, 앱이 실제 환경에서 정상적으로 동작하는 것을 확인하려면 실제 기기에 앱을 설치해 테스트해야 함을 뜻한다.

에뮬레이터와 시뮬레이터는 버튼을 클릭해보는 단순 기능성 테스트나 룩앤필을 확인하는 정도로 한정 지어 사용해야 한다.

수동 테스트 vs. 자동화 테스트

테스트에 앞서 결정해야 할 문제는 또 있다. 테스트를 완전히 자동화할 것인가? 사람이 직접 할 것인가? 아니면 둘을 적절히 병행할 것인가? 대답은 앱의 성격에 달려 있다.

단순히 테스트를 자동화하는 것은 효과도 없을 뿐더러 몇 가지 이유로 적절하지 않다. 모바일 기기에 특화된 기능까지 모두 자동으로 테스트할 수는 없는데, 예를 들어 위치 정보 같이 센서를 통해 주변 환경에서 얻는 데이터는 실내에서

---

2 https://developer.apple.com/library/ios/documentation/IDEs/Conceptual/iOS_Simulator_Guide/Introduction/Introduction.html

확인하기가 어렵다. 이런 한계 때문에 모바일 앱은 숨겨진 버그와 문제점을 안고 사용자에게 전달되어 결국 사용자가 발견하게 되는 상황이 발생한다.

수동으로만 하는 테스트가 효과적일지 몰라도 역시 이것만으로는 충분하지 않다. 수동 테스트는 다음 조건일 때만 하도록 한다.

- 단순한 앱인 경우
- 기능이 제한적일 때
- 한시적으로 앱스토어에 등록하는 경우

이런 조건이 아니라면 수동 테스트와 자동화 테스트는 함께 사용해야 한다. 테스트를 자동으로 수행하기 전에는 먼저 사람이 직접 테스트하고, 새로 추가된 기능은 다양한 기기에서 살펴봐야 한다. 수동 테스트가 끝났으면 이제는 자동화 테스트가 필요한 부분을 찾아볼 차례다.

5장, '모바일 테스트 자동화와 관련 도구'에서는 다양한 종류의 모바일 테스트 자동화에 관한 내용을 다룬다. 여기서는 모바일 테스트 자동화 도구를 선택하는 방법과 도구에 대한 개략적인 설명을 확인할 수 있다.

전통적인 방식의 테스트

모바일 애플리케이션 역시 소프트웨어 애플리케이션이다. 그러므로 모바일 앱은 모바일에 특화된 기능은 그것대로 테스트가 필요하고, 웹이나 데스크톱 애플리케이션에서 했던 테스트도 여전히 유효하다. 테스트 케이스 설계와 테스트 데이터 관리가 모바일 테스트에도 필요하다. 물론 테스트 수행을 포함해서 말이다.

그림 4.1은 전형적인 소프트웨어 품질 보증 프로세스에서 수행하는 활동과 절차를 보여준다. 여기에서는 소프트웨어 품질을 측정하는 방식을 제품 관점과 프로세스 관점으로 나눴다. 제품 관점은 버그를 찾는 데 집중하고, 프로세스 관점은 버그로부터 소프트웨어를 보호하는 것을 목표로 한다.

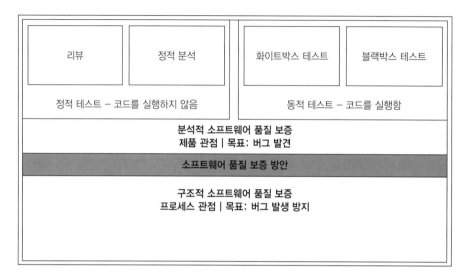

그림 4.1 소프트웨어 품질 보증 방안

프로세스 중심의 소프트웨어 품질 보증은 방법론과 도구, 가이드라인, 표준, 소프트웨어 개발 절차를 포함한다. 이 단계에서 소프트웨어 테스터는 전체 개발 과정에서 표준 준수성 확인뿐 아니라 가이드라인, 개발 방법, 도구까지 전반적인 내용을 책임진다. 그리고 개발자와 다른 관련 조직을 도와 프로세스를 충실히 따르면서 버그 발생을 미연에 방지하는 활동을 한다.

제품 관점은 다시 정적 테스트$^{static\ testing}$와 동적 테스트$^{dynamic\ testing}$로 나뉜다.

정적 테스트는 소프트웨어를 실행하지 않는다. 테스터와 개발자는 소프트웨어 개발 과정의 일부로 리뷰를 수행하는데, 코드 커밋 전 수행하는 코드 리뷰나 개발에 앞서 문서와 명세서를 검토하는 절차를 의미한다. 정적 테스트 단계에서는 도구를 사용해 애플리케이션 코드의 가이드라인 준수 여부나 메모리 누수, 경합 지점을 발견한다.

다음은 자바에서 사용하는 정적 분석$^{static\ analysis}$ 도구다.

- Checkstyle (http://checkstyle.sourceforge.net/)
- FindBugs (http://findbugs.sourceforge.net/)
- Lint (http://tools.android.com/recent/lint)
- PMD (http://pmd.sourceforge.net/)

> **중요**   인터넷을 찾아보면 사용 중인 프로그래밍 언어에 맞는 정적 분석 도구를 발견할 수 있다.

동적 테스트는 애플리케이션 코드를 실행해 애플리케이션의 동작을 확인한다. 동적 테스트는 화이트박스white box 테스트와 블랙박스black box 테스트로 나뉜다.

화이트박스 테스트는 메소드와 클래스의 내부 구조를 이해한 상태에서 진행하는 테스트 방법이다. 보통은 단위 테스트를 하는 개발자가 화이트박스 테스트를 주도하는데, JUnit[3]이나 TestNG[4], XCTest[5] 등의 단위 테스트 도구를 사용한다.

화이트박스 테스트는 다음 항목을 포함한다.

- 문장Statement 커버리지
- 경로Path 커버리지
- 브랜치Branch 커버리지
- 결정Decision 커버리지
- 제어 흐름Control flow 커버리지
- 데이터 흐름Data flow 커버리지

블랙박스 테스트는 내부 구조에 대한 이해 없이 소프트웨어를 테스트하는 방법이다. 일반적으로 이런 접근법을 사용하는 주체는 테스터인데, 소프트웨어 실행 결과만 알고 왜 그렇게 동작하는지 알 필요는 없다. 테스트 케이스를 작성하고 계획을 세우는 활동은 블랙박스 테스트에서 매우 중요하다. 좋은 테스트 케이스를 만들기 위해서는 테스트 설계 기법을 먼저 고려해야 한다. 예를 들어, 경계 값boundary values과 결정 테이블decision tables, 동등 클래스 분할equivalence class partitioning 등의 설계 기법이 사용된다.

경계 값 테스트는 조건의 끝부분이나 경계에서 버그가 많이 발생하는 경험적 사실을 기반으로 하는데, 이런 버그가 충돌이나 비정상 중지, 비정상 동작을 유발한다.

---

3   http://junit.org/

4   http://testng.org/doc/index.html

5   https://developer.apple.com/library/prerelease/ios/documentation/DeveloperTools/Conceptual/testing_with_xcode/Introduction/Introduction.html

결정 테이블은 복잡한 구조의 애플리케이션이나 조건을 작게 나누면서 중요한 기능을 도출해낸다. 이렇게 하면 중요 요소에 대한 개략적인 큰 그림을 그릴 수 있다.

동등 클래스 분할은 오류 클래스를 알아내는 테스트 케이스 작성 기법이다. 동등 클래스 분할은 테스트 활동의 결과물로 나오는 수많은 테스트 케이스의 수를 줄여준다. 마찬가지로 테스트에 필요한 입력 값을 준비할 때도 이런 기법을 많이 사용한다.

블랙박스 테스트 기법의 예를 좀 더 소개하면 다음과 같다.

- 원인 결과 그래프
- 에러 추측
- 상태 전이$^{State transition}$ 테스트
- 페어$^{All-pairs}$ 테스트
- 탐색적^{Exploratory} 테스트

> **중요** 이번 절은 테스트 방법과 기법을 간략히 다루고 있다. 소프트웨어 테스트와 분석에 관한 기본 지식을 요약했는데, 여기 나온 테스트 기법이나 방법을 이해하는 데 어려움이 있으면 소프트웨어 테스트 관련 서적을 읽거나 ISTQB[6] 초급 레벨, 블랙박스 소프트웨어 테스트[7] 강의를 한번 들어보길 권한다.

모바일에 특화된 테스트

이번 절에서는 다양한 카테고리의 앱을 테스트하면서, 안정적이고 편리하며 가능한 한 모든 버그를 사전에 발견하는 방법을 알아본다. 3장, '모바일 테스트의 도전 과제들'에서 다룬 테스트 방법을 복기해보자. 센서와 네트워크, 제스처, 고

---

6 www.istqb.org

7 www.testingeducation.org/BBST/

객, 사용 언어, 시스템 앱이 머릿속에 떠오르면 된다.

이제 모바일 기기를 꺼내 실습에 사용할 앱을 실행해보자.

모바일 기능성 테스트

기능 확인은 가장 먼저 해야 할 테스트 활동이다. 작성한 테스트 케이스로 테스트를 수행하면서 기능과 요구사항이 의도한 대로 반영되었는지 확인해야 한다. 테스트 케이스 기반의 테스트 말고도 인수 조건을 기반으로 수행하는 테스트도 중요하다.

기능 테스트는 입력과 출력, 버튼 동작, 내비게이션, 데이터 처리 등이 명세서 대로 동작하는지 확인해야 한다. 다양한 사용자 시나리오와 환경 조건에서도 테스트가 필요하다. 기능 테스트를 하는 동안에는 센서와 인터페이스 변수를 항상 고려해야 한다(3장 참조).

품질 보증 방안의 목적으로 정적인 방법과 동적인 방법을 사용해 기능성 테스트^{Functional Testing}를 해야 한다.

> **중요** 기능 테스트는 소프트웨어 프로젝트에서 가장 중요한 테스트 중 하나다. 기능 테스트는 프로젝트에서 앱의 성격에 따라 다르게 수행될 수 있다.

모바일 사용성 테스트

모바일에서 사용성은 매우 까다롭고 중요한 주제다. 누군가는 사용성 테스트^{Usability Testing} 전문가가 되어 이 문제에 관심을 기울여야 한다. 사용성이 향상되려면 반복된 개선 활동과 치밀한 사용자 조사, 사용자를 대상으로 한 테스트가 이뤄져야 한다. 사용하기 편한 앱을 만드는 것은 매우 중요하다. 그렇지 않으면 낮은 평점을 받게 되고 기업 이미지까지 훼손될 수 있다. 평판이 나빠지는 것을 피하기 위해 지금부터 설명하는 방법대로 개발 팀과 협력해 사용성을 높여나가야 한다(KIFSU를 기억한다).

모바일 사용성과 관련한 내용을 더 알고 싶으면, 다음 링크가 사용성 입문의 좋은 시작점이 될 것이다.

- 사용성 휴리스틱스 (www.nngroup.com/articles/ ten-usability-heuristics/)
- 모바일 사용성 (www.nngroup.com/articles/ mobile-usability-update/)
- 구글의 모범 사례 (www.google.com/think/multiscreen/ #mobile-best-practices)
- 사용성 원칙과 기법 (www.usability.gov/what-and-why/ index.html)
- 사용자 인터페이스와 설계 원칙 (www.neobytesolutions.com/mobile-user-interface-and-usability-design-principles/)

다음 서적도 사용성을 이해하는 데 도움을 준다.

- 라루카 부듀^{Raluca Budiu}와 제이콥 닐슨^{Jakob Nielsen}의 『모바일 사용성 컨설팅 보고서』(www.nngroup.com/books/mobile-usability/)

간결함이 더 아름답다

사용성 테스트는 '간결함이 더 아름답다.'라는 원칙으로부터 시작할 수 있다. 불필요한 내비게이션 요소나 버튼부터 이 원칙을 적용해보자. 어긋나는 것을 하나라도 발견했다면 동료나 사용성 전문가에게 문의해 삭제를 요청한다. 앱에서 사용하는 문장과 단어도 살펴보자. 앱의 상호작용과 무관하면 마찬가지로 제거 요소다. 이제는 앱에서 중요한 부분으로 시선을 돌린다. 최종 목표와 문제의 본질을 잊지 말고 방해 요소를 하나씩 제거한다.

부연 설명이 필요치 않게 한다

앱이 설명적^{self-explanatory}인지 살펴본다. 다음 질문을 스스로 한번 해보자. 사용자가 관심 있어 하는 정보를 쉽게 찾아볼 수 있는가? 화면에 보이는 모든 것이 의도가 명확하고 곧바로 이해할 수 있는가? 이런 시각으로 바라보는 사용성 테스트는 앱과 함께하는 시간이 길어질수록 단점에 익숙해져서 시간이 지날수록 발견하기 힘들어진다. 결국, 잠재적인 문제점에 무감각해지는 것이다. 이럴 때는 앱 개발과 관계없는 동료나 고객에게 피드백을 얻으면 된다.

패턴에 집중한다

모든 앱은 사용성 패턴과 디자인 패턴을 따라야 한다. 패턴이 있으면 룰을 잘 따르고 있는지 확인하고, 패턴이 없으면 앱의 룩앤필에 집중한다. 버튼이나 텍스트 레이블 같은 엘리먼트는 같은 간격과 크기, 색으로 구성되어야 한다. 각 요소의 접근성도 신경 써야 하는 부분인데, 예를 들어 두꺼운 손가락을 가진 사람도 화면 크기와 해상도에 상관없이 원하는 버튼을 누를 수 있어야 한다. 마지막으로 앱이 최소한 모바일 플랫폼에서 제공하는 기본 패턴을 따르는지 아닌지 확인한다.

실수를 허용한다

진정 편리한 앱은 사용자의 실수까지 감싸 안는다. 예를 들어, 입력 필드에 실수로 값을 넣지 않았으면 친절하고 명확한 안내 문구를 제공해야 하며, 에러 메시지의 내용은 너무 포괄적이지 않으면서 기술적 배경지식이 전혀 없는 사람도 이해할 수 있어야 한다. 에러 메시지와 함께 에러가 발생한 곳을 강조해서 사용자에게 실수를 인지시키는 것도 필요하다. 에러 메시지와 관련한 테스트를 할 때는 메시지가 사용자에게 미치는 영향력을 고려해야 한다. 이와 별개로 실행 취소undo나 뒤로 가기go back 기능으로 사용자의 실수를 바로잡을 수 있어야 한다. 마지막으로, 입력 값의 예시를 보여주거나 텍스트 미리 찾기type-ahead search로 나머지 값을 자동으로 제시해주는 것도 고려할 수 있다. 예를 들어, 'New Y'까지 입력했으면, 곧이어 New York이라는 추천어를 제공하는 식이다.

일관된 흐름, 디테일, 내비게이션을 유지한다

앱이 특정한 워크플로우로 동작한다면 이런 작업 흐름은 어디서나 같아야 한다. 세부적인 부분에 집중해 버튼과 레이블, 기타 엘리먼트의 크기가 너무 크거나 작지 않은지 확인한다. 화면 분할도 중요하다. 크고 작은 화면에서 앱이 어떻게 보이는지 확인한다. 이런 것들이 사소해 보일 수 있지만, 사실 매우 중요한 부분이다. 눈에 충분히 잘 띄어 사용자가 쉽게 찾을 수 있는지 확인한다. 페이드 인fade in이나 페이드 아웃fade out 효과가 있는 애니메이션은 주의가 필요하다. 전환이 이뤄질 때 부드럽지 않고 딱딱한 느낌을 주는 건 아닌지 살펴봄으로써 저 사양 기기에서도 부드럽게 동작하는 것을 확인해야 한다.

앱에서는 메인 내비게이션과 하위 내비게이션의 사용이 쉬워야 한다. 사용자가 원하는 결과를 얻을 때 불필요한 경로가 있거나 여러 단계를 하나로 합칠 여지는 없는지 확인한다. 한 손 조작이 원활한지 확인해야 하는데, 이런 테스트는 손 크기가 다른 사람이나 왼손잡이 혹은 오른손잡이에게 요청한다. 내비게이션 패턴은 해당 플랫폼의 가이드를 따른다.

단어 검사를 한다

앱에서 사용하는 단어는 명확하고 이해하기 쉬워야 한다. 여러 사람에게 단어를 어떻게 이해했고, 연상되는 기능은 무엇인지 물어본다. 앱에서 단어를 많이 사용하고 있다면, 오타 검사를 철저히 해서 사용자를 당황스럽게 만들지 않아야 한다. 단순 오타는 앱스토어의 평점이나 리뷰에도 영향을 준다. 앱이 여러 언어를 지원하면 단어가 UI 엘리먼트에 잘 들어맞고 번역을 올바르게 했는지 확인이 필요하다. 로렘 입숨Lorem ipsum 같은 텍스트 채우기나 기본 텍스트로 앱을 테스트해볼 수 있다.

일관성을 유지한다

사용성 테스트에서 가장 중요한 것은 일관성이다. 앱에서 보이는 모든 뷰는 일관성이 있어야 한다. 앞서 언급했지만, UI 엘리먼트는 일관된 룩앤필과 문구, 간격, 색상, 이미지를 가져야 한다. 가장 중요한 것은 문구와 색상뿐 아니라 내비게이션이나 패턴(플랫폼마다 다르다.) 측면에서 iOS, 안드로이드 등 플랫폼과 상관없이 일관성을 유지하는 것이다. 다른 뷰를 제공하는 웹이나 데스크톱 애플리케이션이 있다면 마찬가지로 일관성 확인이 필요하다.

애플리케이션은 회사가 제시하는 가이드라인을 따라 회사 이미지가 떠오르는 친숙한 룩앤필로 사용자가 겪을지 모를 혼란의 요소를 없애야 한다. 색상과 폰트, 로고, 이미지, 문구 등이 나와 있는 CIcorporate identity 가이드라인을 요청하자.

무엇이든 기록한다

테스트하면서 평소와 다른 점이 조금이라도 있거나, 이유는 모르겠지만 특이한 현상이 발생하면 사소해 보일지라도 모두 기록한다. 세심한 관찰 습관은 매우 중요한 자질이며 개선의 출발점이 된다. 잘못된 부분은 화면을 캡처하거나 웹캠을 사용해 비디오 영상으로 녹화할 수 있는데, 이런 자료를 기반으로 기획자나 개발자와 함께 이슈를 의논할 수 있다.

여기서 포인트는 이해관계자가 이슈를 받아들이지 않더라도 기록 활동을 계속하는 것이다. 포기하지 말고 이슈화되도록 노력한다. 다만, 같은 이슈를 중복해서 올리며 목소리를 높인다면 의견이 무시되기 쉬우니 기존 버그를 상기해가며 이슈를 등록해야 한다. 추천하는 방법은 거절된 버그를 분류해 관리자나 개발자에게 다음 릴리스 개선사항으로 전달하는 것이다. 다른 방법으로는 매 릴리스에서 오래된 버그의 수정일을 정해 품질을 높이고 누적된 버그를 줄여나가는 것이다. 협의를 통해 현 상황에 맞는 가장 좋은 방법을 찾는다.

테스터의 호기심과 집요함이 대중의 사랑을 독차지하는 제품을 만든다.

접근성 테스트

이제는 세계 곳곳의 많은 사람이 일상생활에서 모바일 앱을 사용한다. 길 안내나 호텔 예약, 티켓 구매, 음악 감상, 게임 등 거의 모든 곳에서 앱이 사용된다.

그런데 앱을 개발하거나 테스트할 때 장애인을 고려해본 적이 있는가?

생각보다 꽤 많은 시각, 청각, 육체적, 인지적 장애인이 있다. 모바일 앱의 접근성accessibility은 쉬운 문제가 아니라 해결까지 많은 노력이 필요한데, 단순히 장애인에게 주는 혜택이라고 생각하면 안 된다. 접근성을 높이는 일은 회사의 평판과도 관련이 있고 사용자층을 탄탄히 다질 기회가 되기도 한다.

따라서 앱 개발과 관련 있는 사람이면 누구나 접근성을 이야기하고 요구사항을 도출하는 과정이 앱 개발에서 매우 중요하다. 모바일 앱과 밀접한 관계가 있는 장애는 시각, 청각, 육체적, 인지적 장애로 나눌 수 있다.

시각 장애

시각 장애는 전맹^{blind} 또는 약시^{limited vision}, 색맹, 색약을 포함한다. 시각 장애로 인해 버튼이나 레이블, 텍스트 등 엘리먼트를 볼 수 없고 정상적인 앱 제어가 불가능할 것이다. 따라서 시각 장애인을 위해서는 다음과 같은 기능을 구현하면 된다.

- 모든 엘리먼트를 스크린리더^{screen reader}로 읽을 수 있도록 한다. 대부분의 모바일 플랫폼에서는 스크린리더 옵션이 있어서 모바일 앱에서 콘텐츠와 엘리먼트를 읽을 수 있다. 내장된 스크린리더가 없으면 써드파티 앱을 설치하면 된다.
- 모바일 플랫폼은 폰과 앱의 폰트를 크게 보이게 하는 기능도 제공한다. 앱에서 이런 기능을 구현하기만 하면 레이아웃을 적절하게 유지한 채 폰트 사이즈만 늘릴 수 있다.
- 모든 모바일 플랫폼에서 화면의 전경^{foreground}과 배경^{background}의 색 또는 명암을 바꾸는 기능을 제공한다. 따라서 전경과 배경 설정을 고려한 색, 밝기, 명암으로 UI 엘리먼트를 사용해야 한다.
- 빌트인 화면 확대기^{screen magnifiers}는 엘리먼트를 읽기 쉽도록 확대할 때 사용한다.
- 시각 장애인을 돕는 다른 방법은 음성 인식^{voice recognition} 기능을 사용하는 것이다. 음성 인식은 음성 명령으로 모든 모바일 앱을 제어할 수 있도록 한다.

청각 장애

전화벨 소리나 알림음을 듣지 못하고, 사운드로 이뤄진 콘텐츠를 이용하는 데 어려움이 있는 사람들이 있다.

청각에 문제가 있는 사람을 위해서는 다음과 같이 하면 된다.

- 전화나 메시지가 오면 진동이나 시각적인 알림 창으로 사용자에게 알린다.
- 앱의 주요 기능이 영상 콘텐츠 재생이라면 자막으로 영상물의 내용을 제공한다.
- 볼륨 조절기를 제공한다. 이것은 청음을 목적으로 하는 사용자에게 중요한 기능이다.
- 앱에서 소리를 사용한다면 모노 오디오^{mono audio}로 전환할 수 있는 기능을 제공한다. 한쪽 귀로만 들을 수 있는 사람에게 유용할 것이다.

육체적 장애

육체적 장애인은 손으로 제스처를 사용하기 힘든 사람들이다. 앱에서 핀치나 탭,
스와이프 등의 제스처를 할 수 없다.

이런 경우는 앱에서 다음을 고려한다.

- 음성 인식 기능을 사용해 음성 명령으로 모바일 앱을 제어할 수 있도록 한다.
- 버튼이 인지하는 클릭 속도를 늘이거나 줄여서 제어가 좀 더 쉬워질 수 있게
  한다.

인지적 장애

인지적 장애란 주의력 결핍, 언어 구사, 기억, 계산 능력에 어려움이 있는 것을 의
미한다. 인지적 장애가 있으면 복잡한 구조의 내비게이션이나 기능의 수행 절차
를 이해하는 데 어려움을 겪는다.

앱에서 다음 기능을 고려해보자.

- 쉽고 직관적인 사용자 인터페이스로 구현한다. 가능한 한 이해가 쉽도록 단순
  하게 만든다.
- 텍스트 하이라이트 기능과 스크린리더를 함께 사용한다.
- 입력 필드에는 자동 입력 기능을 구현해 사용 가능한 값을 적절하게 제시한다.
- 인지적 장애인이 하나의 동작을 끝낼 수 있도록 충분한 시간을 부여한다.

접근성 가이드라인

지금까지 살펴봤듯이 접근성 테스트는 매우 도전적인 과제이며, 이러한 기능을
구현하기 위해 여러 가지 수단을 취해야 한다. 앱에서 접근성 기능을 제공한다면
장애인을 대상으로 직접 사용하게 해보고 요구사항을 제대로 구현했는지 확인
해야 한다. 접근성을 고려한 앱은 사용자층을 확보할 뿐 아니라 좋은 평판도 얻
는다.

W3C에서 만든 산하 단체인 접근성 이니셔티브accessibility initiative는 접근성과 관
련한 대부분의 문제를 다루고 있으며, www.w3.org/WAI/나 www.w3.org/WAI/

mobile/에서 관련 자료를 찾을 수 있다. 각 플랫폼의 접근성과 관련한 상세 내용은 제조사의 웹 페이지를 참조한다.

안드로이드 진영의 가이드라인은 다음 페이지에서 확인할 수 있다.

* 안드로이드 접근성 가이드 (http://developer.android.com/guide/topics/ui/accessibility/index.html)
* 안드로이드 접근성 테스트 (http://developer.android.com/tools/testing/testing_accessibility.html)

iOS에서 사용하는 가이드라인은 다음에서 확인할 수 있다.

* iOS 접근성 소개 (https://developer.apple.com/library/ios/documentation/UserExperience/Conceptual/iPhoneAccessibility/Introduction/Introduction.html)
* 아이폰 접근성 (https://developer.apple.com/library/ios/documentation/UserExperience/Conceptual/iPhoneAccessibility/Accessibility_on_iPhone/Accessibility_on_iPhone.html)
* iOS 접근성 테스트 (https://developer.apple.com/library/ios/technotes/TestingAccessibilityOfiOSApps/TestingtheAccessibilityofiOSApps/TestingtheAccessibilityofiOSApps.html)

윈도우폰의 가이드라인은 다음 페이지에서 확인한다.

* 윈도우폰 접근성 가이드 (www.windowsphone.com/en-us/how-to/wp8/settings-and-personalization/accessibility-on-my-phone)

블랙베리의 가이드라인은 다음 페이지에서 확인한다.

* 블랙베리 접근성 가이드 (http://ca.blackberry.com/legal/accessibility.html)

배터리 사용량 테스트

모바일 앱을 테스트할 때는 소모되는 배터리의 양도 테스트해야 한다. 앱에서 전력을 너무 많이 사용하면 사용자는 앱을 삭제하고 다른 앱을 찾을 것이다.

배터리 사용량을 테스트하기 위해서는 두 가지 시나리오를 고려하면 된다.

완충 상태의 배터리에서 시작하는 시나리오

첫 번째 시나리오는 완전히 충전된 배터리를 사용한다. 설치된 앱을 실행한 다음 기기가 대기 모드로 들어갈 때까지 그대로 놔둔다(현재는 포그라운드foreground에서 동작하는 상황). 이제 앱이 얼마만큼의 배터리를 사용하는지 확인하기 위해 몇 분에서 몇 시간까지 충분히 기다린다. 확인은 남아있는 배터리 레벨을 주기적으로 기록하면 된다. 테스트는 여러 기기에서 측정하는데, 주의할 점은 실행 중인 다른 앱은 반드시 종료해 혹시 모를 부작용을 방지하는 것이다. 앱이 백그라운드 background에서 동작하는 상태에서도 같은 테스트 수행이 필요하다. 앱을 백그라운드로 보내려면 앱을 실행하자마자 종료하면 되는데(홈 버튼이나 종료 버튼을 누른다.), 대부분 플랫폼에서는 백그라운드 모드나 멀티태스크multitask 모드에서 앱이 동작하도록 한다. 이번에도 역시, 주기적으로 기기를 들여다보며 배터리 사용량을 확인하면 된다.

　GPS나 센서 류의 하드웨어 기능에 접근하는 앱이라면 센서를 함께 사용하면서 배터리를 체크한다. 하드웨어 기능을 사용한 후 스위치 오프가 되는지 확인하는 테스트는 매우 중요하다. 앱에서 스위치 오프를 하지 않으면 매우 많은 양의 배터리가 계속해서 소모된다. 백그라운드나 포그라운드 상태일 때 백엔드 시스템으로 불필요한 하드웨어 자원 요청이 발생하는 건 아닌지도 확인해야 한다. 이렇게 불필요한 요청은 배터리 수명에도 영향을 준다. 테스트는 Charles[8]나 Fiddler[9] 같은 프록시 도구로 모바일에서 워크스테이션을 통해 백엔드 시스템으로 요청을 보내면서 확인하면 된다.

　모바일 기기와 앱을 사용하는 도중에는 기기가 가열되지 않는지 확인한다. 어떤 경우는 하드웨어 기능으로 인해 기기와 배터리가 뜨거워져, 결국 하드웨어 손상으로 이어지기도 한다.

　앱이 멀티태스크 스레드에서 제거되면 정말로 종료된 것인지 확인하는 테스트도 필요하다. 이런 테스트를 위해 시스템 설정system settings을 열어 앱이 동작하지 않는 것을 확인하면 된다.

8 　www.charlesproxy.com/
9 　www.telerik.com/fiddler

얼마 남지 않은 배터리에서 시작하는 시나리오

두 번째 테스트 시나리오는 배터리가 10%에서 15% 정도 남아있을 때 수행한다. 이런 상태에서 대부분의 모바일 기기는 네트워크와 GPS, 센서 기능을 비활성화해 배터리 사용을 줄인다. 앱에서 이 기능을 사용한다면 저전력 상태일 때 어떤 상황이 발생하는지 확인해야 한다. 비정상 중지나 충돌, 성능 이슈가 발생할 수 있다.

　일부 기기에서는 절전 모드^{power-saving mode}가 있어서 센서와 인터넷 연결을 잠시 꺼둘 수 있다. 절전 모드에 들어갔을 때도 앱에서 어떻게 대응하는지 확인이 필요하다.

　테스트가 가장 필요한 시점은 배터리가 완전히 방전될 때다. 배터리가 다 닳을 때까지 앱을 사용하다가 폰이 꺼지면 충전기를 연결해 다시 폰을 켠다. 재부팅이 끝나면 앱에서 사용하는 데이터가 손실되거나 변형되지 않았는지 확인한다. 앱은 정상적으로 동작해야 하고 데이터 손실이나 변형이 일어나면 안 된다.

　배터리가 얼마 남지 않은 상태로 넘어가는 순간도 테스트가 필요하다. 대부분의 기기는 배터리 양이 특정 시점에 다다랐을 때 경고 창을 띄우는데, 이런 전이가 일어나는 순간에 앱에 영향을 미칠 수 있다. 이 부분에서는 비정상 중지나 충돌, 성능 이슈를 확인한다. 이런 현상은 반대의 경우에도 발생할 수 있다. 마지막으로, 배터리 충전과 앱 사용을 동시에 할 때 앱에 영향이 없는지 확인해야 한다.

배터리 사용량 측정 도구

일부 모바일 플랫폼에서는 배터리 사용량 통계 기능으로 배터리 소모가 가장 큰 앱을 알려준다. 예를 들어, 안드로이드는 현재 상태의 배터리 사용 정보를 제공한다(그림 4.2). 이 도구로 배터리 테스트를 할 수 있는데, 테스터에게 정말로 유용하다.

그림 4.2 안드로이드 앱 배터리 사용 통계

배터리 소모를 지속해서 측정하고 싶을 때 사용하는 적절한 도구가 있다. 안드로이드는 JouleUnit[10]을 사용하면 된다. JouleUnit은 안드로이드 앱을 위한 오픈 소스 프로파일링profiling 도구인데, 동작하고 있는 앱 중에서 불필요하게 배터리를 많이 사용하는 앱을 집어낸다. 또한 CPU나 Wi-Fi, 디스플레이에 사용되고 있는 배터리의 소모량을 측정한다. 기본적으로는 JUnit 테스트와 같은 구조로 되어 있으며 개발 환경과 통합하기도 쉬워서 배터리 소비에 관한 피드백을 개발 초기 단계부터 얻을 수 있다.

iOS는 Instruments[11]의 에너지 사용량 측정 기능으로 앱의 에너지 사용을 프로파일링할 수 있다. Instruments는 엑스코드Xcode의 일부이며 무료다.

Instruments의 에너지 소비에 관한 사용법은 다음 온라인 문서에서 확인할 수 있다.

---

10 https://code.google.com/p/jouleunit/

11 https://developer.apple.com/library/mac/documentation/developertools/conceptual/instrumentsuserguide/Introduction/Introduction.html

- 에너지 사용량 Instruments (https://developer.apple.com/library/ios/documentation/AnalysisTools/Reference/Instruments_User_Reference/EnergyUsageInstrument/Energy-UsageInstrument.html)
- iOS에서 에너지 사용량 로그 확인
  (https://developer.apple.com/library/ios/recipes/Instruments_help_articles/LoggingEnergyUsageinaniOSDevice/LoggingEnergyUsageinaniOSDevice.html)

배터리 테스트는 어렵지 않으니 반드시 수행한다. 프로파일링 기법을 수동 테스트와 함께 사용해 신뢰할 만한 테스트 결과를 얻도록 한다.

스트레스 테스트와 인터럽트 테스트

스트레스[Stress] 테스트와 인터럽트[Interrupt] 테스트는 모바일 테스트에서 매우 큰 비중을 차지한다. 테스터는 측정 도구를 통해 앱이 가지고 있는 잠재적인 성능 이슈나 안정성 이슈를 찾아낼 수 있다. 인터럽트가 발생했을 때 앱의 반응을 살피기 위해서는 앱 사용 중 기기에서 알림이 발생하도록 유도해야 하는데, 메시지를 수신하거나 전화가 올 때 앱의 업데이트 알림, 푸시 알림이 모두 여기에 해당한다(소프트웨어 인터럽트). 볼륨 키로 소리를 높이거나 줄일 때, 기타 하드웨어 버튼의 동작도 인터럽트의 일종이다(하드웨어 인터럽트).

하지만 이렇게 모든 동작을 직접 손으로 한다면 해야 할 일도 많고 시간도 오래 걸린다. 이런 시나리오는 대부분 수동 테스트가 불가능한데, 많은 사용자가 빠르게 입력하는 것을 테스터 한두 명으로 재현하기는 쉽지 않은 일이다. 하지만 도구를 사용하면 문제가 쉽게 풀린다. 더군다나 개발 프로세스와의 결합도 매우 자연스럽게 이뤄진다. Monkey[12]라고 부르는 안드로이드 앱 도구는 안드로이드 SDK[Software Development Kit]의 일부로 포함되어 있다. Monkey는 실제 기기나 에뮬레이터에서 동작한다. 터치 이벤트와 클릭 이벤트 외에도 회전, 스와이프, 뮤트, 인터넷 연결 해제 등 다양한 사용자 이벤트를 무작위[pseudo-random]로 만들어 스트레스 테스트를 할 수도 있고, 인터럽트를 처리할 때 앱의 반응도 관찰할 수 있다.

---

12 http://developer.android.com/tools/help/monkey.html

테스트 앱을 대상으로 Monkey를 실행하려면 안드로이드 패키지인 .apk 파일이 필요하다. 그렇지 않으면 테스트 앱을 목표로 하지 않고 폰 전체를 대상으로 랜덤 명령을 실행하는 방식으로 동작하게 된다.

앱 소스 코드를 구했으면 AndroidManifest.xml에서 패키지 이름을 알아낼 수 있다. 컴파일된 .apk 파일만 있으면 Android Asset Packaging Tool[aapt][13]로 패키지 이름을 찾는다. aapt는 설치된 안드로이드 SDK의 build-tools 폴더에 있다.

aapt가 있는 경로는 다음과 같다.

```
/../daniel/android/sdk/build-tools/android-4.4/
```

다음 명령어로 .apk 파일로부터 패키지 이름을 읽어올 수 있다.

```
./aapt d badging /daniel/myApp/myApp.apk | grep 'pack'
...
package: name='com.myApp' versionCode='' versionName=''
...
```

패키지 이름을 알았으면, adb[Android Debug Bridge][14]로 Monkey를 실행한다.

```
./adb shell monkey -p com.myApp -v 2000
```

2000이라는 숫자는 Monkey가 수행하는 랜덤 명령의 횟수를 의미한다. -s를 파라미터로 사용하면 일정한 간격으로 이벤트가 발생한다. 이 옵션은 Monkey로 발견한 버그를 재현할 때 유용하게 사용할 수 있다.

iOS 앱은 UI AutoMonkey[15]라는 도구를 사용하면 된다. UI AutoMonkey도 마찬가지로 동시 다발적으로 명령을 만들어 스트레스 테스트를 할 수 있다. UI AutoMonkey를 사용하려면 엑스코드로 UIAutomation Instruments 템플릿을 설정해야 한다. 템플릿 설정이 끝났으면 테스트 세션에서 수행할 명령의 실행 횟수와 명령이 명시된 자바스크립트 파일을 작성한다(리스트 4.1).

---

13 http://elinux.org/Android_aapt
14 http://developer.android.com/tools/help/adb.html
15 https://github.com/jonathanpenn/ui-auto-monkey

리스트 4.1 UI AutoMonkey 스크립트

```
config: {
        numberOfEvents: 2000,
        delayBetweenEvents: 0.05, // 초

        // 폰에서 발생하는 이벤트
        eventWeights: {
        tap: 30,
        drag: 1,
        flick: 1,
        orientation: 1,
        clickVolumeUp: 1,
        clickVolumeDown: 1,
        lock: 1,
        pinchClose: 10,
        pinchOpen: 10,
        shake: 1
        },

        // 터치 이벤트 발생 빈도
        touchProbability: {
        multipleTaps: 0.05,
        multipleTouches: 0.05,
        longPress: 0.05
        }
},
```

스크립트를 작성했으면 엑스코드에서 바로 실행할 수 있다. 두 가지 도구는 앱에서 발생한 에러와 문제점에 관한 개략적인 보고서를 보여준다.

> **중요** 설치와 관련한 궁금증은 제작사의 웹사이트에서 확인한다.

보다시피, 도구를 사용해 간단하게 모바일 앱의 스트레스와 인터럽트 테스트를 수행했다. 이런 도구는 신뢰성 있고 강건한 모바일 앱을 만드는 데 도움을 준다. 한편, 배터리 테스트를 스트레스 테스트나 인터럽트 테스트와 조합해 인터럽트가 많이 발생할 때 배터리 소모를 확인하는 식으로 유용하게 활용할 수 있다.

성능 테스트

성능 테스트^{Performance testing}는 모든 소프트웨어 개발 프로젝트에서 가장 핵심적인 테스트 영역인데, 모바일 앱에서도 다르지 않다. 1장에서 살펴본 대로 고객이 원하는 기대치가 얼마나 높았는지 떠올리면 성능 테스트의 중요성을 짐작할 수 있을 것이다. 모바일 사용자는 앱 실행부터 로딩까지 2초 이내에 끝나기를 원한다. 이 기준을 만족하지 못하면 불행하게도 앱이 삭제될 확률이 높다.

테스터와 개발자는 성능 테스트로 잠재적 병목 구간을 알아낼 수 있다. 일반적으로 성능 테스트는 서버나 백엔드 시스템에서 수행하며, 수많은 요청에 대한 시스템이나 소프트웨어의 처리 능력을 확인하고 수용할 수 있는 결과에 도달하는 과정이다.

성능 테스트는 실제 백엔드 환경과 동일한 하드웨어로 환경을 구축한 후 수행해야 한다. 테스트를 통해 수집한 데이터는 분석 과정을 거쳐 소프트웨어의 병목 지점과 문제점을 찾는 데 활용된다. 성능 테스트는 비용이나 규모를 작게 잡거나 프로젝트 마지막으로 미뤄두지 말고 가능한 한 빨리 시작하는 것이 좋다. 대략적인 목표 성능치는 요구사항 단계의 일부로, 시작과 동시에 계획을 수립해야 한다.

성능 테스트가 좀 더 의미 있으려면 시스템 영역까지 접근해야 한다.

일반적으로 모바일 앱은 백엔드 시스템(서버)에 의존한다. 앱에서 서버로 요청을 보내면 서버에서는 요청을 받아 처리하고 결과를 되돌려준다. 백엔드로 요청을 보낼 때 알아야 할 중요한 영역이 있다.

- 서버
- 모바일 데이터 네트워크
- 모바일 기기와 앱

모바일 앱의 성능을 측정하려면 백엔드 시스템과 앱 양쪽에서 성능 테스트를 수행해야 한다. 네트워크를 성능 테스트의 대상으로 하는 것은 가능하지도 않고 바람직한 생각도 아니다. 네트워크 신호의 속도와 지연latency은 재현할 수 있는 요소이지만 실제 환경에서는 사용자마다 편차가 커서 의미가 없다.

이번 절에서는 모바일 앱 자체의 성능 테스트에 초점을 맞춘다. 백엔드 시스템의 성능과 관련된 자료를 인터넷에서 찾아보자. 성능 테스트를 구축하는 유용한 도구가 많이 나올 것이다. 성능 테스트에서 도구를 활용할 계획이라면 다음 과정을 참조해 보다 구체적인 전략을 세울 수 있다.

1. 개발 초기 단계부터 성능 테스트를 계획한다.
2. 성능 테스트를 설계한다.
3. 테스트 데이터와 인프라(실제 환경과 같은)를 준비한다.
4. 성능 테스트를 수행한다.
5. 테스트 결과를 수집, 분석, 평가한다.
6. 잠재적인 병목 지점을 찾아 개선한다.
7. 변화를 계속 모니터링하면서 성능 결과가 기준에 부합하는지 확인한다.

모바일 앱의 성능 테스트

모바일 앱의 성능을 측정할 때는 과정을 단순화하면서 UI에 집중하는 것이 좋다. 예를 들어, 스톱워치로 애플리케이션이 실행되는 시간이나 동작 간 지연 시간을 측정할 수 있으면 이것으로도 충분하다. 앱에서 만든 이미지나 텍스트, 애니메이션 같은 콘텐츠 로딩 시간을 측정하는 것도 한 가지 방법이다. 테스트를 반복 수행하면서 이슈 재현과 그 밖의 성능 문제를 추적하기 위해 테스트 절차는 기록으로 남겨야 한다. 문제가 발생하면 발생 빈도도 함께 기록한다. 항상 발생하는 문제라면 어렵지 않게 해결될 것이지만, 10번 중 세 번 정도 재현되는 이슈라면 이야기가 달라진다. 이럴 때는 버그를 찾아 재현하는 과정도 매우 중요하다.

앱을 테스트할 때는 동작이 느리다 싶으면 이유 불문하고 기록해야 하는데, 성능 이슈로 발전할지 모르기 때문이다. 수동으로 하는 성능 테스트는 다양한 하드웨어 환경에서 여러 번 측정해 의미 있는 결과를 도출해야 한다.

추가로 해야 할 테스트는 현재 앱스토어에 올라가 있는 버전과 새로 릴리스할 버전을 비교하는 것이다. 앱의 실행 속도나 기타 여러 항목을 비교하면 된다. 새로운 버전이 현재보다 느리다면 문제의 소지가 있는 것이다. 이대로 출시되면 아마도 사용자에게 좋지 않은 피드백을 받을 것이다.

> **중요**   비교 테스트는 같은 하드웨어 환경에서 수행해 신뢰할 수 있는 결과를 만든다.

앱이 광고나 뉴스 피드 같은 써드파티를 포함하면, 이런 요소로 인해 성능 이슈가 발생하는 건 아닌지 확인해봐야 한다. Fiddler 같은 웹 프록시 도구를 사용해 써드파티로 타임아웃 요청을 보내고 앱에 미치는 영향을 파악할 수 있다.

앱 성능을 측정하는 다른 방법은 프로세스와 실행 시간을 프로파일링하는 것이다. 잠재적인 병목 지점과 성능 이슈를 발견할 수 있는 다양한 프로파일링 도구가 있는데, 이런 도구 사용은 개발자가 직접 수행하면서 점차 생활화해야 한다.

모바일 앱 성능 테스트를 요약하면 다음과 같다.

- 앱의 실행 시간을 측정한다.
- 동작 간, 사용자 인터랙션 간 지연 시간을 측정한다.
- 콘텐츠 로딩 시간을 측정한다.
- 반응이 느리다고 생각되는 부분이 있으면 기록한다.
- 저사양 폰을 포함해 다양한 하드웨어에서 테스트한다.
- 현재 배포된 버전과 앞으로 배포할 버전을 비교한다.
- 써드파티 부분을 확인한다.
- 프로파일링 도구로 프로세스와 클래스의 동작 시간을 측정한다.

보다시피, 간단한 과정으로 모바일 앱 성능 테스트를 할 수 있다. 모바일 앱과 백엔드 시스템, 네트워크를 대상으로 좀 더 세분화된 테스트를 하고 싶으면, 전문화된 성능 테스트 도구나 솔루션이 필요하다. 모바일 앱 성능 측정 도구를 제공하는 수많은 회사가 있다. 인터넷 검색으로 현재 개발 환경에 가장 적합한 도구를 찾는다.

대기 모드 테스트

대기 모드 테스트^{Standby Testing}는 쉽고 단순하지만, 충돌과 비정상 중지, UI 결함이 심심치 않게 발생한다. 앱 실행 중 전원 버튼을 눌러 대기 상태로 들어가게 하고, 잠시 뒤 기기를 켜서 앱의 반응을 살피는 것이 대기 모드 테스트다. 대부분의 앱은 기기를 다시 켰을 때 백엔드 시스템에서 데이터를 가져와 최신 정보로 업데이트한다. 여기서 발생할 수 있는 버그는 새로운 데이터로 업데이트하지 않거나 비정상 중지, 충돌이 발생하는 것 등이다. UI 뷰를 업데이트하는 메커니즘이 구현되어 있으면 기기가 켜지고 최신 데이터를 가져와 구현한 대로 정상 동작하는지 확인해야 한다.

앱이 대기 모드에 있는 동안 인터넷 연결이 끊어지는 시나리오도 고려한다. 이에 대해 테스트하려면 앱을 실행하고 인터넷 연결을 끊은 후 기기를 대기 모드로 들어가게 한다. 몇 분이 지난 후 기기를 켜 앱의 상태를 살핀다. 앱은 업데이트 체크를 시도하겠지만, 인터넷은 여전히 사용할 수 없다. 이런 경우 사용자에게 적절한 에러 메시지로 현재 상태를 알려야 한다.

대기 모드에서 돌아온 후에는 기기와 하드웨어 간 통신이 정상인지 반드시 확인해야 한다. 대기 상태와 관련한 모바일 앱 테스트는 무궁무진한 상상력이 필요한 부분이다.

설치 테스트

모바일 앱은 설치 과정을 통해 사용자와 처음으로 대면하게 된다. 만약 설치 중에 에러가 발생해 설치가 실패로 끝나면 사용자는 다시 다운로드하지 않고 다른 앱을 선택할 것이다. 이런 실수를 줄이려면 설치 테스트^{Installation Testing}를 모바일 테스트 프로세스에 포함시켜 최소한 새 버전을 배포하기 전에 한 번은 수행해야 한다.

설치 문제와 관련한 테스트는 다음 내용을 참고한다.

* 로컬 저장소와 메모리 카드를 통해 설치가 성공하는 것을 확인한다.
* Wi-Fi와 모바일 네트워크를 사용해 설치해본다.

- 앱이 설치되는 동안 인터넷 연결 방식을 변경해본다(예를 들면, Wi-Fi에서 3G로 변경한다).
- 앱이 설치되는 동안 다른 앱을 실행한다.
- 앱이 설치되는 동안 인터넷 연결을 끊는다(예를 들면, 비행 모드로 변경한다).
- 로컬 저장소에 충분한 공간이 없는 상태에서 앱을 설치해본다.
- 데이터 케이블을 통한 방식이나 애플리케이션 동기화 방식으로 앱을 설치해본다.

이렇게 테스트하며 앱에서 보내는 에러 메시지뿐 아니라 충돌, 비정상 중지도 확인해본다.

설치가 정상적으로 끝났으면 반대로 삭제하는 테스트도 필요하다. 앱을 삭제했으면 로컬 저장소에서 데이터가 완전히 사라진 것을 확인해야 한다. 앱이 성공적으로 삭제되었으면 메모리와 폴더에 앱과 관련된 데이터 찌꺼기가 조금도 남아있지 않아야 한다. 다른 확인 방법은 앱을 다시 설치했을 때 자동으로 로그인되거나 이전의 데이터가 보이지는 않는지 확인하는 것이다. 공동으로 사용하는 회사 내 기기에서는 남아있는 데이터가 문제의 소지가 될 수 있으니 이런 테스트는 매우 중요하다고 말할 수 있다.

일부 모바일 플랫폼에서는 다른 방식으로 앱을 삭제하므로 플랫폼에 특화된 테스트가 필요하다. 앱을 삭제하는 동안에도 에러 메시지와 충돌 상황, 비정상적인 중지 문제를 확인한다.

업데이트 테스트

앞 절을 통해 앱 설치와 삭제는 매우 중요하다는 것을 알게 되었다. 설치와 삭제말고도 사용자는 새 버전으로 앱을 업데이트할 수 있다. 업데이트를 진행하는 동안에도 비정상적인 상황이 발생할 수 있으므로 새 버전을 앱스토어에 등록하기 전에 테스트가 필요하다.

다음을 고려해 업데이트 테스트[Update Testing]를 수행한다.

- 업데이트가 끝나고 로그인 중인 사용자가 로그아웃되면 안 된다.
- 업데이트 과정이 로컬 저장소에 영향을 주면 안 된다. 즉, 존재하는 데이터는 수정되거나 삭제될 수 없다.
- 업데이트 버전이 설치되더라도 앱의 상태는 변함없어야 한다.
- 업데이트 테스트는 앱스토어의 업데이트 과정을 그대로 시뮬레이트해야 한다.

테스트는 오래된 버전에서 최신 버전으로 업데이트하는 상황도 고려해야 한다. 이렇게 업데이트를 완료했으면 에러 메시지나 충돌, 비정상 중지, 설치가 끝난 이후의 성능 이슈를 확인한다.

다음에 나오는 내용은 iOS와 안드로이드에서 업데이트 테스트를 수행하는 방법이다. 윈도우폰이나 블랙베리 등 다른 플랫폼의 앱이라도 업데이트 테스트는 필요하다.

iOS 업데이트 테스트

iOS 앱은 두 가지 방법으로 업데이트 과정을 재현할 수 있다. 첫 번째는 아이튠즈를 사용하는 방법이다.

1. 현재 앱스토어에 등록된 앱 버전을 애드혹 버전으로 빌드한다.

   참고: 빌드할 앱의 버전은 새로운 앱과 번들 구분자^{bundle identifier}가 같아야 한다.

2. 아이튠즈와 테스트 기기에는 오래된 버전이 설치되어 있으면 안 된다(확실히 하기 위해 아이튠즈와 동기화한다).

3. 처음에 빌드한 앱을 아이튠즈로 드래그하고 테스트 기기와 동기화한다.

4. 앱을 실행하고 테스트를 조금 해보면서 앱이 동작하는 것을 확인한다.

5. 릴리스 버전을 빌드하고 아이튠즈로 드래그한 후 기기와 동기화한다. 아이튠즈는 오래된 버전이 제거되는 것을 확인해야 한다.

   참고: 오래된 버전을 삭제하면 안 된다. 아이튠즈는 오래된 버전 위에 새 버전의 앱을 설치하면서 앱스토어에서 업데이트가 이뤄지는 것을 재현한다.

6. 새로운 버전의 앱을 실행하고 이상 유무를 확인한다.

두 번째 방법은 Configurator[16]를 사용하는 것이다. 이 도구는 사용하기도 쉽고 특히 아이폰과 아이패드 등 여러 대의 iOS 기기를 대상으로 업데이트할 때 유용하다.

1. 현재 앱스토어에 등록된 앱 버전을 애드혹 버전으로 빌드한다.

    참고: 빌드할 앱의 버전은 새로운 앱과 번들 구분자[bundle identifier]가 같아야 한다.

2. 테스트 기기에는 오래된 버전이 설치되어 있으면 안 된다.

3. 도구를 사용해 새로 빌드한 앱을 기기에 설치한다.

4. 앱을 실행해 테스트하면서 앱의 정상 유무를 확인한다.

5. 릴리스 버전의 앱을 빌드하고 도구를 사용해 설치한다. 지금이 업데이트를 재현하는 과정이다.

6. 새로 설치한 앱을 실행하고 이상 유무를 확인한다.

iOS 기기의 업데이트 테스트의 경우 애플에서 제공하는 기술 노트 TN2285[17]를 참고하면 더 많은 정보를 얻을 수 있다.

안드로이드 업데이트 테스트

안드로이드 앱에서도 같은 테스트를 한다. 안드로이드 앱의 업데이트 과정을 테스트하려면 안드로이드 SDK 폴더에 있는 adb 도구를 사용한다.

1. 구글 플레이 스토어에 올라가 있는 버전을 테스트 기기에 설치한다.

```
./adb install RELEASED_APP_NAME.apk
```

2. 동작 여부를 확인한다.

3. 릴리스 버전을 빌드한다.

    참고: 구글 플레이 스토어의 키스토어[keystore] 인증서로 서명한다.

4. 다음 명령어로 새로운 버전을 설치하고 업데이트 과정을 테스트한다.

```
./adb install -r NEW_VERSION_APP.apk
```

-r 옵션은 앱을 재설치하면서 데이터를 그대로 유지시킨다.

---

16 http://help.apple.com/configurator/mac/1.7/?lang=en

17 https://developer.apple.com/library/ios/technotes/tn2285/_index.html#//apple_ref/doc/uid/DTS40011323

5. 새 버전이 설치되고 테스트 준비가 끝난다.

업데이트 테스트는 간단해서 따라 하기 쉬우며, 앱스토어에 올리기 전에 반드시 수행해야 하는 매우 중요한 테스트다.

데이터베이스 테스트

모바일 앱은 SQLite[18] 같은 데이터베이스를 사용해 정보를 로컬 저장소에 기록한다. 데이터나 콘텐츠를 로컬 저장소에 저장함으로써 기기가 오프라인일 때도 앱에서 콘텐츠를 이용할 수 있다. 이런 부분은 인터넷이 연결된 환경에서만 사용할 수 있는 모바일 웹앱과 비교했을 때 큰 장점이다. 모바일 앱이 데이터베이스를 사용한다는 말은 데이터베이스 위에서 동작하는 기능도 테스트가 필요하다는 것을 의미한다.

로컬 데이터베이스 테스트는 수동이나 자동 모두 가능하다. 데이터베이스 테스트의 목적은 데이터를 생성, 삭제, 수정하는 동안 데이터 무결성을 확인하는 것이다. 테스트가 의미 있으려면 테이블명과 프로시저, 트리거, 함수로 구성된 데이터베이스 모델을 알 필요가 있다. 데이터베이스 도구로 기기의 데이터베이스에 연결해 데이터 검증을 할 수 있다.

모바일 데이터베이스 테스트는 다음 내용을 포함해야 한다.

- 데이터베이스 유효성 테스트
- 데이터베이스 통합 테스트
- 데이터베이스 성능 테스트
- 프로시저와 함수 테스트
- 트리거 테스트
- CRUD(생성/조회/업데이트/삭제) 테스트
- 데이터베이스에서 변경한 내용이 UI에서 정상적으로 반영되는지 확인하는 테스트
- 검색과 인덱싱 함수 테스트

---

18 www.sqlite.org/

- 데이터베이스 보안 테스트
- 마이그레이션 테스트

데이터베이스와 데이터베이스 테스트에 관한 주제는 매우 광범위하므로, 데이터베이스 기술에 관해 더 많은 자료를 찾아보길 권한다. Books about SQLite[19] 사이트에는 데이터베이스와 관련한 유용한 정보가 많다.

로컬 저장소 테스트

로컬 저장소 테스트Local Storage Testing는 데이터베이스와 아무런 관련이 없다. 그 대신 기기의 로컬 저장소 상황에 따라 앱이 어떻게 반응하는지 확인하면 된다. 모든 기기는 내부 저장 공간에 음악, 사진, 앱 데이터 등을 보관한다. 일부 기기는 저장소가 고정된 용량으로 하나밖에 없어서 더는 확장할 수 없지만, 대부분은 마이크로SD 카드 등으로 로컬 저장소를 확장할 수 있다.

모바일 앱을 테스트할 때는 로컬 저장소의 상태에 따라 앱에서 적절하게 대처하는지를 확인해야 한다. 테스트 시나리오는 다음과 같다.

- 로컬 저장소에 더 이상의 저장 공간이 없는 상황에서 테스트
- 로컬 저장소는 공간이 없지만 외장 메모리에는 아직 공간이 남아있는 상황에서 테스트
- 로컬 저장소에는 약간의 저장 공간이 있지만 외장 메모리에는 저장 공간이 없을 때 테스트
- 저장소 모두 저장 공간이 부족할 때 테스트
- 로컬 저장소가 거의 찼을 때 앱을 실행해 임의의 동작으로 로컬 저장소의 용량이 한계에 이르게 하는 테스트
- 외장 메모리를 제거했을 때 앱의 반응 확인
- 외장 메모리로 앱을 이동했을 때 정상 유무 확인
- 로컬 저장소가 비었을 때 테스트

---

19 http://www.sqlite.org/books.html

이런 시나리오로 테스트할 때는 앱의 충돌, 에러 메시지, 비정상 중지, 성능 이슈, UI 결함 등 문제의 소지가 있으면 무엇이든지 세심하게 관찰한다.

보안 테스트

해커가 고객의 데이터를 가로채는 등의 행위는 비즈니스적으로 심각한 문제가 될 수 있으므로 모바일 앱도 보안이 매우 중요하다. 보안 테스트는 클라이언트-서버 통신, 소프트웨어 구조, 시스템 구조 같은 다양한 분야의 지식이 있어야 하는 복잡한 문제다. 이런 특성으로 인해 보안은 전문 기술을 보유한 전문가가 테스트하는 것이 바람직하다. 중간자 공격man-in-the-middle attacks의 모의 해킹, 퍼징fuzzing, 스캐닝scanning, 감사auditing가 보안 테스트에 해당한다.

모의 해킹은 애플리케이션의 기능이나 데이터에 접근하는 보안 취약점을 찾아낸다. 수많은 오픈소스와 상업용 도구가 있고, 이런 도구를 사용해 공개적으로 알려진 보안 취약점common vulnerabilities을 테스트할 수 있다. 보안 테스트common security testing 도구 목록은 국제 웹 보안 표준기구OWASP, Open Web Application Security Project[20] 웹 페이지에서도 찾을 수 있다.

공격자는 프록시 도구를 사용해 클라이언트와 서버 간 통신 내용을 변경하거나 모니터링할 수 있다. 이렇게 되면 사용자 이름이나 비밀번호 같은 민감한 내용이 노출되거나 클라이언트가 서버로 보내는 정보를 변조하는 행위가 가능해진다. 이것이 바로 중간자 공격이다.

퍼징은 무작위 데이터를 만들어 전송하면서 시스템의 반응을 살펴 해커의 공격에 미리 대비하는 방법이다.

스캐닝 도구는 시스템 검사를 통해 접근 권한을 획득하는 취약점을 찾아낼 수 있다.

감사는 대부분 인증된 보안 기관에서 수행한다. 외부의 도움으로 애플리케이션의 취약점을 발견해 공격 루트를 사전에 막을 수 있다.

이쯤에서 모바일 앱의 기본 아키텍처를 상기해보자.

---

20 www.owasp.org/index.php/Appendix_A:_Testing_Tools

- 모바일 앱
- 모바일 데이터 네트워크
- 백엔드 시스템

보안 테스트가 필요한 부분은 이렇게 세 가지 영역으로 나눌 수 있다. 네트워크 보안은 테스트가 거의 불가능한데, 커뮤니케이션 환경의 안정성과 보안성에 대한 책임은 네트워크 제공자 측에 있다.

결국, 보안 테스트는 앱과 백엔드 시스템 두 개 영역만 남는다. 여기서는 모바일 앱의 보안을 집중적으로 설명한다.

흔히 저지르는 실수

다음은 모바일 앱에서 자주 발생하는 일반적인 보안 이슈다.

> **중요**　다음 내용으로 개발 단계에서 흔히 발생하는 실수를 어느 정도 줄일 수는 있지만, 전문가가 수행하는 보안 테스트를 대체할 수는 없다.

- 캐시 저장소: 패스워드나 토큰 같은 민감한 데이터가 캐시로 남는다.
- 의도하지 않은 로컬 저장소: 패스워드나 토큰, 신용카드 정보 같은 민감한 데이터가 의도치 않게 저장된다.
- 암호화: 패스워드 같은 민감한 정보가 암호화되지 않고 저장된다.
- 클라이언트 사이드 검증: 패스워드 검증이 클라이언트 측에서만 이뤄진다.
- 암호화되지 않은 통신: 앱과 백엔드 시스템 간의 통신이 암호화되지 않는다.
- 불필요한 앱 권한: 사용하지 않거나 불필요한 접근 권한을 앱에서 요구한다.

위에 나열한 실수를 답습하지 않으려면, 이런 내용을 인지하고 테스트를 시작해야 한다. 기기의 캐시 저장소와 관련한 테스트는 앱에 입력한 데이터가 기기에 남지 않는 것을 확인하면 된다. 단순히 데이터를 입력하고 일정 시간이 흐른 뒤 캐시를 확인하면 테스트는 끝난다. 캐시 저장소를 눈으로 살펴보려면 파일시스템 조사 앱을 설치하면 되는데, 캐시 폴더에는 인가된 데이터만 남아있어야 한다. 기기를 껐다 켰을 때 기기와 앱 캐시를 확인해본다. 기기를 다시 켰을 때 민감한 데이터가 남아있으면 안 된다.

기기에 남아있으면 안 되는 데이터를 확인하기 위해서는 기기 저장소와 파일을 조사한다. 로컬 저장소를 확인하려면 앱이나 개발자 도구를 사용해 로컬 저장소의 접근 권한을 얻는다.

앱이 로컬 데이터베이스를 사용해 로그인 정보 같은 데이터를 저장하면 로그인 정보가 데이터베이스 암호화되는지 확인해야 한다. 암호화 형태가 데이터베이스 레벨에서 올바르게 적용된 것을 확인한다.

로그인을 통해 백엔드 시스템의 콘텐츠와 기능에 대한 접근 권한을 부여하는 앱이라면, 사용자 정보의 유효성 검증을 어디에서 수행하는지 확인해야 한다. 유효성 검증은 백엔드 시스템에서 하는 것이 옳다. 유효성 검증이 클라이언트 측에서만 수행된다면 기기를 잃어버렸을 때 누군가가 정보를 변경해 중요한 데이터를 조작하거나 가로채는 것이 매우 쉽게 일어날 수 있다.

대부분 앱은 백엔드 시스템을 통해 정보를 보내거나 받고 최신 뉴스를 읽고 소셜 네트워크상의 친구와 대화하고 이메일을 보낸다. 앱과 백엔드 시스템 간의 통신이 민감한 정보를 다룬다면 TLS^Transport Layer Security 같은 표준을 사용해 암호화하는 것이 일반적이다.

앱에서 카메라 같은 하드웨어 기능을 사용하거나 주소록과의 동기화를 요구한다면 여기에 해당하는 접근 권한이 필요하다. 앱을 개발하거나 테스트할 때 이런 권한을 특히 주시하자. 앱은 반드시 필요한 권한만 요청해야 한다. 권한 요청을 남발하면 사용자는 앱에 대한 신뢰도가 떨어지고 감시당하는 느낌을 받을 수 있다. 또한 불필요한 권한 요청으로 앱과 기기에 저장되는 데이터가 보안 취약점에 노출될 우려도 있다. 앱에서 사용하는 권한의 내용이 무엇인지 잘 모르면 개발자에게 문의해 필요한 설명을 듣고 사용 목적을 확실히 이해하고 넘어가야 한다.

보안 요구사항 분석

보안 요구사항 분석은 모바일 앱 프로젝트의 초기 요구사항 분석 단계에서 수행해야 하는 작업이다. 보안 요구사항은 가능한 한 빨리 끄집어내 프로젝트 말미에 발생하는 보안 문제를 미리 막아야 한다. 다음은 보안 요구사항 분석에 도움이 될 만한 내용을 요약한 것이다.

- 아키텍처상에서 사용자의 역할과 제약사항, 허용 범위를 식별한다.
- 사용자의 역할이 보안 문제와 직결되는지 확인한다.
- 외부 감사가 필요하다면 어떤 부분이 감사의 대상인지 확인한다.
- 높은 수준의 보안을 유지하려면 어떤 방식의 보안 테스트가 필요한지 확인한다.
- 보안 테스트에 필요한 충분한 기술력을 보유하고 있는지 확인한다.

위에 나열한 항목이 완벽하다고 말할 수는 없으나, 앱의 복잡도에 따라 적절히 사용하면 된다.

모바일 보안에 관해 반드시 참고해야 하는 정보는 'OWASP Mobile Security Project' 페이지[21]에 나와 있다. 여기에는 다음과 같은 모바일 보안 관련 정보가 담겨 있다.

- 모바일 도구

  (www.owasp.org/index.php/OWASP_Mobile_Security_Project#tab=Mobile_Tools)
- 모바일 보안 테스트

  (www.owasp.org/index.php/OWASP_Mobile_Security_Project#tab=Mobile_Security_Testing)
- 모바일 치트 시트

  (www.owasp.org/index.php/OWASP_Mobile_Security_Project#tab=Mobile_Cheat_Sheet)

여기에 나온 내용은 보안 요구사항을 분석할 때와 실제로 보안 테스트를 할 때 매우 유용하게 사용된다.

OWASP 프로젝트에서 또 하나의 유용한 정보는 'Top 10 Mobile Risks' 리스

---

21 www.owasp.org/index.php/OWASP_Mobile_Security_Project

트[22]다. 리스트는 다음에 나오는 주제에 관한 설명과 대처 방법을 포함하고 있다.

1. 서버 측에서 발생할 수 있는 취약점
2. 안전하지 않은 데이터 저장소
3. 민감한 정보의 평문 전송
4. 의도하지 않은 데이터 누수
5. 권한 부여 및 인증 미흡
6. 취약한 암호화
7. 클라이언트 사이드 인젝션
8. 신뢰할 수 없는 입력에 의한 보안 의사결정
9. 부적절한 세션 관리
10. 바이너리 보호 미흡

모바일 보안 테스트 요약

보안 테스트는 소프트웨어 개발과 테스트에서 복잡하고 어려운 문제로 손꼽힌다. 따라서 전문화된 기능과 관련 지식을 갖춰야만 해커로부터 취약점에 노출되는 것을 막을 수 있다. 모바일 테스터는 항상 보안 테스트를 생각하면서 요구사항 분석 단계부터 가능한 한 빨리 이슈화해야 한다. 보안 테스트가 충분하지 않다고 판단될 때에는 전문가의 도움을 받는 것이 좋다.

다음 항목을 염두에 두고 모바일 앱의 보안성을 확보한다.

- 다양한 입력 값에 대해 테스트한다. 해커가 공격할 법한 입력 리스트를 미리 준비한다.
- 앱과 백엔드 시스템을 대상으로 모의 해킹을 한다.
- 프록시, 퍼저fuzzer, 스캐너를 사용해 취약점을 찾는다.
- 흔히 저지르는 실수를 재차 확인한다.
- OWASP 모바일 보안에서 설명하는 가이드라인을 따른다.
- 앱 인증을 확인한다.

---

22 www.owasp.org/index.php/OWASP_Mobile_Security_Project#tab=Top_10_Mobile_Risks

- 최신 모바일 기술과 보안 관련 소식에 관심을 기울인다.
- 전문가를 고용한다.

> **중요** 4장에서는 보안 관련 문제를 거시적인 관점에서 설명하고 있다. 모바일 보안은 매우 광범위하고 복잡한 주제라서 검색을 통해 세부적인 정보를 얻어야 한다.

플랫폼 가이드라인 테스트

관심 있게 살펴볼 다른 주제는 모바일 플랫폼에 특화된 가이드라인이다. 모바일 앱은 가이드라인을 기반으로 디자인과 사용성, 플랫폼마다 다른 기준의 패턴을 따른다. 앱에서 가이드라인을 지키지 않으면 앱스토어 등록 자체가 거절될 수 있다. 반대로 디자인 원칙을 준수하면, 사용자가 이미 알고 있는 방식대로 스와이핑으로 뷰를 전환하거나 위에서 아래로 당겨 현재 뷰를 새로 고칠 수 있으므로 고객 만족도를 유지할 수 있다.

앱 디자인 과정에서 이런 가이드라인에 대한 검토는 매우 중요하다. 프로젝트 초기에 가이드라인을 따라 개발하면 가이드라인을 준수하지 않아서 발생하는 문제를 미연에 막을 수 있으므로 시간도 절약된다.

모바일 앱을 테스트할 때는 플랫폼의 가이드라인을 꼭 기억하자. 가이드라인은 다음 링크에서 찾을 수 있다.

- 애플 iOS 디자인 리소스

  (https://developer.apple.com/library/ios/design/index.html#//apple_ref/doc/uid/TP40013289)

- 애플 iOS 승인 가이드라인

  (https://developer.apple.com/appstore/resources/approval/guidelines.html)

- 안드로이드 가이드라인

  (https://developer.android.com/design/patterns/index.html)

- 윈도우폰 가이드라인 (http://dev.windowsphone.com/en-us/design)

- 블랙베리 가이드라인 (http://developer.blackberry.com/design/bb10/)

> **중요** 최신 버전의 모바일 플랫폼 가이드라인과 친숙해지기를 권장한다. 새로운 운영체제가
> 출시될 때마다 모바일 플랫폼 가이드라인도 업데이트된다.

적합성 테스트

적합성 테스트[Conformance testing]는 소프트웨어가 표준에 부합하는지 확인하는 것을
목적으로 한다. 표준은 유럽 전기통신 표준협회[ETSI, European Telecommunications Standards
Institute][23]와 월드 와이드 컨소시엄[World Wide Web Consortium][24], 전기전자 기술자협회
[Institute of Electrical and Electronics Engineers][25] 같은 독립된 기관에서 만든 정의를 따른다.

앱에서 표준을 따라야 한다면 이런 표준에 부합하는지 반드시 확인해야 한다.
표준이 있다는 사실을 알았으면 표준을 확인하는 방법이 중요한데, 요구사항 분석
단계에서 표준을 적용하는 것이 옳다. 개발 단계부터 표준을 적용하려면 구현에 관
해 개발자와 상의해야 하고 코드 리뷰와 표준 문서의 면밀한 검토가 필요하다.

모바일 앱의 종류와 목적에 따라 표준을 지키며 구현했는지 외부 기관이 검수
하기도 한다. 주로 의료 앱이나 정부에서 사용하는 앱이 여기에 해당하는데, 어떤
경우는 법률 준수 여부를 확인하기 위해 테스트하기도 한다.

> **중요** 적합성 테스트는 프로젝트 초기에 이슈를 제기한다.

로그 파일 확인

모바일 앱을 테스트하는 중에 기기를 PC에 연결하면 지금까지의 사용 기록을 로
그 파일에서 확인할 수 있다. 로그 파일은 개발자 도구를 설치해 디버그 모드로
앱을 실행하면 얻을 수 있다.

---

23 www.etsi.org/
24 www.w3.org/
25 www.ieee.org/index.html

로그 파일에서는 앱을 사용할 때 발생한 에러나 경고, 예외 내용을 살펴봐야 한다. 그리고 로그에 기록된 버그의 재현 경로와 기타 정보를 개발자에게 전달해야 한다. 로그 정보는 개발자가 문제를 해결하는 데 매우 유용하게 사용된다. 에러와 충돌 문제만 찾을 것이 아니라 토큰이나 패스워드 같은 로그에만 나오는 민감한 데이터도 자세히 살펴볼 대목이다.

PC와 연결되지 않은 상태에서 앱 충돌이나 이상한 문제점을 발견하면, 그 상태로 가능한 한 빨리 PC와 연결해 개발자 도구로 에러 로그를 확인한다.

앱스토어에 앱을 등록하기 전에는 반드시 로그 파일의 디버그 정보와 경고, 에러 내용을 다시 한 번 확인한다. 릴리스 버전에는 경고나 에러뿐 아니라 디버그 정보도 들어가면 안 된다.

백엔드 시스템의 로그 파일도 검토 대상이다. 백엔드 시스템의 로그는 요청과 응답에 대한 내용이 담겨 있다.

> **중요**　어떤 버그는 로그 파일에서만 확인할 수 있다. 이런 버그는 사용자 눈에는 보이지 않지만, 기능에 심각한 영향을 줄 수 있다.

상식을 파괴하라

지금까지는 정형화된 접근법으로 모바일 테스트를 수행했다. 하지만 효과적으로 소프트웨어를 테스트하는 사람들은 진짜 심각한 버그는 이렇게 발견되지 않는다는 사실을 잘 알고 있다. 버그는 다양한 상황에서 다양한 모습으로 발생하며 때로는 발견하기조차 힘든 경우도 있다.

정형화된 방법으로 테스트를 수행한 다음에는(또는 시작하기 전에), 창조적인 접근법이 필요하다. 잠깐 의자를 뒤로 젖혀 테스트 케이스에서 눈을 떼고 상식을 파괴하는 시도를 해보자. 30분 정도의 제한된 시간 속에서 상상력을 최대한 발휘해 버그를 찾는다.

테스트에 상상력을 더하는 것이다. 개발자와 테스터도 예상하지 못한, 수많은 사람이 모바일 앱을 사용할 때 튀어나오는 극단적인 경우를 생각한다.

앱과 기기를 미친 듯이 사용해보자. 기기를 회전시키거나 홱 뒤집어보기도 하고 앱을 양손으로 사용해보거나 매우 빠르게 버튼을 눌러본다.

이렇게 사용하는 동안 예상하지 못한 동작과 충돌, 비정상 중지, 이해할 수 없는 에러 메시지 등이 나오지는 않는지 관찰한다. 나중에 다시 재현하기 어려운 버그도 간혹 있으므로 테스트 과정은 되도록 자세히 기록하는 것을 권장한다. 짝 테스트^{pair testing}도 좋은 프랙티스 중 하나다. 짝 테스트는 한 명이 테스트를 수행하는 동안 다른 한 명은 기록하며 관찰하는 방법이다.

체크리스트, 연상 기호, 마인드맵

이번 절은 단서^{reminders} 찾기에 관한 내용을 다룬다. 테스트 업무는 긴장의 연속이고 기억할 것과 해야 할 일, 해결할 일로 언제나 분주하다. 이런 상황에서는 업무상 중요한 내용을 잊지 않게 도와주는 도구나 모델이 필요할 텐데, 다음과 같은 해결 방법을 소개한다.

- 체크리스트
- 연상 기호
- 마인드맵

체크리스트

새로운 기능은 반드시 테스트가 필요하다. 테스터는 일반적으로 테스트 케이스를 만들어 절차에 따라 확인하면서 빠뜨리는 항목이 없도록 한다. 테스트 케이스 기반의 테스트가 끝나면 하나씩 자동화해 리그레션 테스트^{regression test}에 넣고 수동 테스트를 점차 줄여나가겠지만, 테스트 케이스 중에서도 복잡도가 높고 유지보수 비용이 큰 항목은 자동화가 힘들 수도 있다.

그럼, 자동화하지 못한 테스트가 중요한 기능을 확인하는 케이스라면 어떻게 해야 할까? 반복 테스트를 하지 않는 것은 가당찮은 말이다.

배포 전이나 프로젝트의 마일스톤이 하나 끝나고 다시 테스트할 시점이 돌아

왔을 때 확인이 필요한 부분을 빼먹지 않으려면, 수동으로 테스트할 부분을 체크
리스트Checklists로 만들어둬야 한다.

체크리스트에 포괄적인 상위 개념을 적용해 다양한 프로젝트에서 활용해도 좋
고, 아니면 특정 기능을 테스트하는 세부적인 내용의 절차서로 사용해도 된다.

표 4.1에 나오는 모바일 테스트 체크리스트는 모바일 앱 테스트에서 범용적
으로 사용할 수 있는 일반적인 체크리스트이며, 다양한 모바일 앱에서 활용할 수
있다.

> **중요** 표 4.1이 완벽한 체크리스트의 모습은 아니다. 단지 모바일 테스트에 사용하는 체크리
> 스트가 어떤 것인지 알려주기 위한 예시 정도로 이해하면 된다.

이 체크리스트는 체계적인 테스트 접근법의 시작을 알리는, 일반적인 모바일
테스트 체크리스트다. 릴리스용 체크리스트를 만들어 각 팀에 배포하고 중요 항
목을 점검하도록 유도하는 것도 체크리스트의 좋은 활용법이다. 체크리스트는
결제와 요금 청구, 센서와 인터페이스 같은 특정 부분에 한정적으로 사용할 수도
있다.

표 4.1 일반적인 모바일 테스트 체크리스트

	확인 절차	예상 결과
1	요구사항과 인수 조건에 따라 테스트한다.	모든 요구사항과 인수 조건을 통과해야 한다.
2	다양한 플랫폼과 운영체제에서 테스트한다.	정의된 플랫폼과 운영체제 버전에서 동작해야 한다.
3	가로 모드와 세로 모드에서 동작을 확인한다.	가로 모드와 세로 모드에서 정상적으로 동작한다. UI는 모드 변경에 적절히 대응해야 한다.
4	플랫폼에서 제공하는 디자인 가이드라인 준수를 확인한다.	UI 가이드라인대로 사용자 경험을 제공한다.
5	플랫폼에서 제공하는 개발 가이드라인 준수를 확인한다.	개발 가이드라인 준수로 앱스토어의 요구사항을 만족한다.
6	다양한 화면 해상도와 밀도에서 테스트한다.	UI 엘리먼트가 정확한 지점에 위치하고 터치했을 때 반응해야 한다.

(계속)

7	다양한 네트워크에서 사용해본다. (LTE, 3G, EDGE, GPRS, Wi-Fi)	앱은 다양한 네트워크 환경에서 동작해야 한다. 충돌, 혼란을 주는 에러 메시지는 나오면 안 된다.
8	LTE에서 EDGE로 네트워크가 변경되는 상황 등을 테스트한다.	네트워크의 변경이 앱 사용에 영향을 주면 안 된다.
9	비행 모드에서 앱을 사용해본다.	적절한 에러 메시지를 제공한다. 앱은 로컬에 저장한 데이터에 접근 가능해야 한다.
10	다양한 네트워크 제공자를 선택해 앱을 테스트한다.	다양한 네트워크 제공자와 네트워크 환경에서 정상적으로 동작해야 한다.
11	백엔드 시스템에서 데이터를 가져오는 순간에 기기의 인터넷 연결을 해제한다.	적절한 에러 메시지를 제공한다.
12	인터넷을 연결해 데이터 로딩을 시도한다.	백엔드에서 데이터를 가져와 UI가 업데이트된다.
13	GPS, NFC, 카메라 등 기기에 특화된 기능을 사용한다.	하드웨어 기능을 사용하며 원활하게 동작한다.
14	앱에서 하드웨어 기능을 종료하는 테스트를 한다.	배터리가 소모되는 것을 막기 위해 하드웨어 기능이 종료된다.
15	앱을 사용하는 동안 배터리 사용량을 측정한다.	앱 구동에 너무 많은 배터리가 소모되면 안 된다.
16	앱이 대기 모드에 있는 동안 배터리 사용량을 측정한다.	대기 모드에서는 배터리 소모가 적어야 한다.
17	메모리 사용량을 측정한다.	메모리를 너무 많이 사용하면 안 된다.
18	출시된 앱과 앞으로 출시할 앱의 성능을 비교한다.	개선되거나 기존 성능치와 같아야 한다.
19	다양한 언어로 바꿔 앱을 테스트한다.	모든 엘리먼트가 화면에 잘 보이고 언어를 바꿔도 UI는 동일해야 한다.
20	앱의 권한을 확인한다.	앱이 최소한으로 필요로 하는 권한만 요구해야 한다.
21	로컬 데이터베이스를 확인한다.	로컬 데이터베이스는 암호화되고 필요한 데이터만 저장해야 한다.
22	IDE에서 로그 파일을 확인한다.	릴리스 버전의 로그 파일에는 디버그 정보나 경고, 에러 메시지가 포함되면 안 된다.
23	유효한 인증서로 사인이 이뤄졌는지 확인한다.	등록된 인증서로 사인한다.

(계속)

24	실제 기기에서 설치, 삭제, 업데이트를 수행한다.	설치, 삭제, 업데이트가 정상적으로 이뤄져야 한다. 삭제한 앱은 완전히 제거되어 기기에는 어떠한 데이터도 남아있으면 안 된다. 업데이트는 기존에 저장된 데이터와 현재 앱 상태에 영향을 주지 않아야 한다.
25	전화가 오거나 SMS, 알림 메시지 같은 인터럽트가 발생할 때 앱이 대처할 수 있는지 확인한다.	에러 메시지나 충돌이 발생하지 않아야 한다.
26	자동차나 기차로 이동 중이거나 교외에서 테스트한다.	다양한 환경에서 앱이 동작해야 한다.
27	릴리스 이후의 상황을 모니터링한다.	사용자의 반응을 살핀다. 사용자 피드백과 충돌 리포트를 수집한다.

> **중요** 체크리스트에 창의성을 첨가한다. 앱과 프로젝트 성격에 맞는 자신만의 체크리스트를 만든다.

연상 기호

SFDPOT, FCCCUTSVIDS, ISLICEDUPFUN이라는 용어가 생소할 수 있는데, 오타가 아니라 모두 약어로 사용되는 단어들이다. 연상 기호[Mnemonics]는 정보의 기억력을 높이는 기술 학습법이다. 모바일 앱 테스트에서 각 단어는 테스트 접근법이나 기술을 의미한다. 연상 기호는 테스트를 진행하며 얻는 중요한 정보를 기억하는 용도로 활용하면서 예전 기억을 쉽게 떠올리고 동시에 테스트에 영감을 불어넣어 테스트 방법을 개선하는 프랙티스가 되기 때문에 매우 유용하다.

SFDPOT[26]은 카렌 니콜 존슨[Karen Nicole Johnson]이 만들었는데, 제임스 바흐의 SFDPO[27] 연상 기호 일부를 채용한 방법이다(SFDPO는 'San Francisco Depot'으로 널리 알려졌다). 카렌은 다음에 나오는 항목을 SFDPOT의 주요 포인트로 지목한다.

---

26 http://karennicolejohnson.com/2012/05/applying-the-sfdpot-heuristic-to-mobile-testing/

27 www.satisfice.com/articles/sfdpo.shtml

- 구조: 어떻게 구성되어 있는지 테스트한다.
  - 앱을 다운로드할 수 있는가?
  - 업데이트 버전을 다운로드할 수 있는가?
- 기능: 기능을 테스트한다.
  - 앱이나 사이트에서 기능이나 작업이 가능한가?
  - 앱이나 사이트는 모바일 기기의 의도하지 않은 기능으로부터 보호하거나 차단하는가?
- 데이터: 오고 가는 것을 테스트한다.
  - 앱이 기기의 시간을 따르는 데이터를 필요로 하는가?
  - 앱이 현재 위치(예를 들면, 극장이나 호텔)를 기반으로 정보를 찾는가?
- 플랫폼: 의존성을 테스트한다.
  - 앱이 위치 서비스를 사용하는가?
  - 앱이 기기의 환경 설정에 의존하는가?
- 동작: 사용법을 테스트한다.
  - 움직이거나 여행 중에 앱이 동작하는가?
  - Wi-Fi에서 3G로 전환할 때 어떤 일이 일어나는가?
- 시간: 시간 흐름의 영향을 테스트한다.
  - 타임존이 바뀌면 어떤 일이 벌어지는가?
  - 현재 위치가 바뀌면 어떤 일이 벌어지는가?

카렌은 각 항목을 나눠 모바일 앱을 테스트할 때 짚고 넘어갈 질문 목록을 만들었다. 전체 질문 내용은 그 자신의 블로그인 'SFDPOT 휴리스틱의 모바일 테스트 적용'에서 확인할 수 있다. 여기 있는 내용을 가져와 모바일 테스트에 적용해보는 것도 좋다.

마이크 켈리[Mike Kelly]가 만든 FCC CUTS VIDS[28]는, 여행지를 투어[tour]하듯 애플리케이션을 살피면서 떠오르는 아이디어를 노트에 적어 테스트하는 방법이다.

---

28 http://michaeldkelly.com/blog/2005/9/20/touring-heuristic.html

- 기능 투어
  - 애플리케이션을 탐험하며 제어 방법과 기능에 대한 지식을 얻는다.
- 복잡성 투어
  - 애플리케이션에서 가장 복잡한 부분을 찾는다.
- 요구사항 투어
  - 제품이 무엇인지 알려주고 있는 모든 정보를 찾는다.
- 설정 값 투어
  - 애플리케이션의 설정을 바꾸는 모든 방법을 찾는다.
- 사용자 투어
  - 잠재적 사용자가 소프트웨어를 사용하는 방법과 소프트웨어를 통해 얻고자 하는 것이 무엇인지 상상해본다.
- 테스트 적합성 투어
  - 도구를 사용해 테스트할 수 있는 기능 항목이 무엇인지 찾는다.
- 시나리오 투어
  - 사용자가 소프트웨어를 사용하는 시나리오를 상상한다.
- 변동성 투어
  - 애플리케이션을 변경하는 방법을 찾는다.
- 상호운용성 투어
  - 다른 소프트웨어와 상호작용할 수 있는가?
- 데이터 투어
  - 애플리케이션의 데이터 요소를 찾는다.
- 구조 투어
  - 프로그래밍 언어, API, 하드웨어 등 애플리케이션에 관한 모든 정보를 수집한다.

위에 설명한 투어는 애플리케이션의 세팅과 기능, 환경 설정을 찾아내는 훌륭한 방법이다. 이외에도 사용자 관점에서 애플리케이션을 탐험하는 아이디어를 제공한다. 투어는 모바일 앱에도 쉽게 적용할 수 있다.

마지막으로 설명할 연상 기호는 역시 제임스 바흐의 SFDPO에서 착안한 조나

단 콜[Jonathan Kohl]의 I SLICED UP FUN[29]이다. 이것은 개발 단계에서 테스트가 필요한 특정 분야에 국한되어 사용한다.

- 기기 입력
  - 빌트인 키보드/키패드
  - 터치스크린 제스처와 타이핑
  - 다른 기기와 동기화
- 스토어
  - 앱 제출 명세
  - 개발 가이드
  - 에러 핸들링, 위치 서비스, 사용자 개인정보 권한, 접근성 등에 대한 사용자 가이드
- 위치
  - 공간 위치 에러
  - 이동과 급정지
  - 간섭에 대한 연결 문제
- 상호작용/인터럽트
  - 다수의 애플리케이션 구동, 멀티태스킹
  - 다른 애플리케이션을 사용하다가 테스트 대상 앱으로 전환
    (이메일, 달력 앱, 문자 앱, 노트 앱 등)
  - 알림 메시지 수신
- 커뮤니케이션
  - 전화
  - 문자
  - 이메일
- 인체공학
  - 스크린이 작으면 눈에 잘 보이지 않을 수 있다.

---

29 www.kohl.ca/articles/ISLICEDUPFUN.pdf

- 작은 기기는 책상이나 의자에 앉아 구부리고 사용하는 것 외에 어찌할 방법이 없다.
- 기기를 일정 시간 사용했을 때 허리, 손가락의 통증이나 눈의 피로가 발생하는 것이 드문 일은 아니다.
- 데이터
  - 입력의 종류: 앱이 특수문자나 다양한 언어 등을 사용하는지 확인한다.
  - 미디어: 음악, 비디오 등을 재생하기 위해 외부에서 소스가 필요한지 확인한다.
  - 파일 사이즈: 다양한 종류의 파일을 사용해본다.
- 사용성
  - 앱을 사용하면서 불편함이나 실망감, 분노를 유발하는 것이 있으면 무엇이든지 기록한다.
- 플랫폼
  - 안드로이드
  - iOS
  - 윈도우폰
  - 블랙베리
- 기능
  - 애플리케이션이 제공하는 모든 것을 식별할 수 있는가?
  - 앱에서 제공하는 모든 기능을 사용해봤는가? 모든 버튼을 클릭해봤는가? 모든 폼을 채워 제출해봤는가?
  - 제품 투어를 통해 모든 기능을 식별한다.
- 사용자 시나리오
  - 애플리케이션이 어떻게 사용될 것인가?
  - 사용자의 문제를 어떻게 해결할 것인가?
  - 사용자의 최종 목표는 무엇인가?
- 네트워크
  - Wi-Fi

- ◦ 무선 브로드밴드
- ◦ 난청 지역

I SLICED UP FUN은 매우 유용한 연상 기호다. 모바일 테스터라면 테스트 업무의 효율을 높이고 모바일에서 중요한 이모저모를 기억하기 위해 반드시 알아둬야 한다. 조나단은 린펍^{Leanpub}에서 구할 수 있는 『Tap into Mobile Application Testing』[30]이라는 책도 저술했는데, 이 책은 모바일 테스트와 관련된 주제를 많이 다루고 있다. 이 책의 '투어' 단원은 흥미롭고 좋은 내용으로 채워져 있다.

하나 더 언급하고 넘어가고자 하는 연상 기호는 물야^{Moolya} 사의 COP FLUNG GUN[31]이다. 이 연상 기호는 다음에 나오는 주제를 다룬다.

- 커뮤니케이션
- 오리엔테이션
- 플랫폼
- 기능
- 위치
- 사용자 시나리오
- 알림
- 가이드라인
- 제스처
- 업데이트
- 네트워크

> **중요** 연상 기호는 중요한 내용을 잊지 않기 위해 테스터 스스로가 이용할 수 있는 훌륭한 방법이다. 연상 기호는 테스트 접근법, 전략, 사상을 정립하는 데 큰 도움을 준다.

---

30 https://leanpub.com/testmobileapps
31 http://moolya.com/blogs/2012/04/121/Test-Mobile-applications-with-COP-who-FLUNG-GUN

마인드맵

마인드맵^{mind map}은 모바일 테스트 같은 주제로부터 떠오르는 생각이나 아이디어를 계속 발전시키기 위한 도구로서 정보를 시각적으로 구성하는 데 유용하게 사용된다. 로지 셰리^{Rosie Sherry}는 소프트웨어 테스트 콘텐츠, 트레이닝, 테스트 관련 행사를 이끄는 테스트 전문 커뮤니티인 '미니스트리 오브 테스팅^{Ministry of Testing}'[32]의 회원으로 모바일 테스트에 사용할 수 있는 두 가지 마인드맵을 만들어 배포했다.

마인드맵은 미니스트리 오브 테스팅 1^{Ministry of Testing 1}[33]과 미니스트리 오브 테스팅 2^{Ministry of Testing 2}[34]의 고해상도 이미지로 다운로드할 수 있다. 로지가 만든 마인드맵은 카렌 니콜 존슨의 연상 기호를 기반으로 한다.

다른 하나의 상호작용적인 마인드맵은 다양한 소프트웨어 분야를 폭넓게 아우르면서 유용한 아이디어를 제공하는 테스트 맵^{Testing Map}[35]이다.

> **중요**　테스트 앱을 대상으로 작업을 추가하면서 자신만의 마인드맵을 만들어본다. 작성한 마인드맵은 출력한 후에 동료가 볼 수 있는 위치에 붙여 모두가 공유할 수 있도록 한다.

버그의 처리 기술

이제 4장의 마지막 절인 '버그의 처리 기술'을 시작할 차례다. 버그를 찾았으면 보고를 통해 버그가 수정될 수 있도록 해야 한다. 버그 리포트 작성에는 개발자가 버그를 재현하고 수정할 수 있도록 추가적인 정보가 필요하다.

어떤 것이 중요한 정보인가? 버그 리포트는 어떤 모습으로 작성되어야 하나? 질문에 답하기 전에 또 다른 질문을 마저 해본다. 버그 리포트는 왜 하는 것인가?

32　www.ministryoftesting.com/
33　www.ministryoftesting.com/2012/06/getting-started-with-mobile-testing-a-mindmap/
34　www.ministryoftesting.com/2012/05/mobile-testing-course-pictures-and-a-mindmap/
35　http://thetestingmap.org/

122

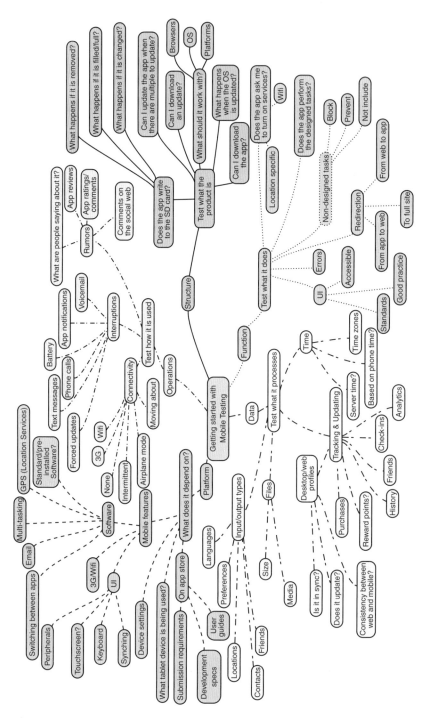

그림 4.3 모바일 테스트 마인드맵(로지 세리외 카렌 니콜 존슨 제공)

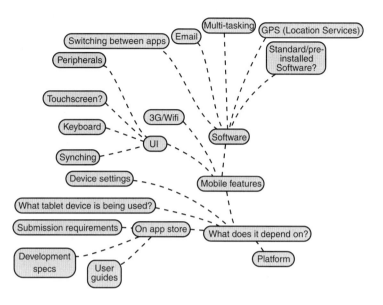

그림 4.4 모바일 테스트 마인드맵: 모바일 플랫폼

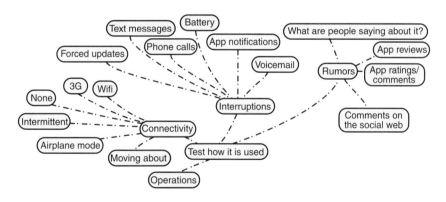

그림 4.5 모바일 테스트 마인드맵: 모바일 오퍼레이션

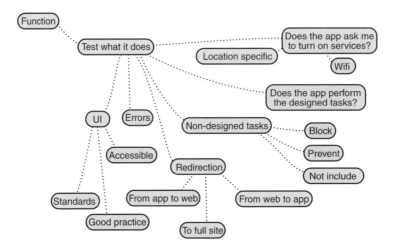

그림 4.6 모바일 테스트 마인드맵: 모바일 기능

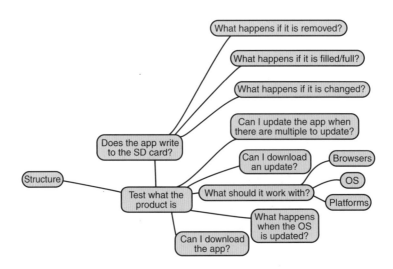

그림 4.7 모바일 테스트 마인드맵: 모바일 구조

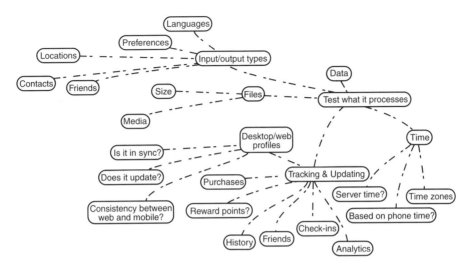

그림 4.8 모바일 테스트 마인드맵: 모바일 데이터

버그 리포트는 제품 책임자와 매니저, 개발자 모두에게 매우 중요하다. 버그 리포트로 개발자와 제품 책임자는 미처 알지 못했던 이슈를 인지한다. 고려해본 적 없는 기능을 생각해내거나 고객이 소프트웨어를 사용하는 방식에 대한 통찰력insight도 얻을 수 있다. 이런 정보가 모여 소프트웨어는 조금씩 개선된다.

특이한 현상을 발견하거나 평소와 달리 동작할 때는 주저하지 말고 버그 리포트를 작성한다.

지금부터는 버그 리포트가 어떤 모습으로 작성되어야 하고 내용을 채워 넣을 때 중요한 점은 무엇인지에 대한 질문에 답해보자.

버그 리포트는 버그의 식별과 재현, 수정을 위해 가능한 한 많은 정보를 제공해야 한다. 즉 리포트에는 오로지 버그와 관련한 내용만 있어야 하고, 불필요한 정보는 추가하지 말아야 한다. 다른 중요한 사항은 하나의 버그 리포트에는 하나의 에러 현상만 기술하는 것이다. 여러 개의 버그를 하나로 묶어서 보고하는 것은 바람직하지 않다. 여러 버그가 동시에 수정되는 일은 없으므로 그룹으로 묶거나 연결해 보고하는 방식은 피한다.

다음은 버그 리포트에 꼭 담겨야 하는 내용이다.

버그 ID

버그는 숫자나 문자와 숫자의 조합으로 이뤄진 고유 식별자로 관리해야 한다. 결함 관리 도구를 사용한다면 도구가 알아서 버그 ID를 만들어주지만, 이런 도구를 사용할 계획이 없으면 별도의 고유 식별자 시스템을 고려해야 한다.

- Bad: 123은 고유 ID가 맞지만, 다른 프로젝트에서도 같은 ID가 사용될지 모른다.
- Good: AppXYZ-123은 프로젝트 약어와 숫자의 조합으로 만들었기 때문에 적절하다.

설명

짧지만 의미 있는 설명으로 개발자가 자세히 읽어보지 않아도 무엇이 잘못되었는지 한눈에 알아볼 수 있도록 기술한다. 예를 들어, 에러 코드나 버그가 발생하는 부분을 적는 것이 좋다.

- Bad: '앱 충돌', '빈 화면', '에러 발생', '버그'
- Good: '상세 메시지 화면에서 에러 코드 542 발생', '검색 요청을 보낼 때 타임아웃 발생'

재현 경로

재현 경로를 효과적으로 작성하는 것은 매우 중요하다. 버그 리포트에는 버그를 재현할 수 있는 정확한 절차와 입력 값을 적어야 한다. 이렇게 리포트를 작성하면 대부분의 경우 버그를 쉽게 수정할 수 있다.

- Bad: '검색을 시도한다.'
- Good: '앱을 실행하고 '모바일 테스팅^{Mobile Testing}'이라는 단어를 검색어 필드에 입력한다. 검색 버튼을 누르면 결과 페이지 헤더에 에러 코드 783이 나타난다.'

기대 결과

버그의 발생과 상관없이 기대했던 결과가 무엇인지 기술해야 한다.

- Bad: '잘 동작해야 한다.', '충돌이 발생하면 안 된다.'
- Good: '검색 결과 페이지에는 20개 항목이 나타나고 스크롤할 수 있어야 한다.'

실제 결과

버그가 발생할 때 어떤 일이 벌어졌는가? 실제로 일어난 일이나 잘못된 것이 무엇인지, 리턴된 에러 코드가 무엇인지 기술한다.

- Bad: '동작하지 않음'
- Good: '검색 결과 페이지에 아무런 내용이 없음', '검색 결과 페이지에 에러 코드 567 리턴'

회피 경로

버그를 피해 계속해서 앱을 사용할 수 있는 방법이 있으면 그 경로를 기술한다. 이런 정보는 다른 문제가 발생할 가능성이나 절대로 수행하면 안 되는 동작을 알려주는 중요한 단서가 되는 한편, 고객 지원 팀은 버그가 수정되기 전까지 현재 문제를 우회하는 방법으로 대응할 수 있으므로 매우 유용하다.

- Bad: '회피 경로 발견'
- Good: '가로 모드에서는 검색 버튼이 다시 활성화되어 사용자가 검색을 계속할 수 있다.'

재현 빈도

버그를 발견했다고 치자. 재현을 시도할 때마다 계속 발생하는가? 매번 발생하는 버그는 다행히 수정하기도 쉽다. 하지만 20% 정도의 확률로 발생하는 버그는 해결책을 찾기가 어렵다. 재현 빈도는 리포트에 기술하는 필수 정보이며, 개발자가 '재현 안 됨'이라는 댓글을 달고 이슈를 닫는 상황이 일어나지 않도록 한다.

- Bad: '간헐적 발생'
- Good: '20% 확률로 발생'

운영체제, 모바일 플랫폼, 모바일 기기

운영체제와 모바일 플랫폼, 모바일 기기 정보는 버그 리포트에 적어야 하는 중요한 내용이다. 버그가 발생하는 운영체제, 플랫폼 기기 정보를 기재한다.

- Bad: '안드로이드', 'iOS'
- Good: '안드로이드, 버전 4.1.2 구글 넥서스 4', 'iOS, 버전 6.1 아이폰 4S'

모바일 기기 정보

모바일 기기는 앱에 영향을 주는 수많은 인터페이스와 센서를 가지고 있다. 배터리도 앱에 영향을 준다. 버그 리포트에는 이런 정보를 함께 기술한다.

- Bad: 아무런 정보도 기술하지 않음
- Good: 'GPS 센서 활성화, 가로 모드에서 세로 모드로 변경됨', '햇빛이 많은 장소에서 기기를 사용함', '배터리 상태 15%', '배터리 상태 100%'

브라우저 버전

모바일 웹앱에서 이슈가 나왔으면, 버그가 발생한 브라우저의 버전 정보는 매우 중요하다. 버그는 특정 브라우저 버전에서만 나오기도 한다.

- Bad: '구글 크롬', '모질라 파이어폭스'
- Good: '구글 크롬 45.35626', '모질라 파이어폭스 27.6'

소프트웨어 빌드 버전

버그가 발생하는 빌드 버전 정보도 매우 중요하다. 버전 정보를 통해 이미 수정된 코드에서 버그를 재현하려고 하는 헛수고를 막을 수 있다.

- Bad: 아무런 정보도 기술하지 않음
- Good: '앱 빌드 버전 1.2.3'

네트워크와 환경 정보

버그의 내용을 적을 때 네트워크 정보와 환경 정보를 함께 기술하면, 문제를 좀 더 쉽게 식별해 미처 생각하지 못한 부작용도 발견할 수 있다.

- Bad: 아무런 정보도 기술하지 않음
- Good: '도심지를 지날 때 3G 네트워크에 연결함'

언어

앱에서 여러 언어를 지원하면 버그 리포트에 언어와 관련된 정보를 기술한다.

- Bad: 아무런 정보도 기술하지 않음
- Good: '독일어 버전 사용'

테스트 데이터

충실하게 작성한 버그 리포트에는 버그 재현에 사용하는 입력 값이 필수적으로 들어간다. 간단한 예로, 로그인할 때 사용하는 사용자 이름과 암호를 들 수 있다. 경우에 따라서 사용자 이름과 암호만으로는 충분하지 않고 데이터 세트를 모두 제공해야 하는 경우가 있는데, 예를 들면 SQL 덤프나 데이터를 만드는 테스트 스크립트가 여기에 해당한다.

- Bad: 아무런 정보도 기술하지 않음
- Good: '첨부한 SQL 스크립트로 데이터베이스에 데이터를 입력한다.', '입력 필드에 'Mobile Testing'이라는 입력 값을 넣는다.'

심각도

찾아낸 버그는 심각도를 분류할 필요가 있다. 결함 관리 도구로 카테고리를 정해 주거나 자신만의 분류 체계를 구축해야 한다. 심각도 레벨은 버그를 수정하기 위한 우선순위를 결정하는 것으로, 위험도와 우선순위가 높은 버그를 먼저 수정할 수 있다. 심각도 레벨을 등록하면, 릴리스 전에 반드시 수정해야 하는 버그를 한눈에 파악할 수 있다. 일반적으로 심각도 레벨은 위험, 높음, 보통, 낮음으로 나뉜다.

- Bad: 아무런 정보도 기술하지 않음
- Good: '위험' 또는 '보통'

버그 카테고리

심각도 레벨과 더불어 버그 카테고리도 유용한 정보다. 제품 책임자는 필터링을 통해 카테고리별 버그 상태를 쉽게 파악할 수 있다. 이 과정을 통해 UX 관련 버그가 많이 나오면 UI와 UX 품질이 낮다는 지표가 되거나 전문성 부재를 시사하는 것이므로 디자인 개선이 필요하다고 판단하면 된다.

- Bad: 아무런 정보도 기술하지 않음
- Good: '기능성', 'UX', '성능'

스크린샷과 비디오 녹화

버그를 찾았으면 스크린샷이나 비디오를 첨부해 개발자에게 더 많은 정보를 제공하는 것이 좋다. 스크린샷에는 이미지 편집 도구를 사용해 버그가 발생한 지점을 표시한다. 비디오 녹화는 우연히 나온 버그를 알릴 수 있는 유용한 방법이다. 스크린샷이나 녹화한 비디오에는 적절한 이름과 설명을 부여한다.

- Bad: 'Screenshot1.png'
- Good: '01_검색어입력.png, 02_검색결과에러.png'

로그 파일

충돌이나 비정상 중지가 발생하면, 기기를 PC에 연결해 로그 파일을 확인한다. 보통 스택 트레이스^{stack trace}에 에러에 관한 내용이 나와 있다. 이런 정보는 버그나 에러가 발생한 클래스를 정확하게 알려주기 때문에 개발자에게 필수다.

- Bad: 앱 충돌 시점에 아무런 정보도 기술하지 않음
- Good: '버그 리포트에 전체 스택 트레이스를 제공했음', '로그 파일을 첨부함'

버그 발견자의 이름

리포트 작성자 이름이나 버그를 발견한 테스터를 적는다. 개발자나 제품 책임자가 버그에 관해 더 듣고 싶은 내용이 있다면 테스터와 직접 대화하기를 원할 수 있다. 보통은 결함 관리 도구에서 계정과 연결된 이름을 자동으로 부여한다. 그렇지 않으면 이메일이나 전화번호를 직접 기재한다.

- Bad: 아무런 정보도 기술하지 않음
- Good: 'Daniel Knott, daniel@adventuresinqa.com'

기타 정보

지금까지 버그 리포트에 담아야 할 정보가 꽤 많음을 확인했다. 여기에 덧붙여 버그 리포트를 작성할 때 다음 세 가지를 기억해야 한다.

첫 번째로 사적인 내용은 피한다. 버그 리포트는 개발자의 태도나 결과물의 품질을 논하기보다 소프트웨어의 비정상적인 동작에 집중해 기술한다. 공격적이거나 감정적인 뉘앙스의 단어는 사용하지 않는다. 이렇게 작성된 버그 리포트는 개발자에게 외면당해 결국 팀 내 불화를 일으킨다.

두 번째로 한 명을 지칭해 말하지 않는다. 버그가 발생한 원인은 개인의 잘못이 아니라 결함이 발생한 소프트웨어에 있으며, 중요한 것은 힘을 합쳐 결함을 수정하는 것이다.

세 번째는 매우 단순하다. 프로젝트에 관련 없는 사람이 읽더라도 이해할 수

있도록 버그 리포트를 작성한다. 버그 리포트가 단순하면 개발자는 버그를 쉽게 고칠 수 있고, 비기술직에 있는 사람도 문제를 쉽게 이해해 협업 효과가 높아진다.

애플리케이션 품질 연합

안드로이드나 iOS 앱의 테스트 방법을 더 알고 싶으면 비영리단체인 애플리케이션 품질 연합App Quality Alliance의 사이트[36]를 방문한다. 이 단체에는 AT&T, LGE, 마이크로소프트, 모토로라, 오라클, 삼성, 소니 모바일 등의 다양한 회원사들이 참여해 지식 공유에 기여하고 있다. 이 단체의 목표는 모바일 앱의 품질을 높이기 위한 유대감 형성과 협력에 있다.

여기서 테스트 기준은 안드로이드와 iOS 앱으로 나뉜다. 다음 링크에서 이와 관련된 PDF 문서를 다운로드할 수 있다.

- 안드로이드 앱을 위한 테스트 기준 (www.appqualityalliance.org/AQuA-testcriteria- for-android-apps)
- iOS 앱을 위한 테스트 기준 (www.appqualityalliance.org/AQuA-testcriteria-for-iOS-apps)

두 문서에는 앱스토어에 앱을 배포하기 전에 수행해야 할 수많은 테스트 케이스가 포함되어 있다.

또한 품질 높은 모바일 앱을 개발하기 위한 가이드라인과 성능 테스트에 관한 정보도 함께 제공한다. 관련 문서는 다음 링크에서 다운로드할 수 있다.

- 성능 테스트 기준 (www.appqualityalliance.org/aquaperformance-test-criteria)
- 품질 높은 모바일 앱 개발을 위한 베스트 프랙티스 (www.appqualityalliance.org/AQuA-best-practice-guidelines)

웹사이트는 꼭 한번 둘러볼 만한 가치가 있으며, 직접 참여해보고자 하는 마음이 생길 수도 있다.

---

36 www.appqualityalliance.org/

요약

4장은 이 책에서 가장 중요한 단원 가운데 하나로, 수많은 테스트 아이디어와 실제 업무에 적용할 수 있는 해법을 담고 있다. 전반부에서는 에뮬레이터와 시뮬레이터, 실제 기기를 사용하면서 차이점과 요점을 설명했다. 그리고 실용적인 내용으로 넘어가기 전에 모바일 테스트에서 전통적인 방식의 테스트 역할에 대한 견해를 밝히고, 이와 함께 수동 테스트와 자동화 테스트의 차이점을 설명했다. 웹이나 데스크톱 애플리케이션에서 행해지는 '전통적인' 소프트웨어 테스트에 익숙하다면, 여기서 얻은 경험도 모바일 앱 테스트에 도움이 된다. 화이트박스와 블랙박스 테스트 기법 같은 수많은 테스트 접근법이 모바일 앱에서도 모두 유효하다. 하지만 모바일 테스트는 테스트 영역이 좀 더 넓은데, 다양한 하드웨어와 소프트웨어 버전, 다양한 환경에서 동작을 보장해야 하기 때문이다. 4장에서는 다음과 같은 모바일 관련 주제를 다뤘다.

- 모바일 사용성 테스트
- 접근성 테스트
- 배터리 사용량 테스트
- 스트레스와 인터럽트 테스트
- 성능 테스트
- 대기 모드 테스트
- 설치 테스트
- 업데이트 테스트
- 데이터베이스 테스트
- 로컬 저장소 테스트
- 보안 테스트
- 플랫폼 가이드라인 테스트
- 적합성 테스트
- 로그 파일 확인

후반부에서는 앱스토어에 앱을 배포하기 전에 수행할 수 있는, 간단한 테스트 케이스로 이뤄진 체크리스트를 설명했다. 또한 모바일 테스트에 활용할 수 있는 각기 다른 연상 기호와 마인드맵을 소개하는 시간도 가졌다. 마지막으로는 테스트를 수행하며 나온 버그를 처리하는 데 있어서 해야 할 것과 하지 말아야 할 것을 구분해 상세히 설명했다.

5장
모바일 테스트 자동화와 관련 도구

5장에서 다루는 내용은 모두 자동화 도구와 관련 있다. 다양한 콘셉트를 가진 여러 종류의 자동화 도구를 설명하면서 현재 개발 환경에 맞는 도구의 선택과 자동화 영역에 대해 조언한다. 지속적인 통합과 베타 버전의 배포 도구도 이번 장에서 다룬다.

테스트 자동화 도구의 설치와 설정 방법까지는 여기서 굳이 다루지 않을 것이다. 그 이유는 도구 자체적으로 설치 방법에 대한 가이드를 제공하고 있기 때문이다. 웹사이트를 방문하면 필요한 정보를 쉽게 찾아볼 수 있다. 도구에 관한 상세한 설명은 해당하는 절에서 다시 이야기한다.

뒤집힌 모양의 테스트 피라미드

모바일 테스트 자동화 도구를 설명하기 전에 테스트 자동화 피라미드를 간략하게 설명하고 넘어가보자. 소프트웨어 테스트와 테스트 자동화에 조금이라도 관련 있는 사람이라면 마이크 콘[Mike Cohn1]의 테스트 자동화 피라미드를 알고 있을 것이다.

그림 5.1은 세 개 층으로 이뤄진 기본적인 피라미드의 모습을 보여준다. 맨 아

---

1   www.mountaingoatsoftware.com/

래층은 자동화된 단위 테스트 층이다. 가운데는 자동화된 통합 테스트 층이고, 가장 위에는 (사용자 인터페이스 테스트를 포함하는) E2E$^{end-to-end}$ 테스트 층이 있다. 각 층이 차지하는 크기는 각 단계에서 작성하는 테스트의 정도를 의미한다.

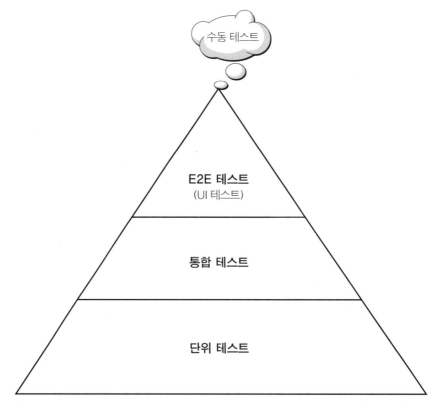

그림 5.1 마이크 콘의 기본적인 테스트 자동화 피라미드 모형

수동 테스트는 테스트 피라미드에서 고려 대상이 아니므로, 뒤에 나오는 클라우드 테스트의 일부로 설명하기로 한다.

위의 피라미드는 모바일 앱과 모바일 테스트 자동화에 그리 적합한 형태는 아니다. 지금까지의 학습을 통해 모바일 테스트는 사용자 이동과 센서의 사용, 다양한 기기와 네트워크의 연결 등으로 인해 데스크톱이나 웹 애플리케이션과는 전혀 다른 테스트가 필요하다는 사실을 깨달았을 것이다. 모바일 앱이 다양한 시나리오에서 기대대로 동작하는 것을 확인하기 위해서는 수동 테스트가 더 많이 필요하다.

모바일 테스트 자동화 도구는 웹과 데스크톱 애플리케이션의 자동화 도구에 비해 성숙도가 낮은데, 이런 이유로 뒤집힌 테스트 자동화 피라미드 모형이 나오게 된다. 모바일 테스트 자동화 도구의 수준이 높아질수록 피라미드의 모습은 다시 원래의 모습으로 돌아오는데, 기본적인 모형의 테스트 자동화 피라미드가 보기에도 안정적이다(그림 5.1). 하지만 기본적인 피라미드는 모바일 세계의 테스트 자동화와 수동 테스트를 나타내지 못한다.

뒤집힌 테스트 피라미드 모형^{flipped testing pyramid}은 그림 5.2와 같다.

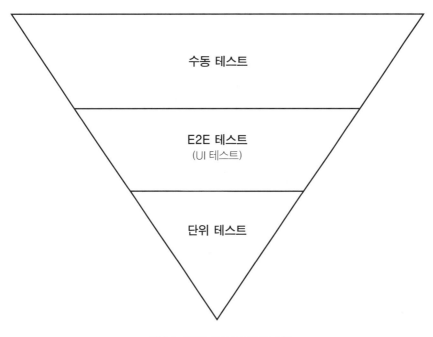

그림 5.2 뒤집힌 테스트 피라미드 모형

뒤집힌 테스트 피라미드 모형에서는 자동화로 수행하는 단위 테스트 층이 가장 작다. 이것 모바일 앱의 모듈이나 메소드를 모두 독립적으로 테스트할 수 없다는 의미이며, 어떤 경우에는 API나 시스템을 단위 테스트를 위한 유사 모형^{mock}으로 대체하는 것이 필요하다. 다른 소프트웨어 애플리케이션에서도 이와 비슷하게 단위 테스트를 수행하지만, 모바일 앱의 경우는 상황이 훨씬 더 복잡하다. 결론적으로 말하면, 모바일에서는 기술적인 측면이나 경제적인 측면에서 자동화 효율이 떨어진다. 그렇다고 이런 불리함을 변명거리로 내세워 모바일 앱 단위 테스트를 생략할 수는 없다. 비즈니스 로직은 단위 테스트 레벨에서 반드시 테스트가 이뤄져야 한다.

다음 단계는 E2E 테스트 자동화 층이다. 여기서는 사용자 관점에서 앱을 테스트하며 전체 시스템의 정상 동작 여부를 검증한다. 다양한 라이브러리와 API를 사용하는 통합 테스트를 포함해 사용자 인터페이스에서 백엔드 시스템에 이르기까지 모든 과정을 확인하는데, 통합 테스트 계층도 여기에 포함된다.

피라미드에서 가장 변화가 큰 부분은 수동 테스트다. 모바일 테스트는 많은 부분에서 수동 테스트가 이뤄지며 아직 자동화나 도구의 접근이 힘든 영역이다.

그런데도 모바일 테스트 자동화는 언제나 뜨거운 주제다. 모든 모바일 테스터는 리그레션 테스트^{regression test} 코드를 작성해 현재 상태의 앱 품질 수준을 신속히 파악할 수 있어야 한다. 테스트 자동화는 신뢰할 수 있고 강건한 모바일 앱 개발에 도움이 된다.

모바일 테스트 피라미드

뒤집힌 테스트 피라미드는 안정감이 없다. 모바일 테스트는 수많은 수동 테스트가 필요한데, 수동 테스트와 자동화 테스트 단계를 포함해 네 개 층으로 구성된 모바일 테스트 피라미드를 새롭게 만든 이유가 여기에 있다(그림 5.3). 피라미드에서 가장 큰 영역을 차지하는 수동 테스트 층은 모든 모바일 앱 프로젝트에서 튼튼한 토대가 된다. 뒤이어 E2E 테스트, 베타 테스트, 단위 테스트가 차례대로 위치한다. 피라미드의 회색 부분은 자동화 테스트를, 흰색은 수동 테스트를 의미한다. 베타 테스트^{Beta Tests} 층이 새롭게 나타나는데, 이것은 모든 모바일 앱 프로젝트에서 필수적으로 수행할 부분이다. 모바일 사용자의 높은 기대치는 베타 테스트가 모바일 프로젝트의 일부로 편입되어 초기에 고객의 피드백을 얻을 때 충족될 수 있다. 베타 테스트는 크라우드 테스트^{crowd testing}로 접근하거나 동료에게 베타 테스트 초기 버전을 보여주고 피드백을 얻는 방법을 택할 수 있다.

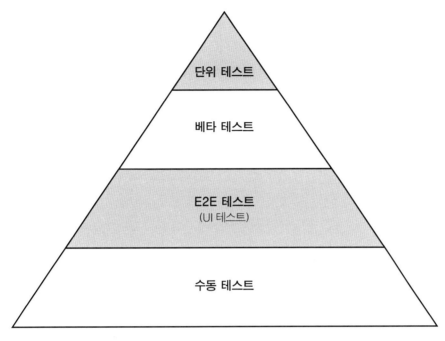

그림 5.3 모바일 테스트 피라미드

일부 프로젝트에서 모바일 테스트 피라미드를 사용해봤는데, 신뢰할 수 있고 효과적인 테스트 프로세스를 구축할 수 있었다.

> **중요**　뒤집힌 피라미드 모형의 문제점을 기억하고 모바일 테스트 피라미드를 프로젝트에 적
> 용해 수동 테스트와 자동화 테스트를 적절히 섞어 사용한다.

5장은 E2E 테스트 자동화 도구에 초점을 맞추는데, 그 이유는 모바일 테스터가 현장에서 주로 접하는 것이 이런 도구이기 때문이다. 일부 단위 테스트 도구도 간간이 설명한다.

테스트 자동화 도구의 종류

모바일 테스트 자동화에 들어가기에 앞서 모바일 플랫폼의 근간을 이루는 아키텍처를 이해하는 것이 매우 중요하다. 버튼과 레이블, 리스트, 뷰, 여러 종류의 엘리먼트 등 다양한 객체로 접근이 어떻게 이뤄지는지 알고 나서야 테스트 수행에서 이런 엘리먼트와 상호작용할 수 있다.

이제는 코드를 작성한 후 빌드하고, 신뢰할 만한 테스트 자동화 스크립트를 만들어 앱 개발과 맞물리게 통합하는 과정이 필요하다.

도구를 선정할 때는 테스트 자동화 도구의 각기 다른 콘셉트를 파악하고 다양한 모바일 앱 객체에 어떤 방식으로 접근하는지 알아야 한다. 접근법마다 장단점이 있으므로 프로젝트에 적합한 도구를 선정하는 과정에서 이런 특성을 미리 알고 있는 것이 매우 중요하다.

이미지 인식 기반

이미지 인식 기반image recognition의 자동화 도구는 이미지 비교를 통해 앱의 인터페이스를 제어한다. 이런 도구는 테스트 자동화 스크립트를 작성할 때 스크린샷을 사용하는데, 예를 들어 버튼 이미지나 레이블 이미지를 스크립트에 삽입하는 식이다. 스크립트를 실행하면 이미지 인식 도구는 현재 화면을 미리 저장된 이미지와 비교한다. 화면에서 저장된 이미지와 같은 부분을 발견하면 스크립트는 해당 엘리먼트를 대상으로 동작을 수행한다.

이런 종류의 도구는 UI 변경이 거의 없거나 여러 플랫폼에 맞춰 개발했더라도 사용자 인터페이스와 엘리먼트가 완전히 같은 경우에 매우 유용하다.

이미지 인식 기반 도구의 가장 큰 단점은 테스트 스크립트를 유지 보수하는 데 비용이 많이 든다는 것이다. 가로 모드에서 세로 모드로 변경되거나 화면이 더 커진 경우, 화면 해상도가 변경되면 스크립트는 사용할 수 없다. 언어 설정이 변경되는 경우도 마찬가지인데, 오로지 캡처한 당시의 언어만 인식하기 때문에 언어를 바꾸면 제대로 동작할 리 없다.

이미지 인식 기반의 몇 가지 도구를 소개하면 다음과 같다.

- eggPlant (www.testplant.com/eggplant/testing-tools/eggplant-mobile-eggon/)
- RoutineBot (www.routinebot.com/)
- Sikuli (www.sikuli.org/)
- TestObject (https://testobject.com/)

좌표 인식 기반

좌표 인식 기반^{coordinate-based recognition} 도구는 미리 정의한 x, y축 좌표에 근거해 UI 엘리먼트와 상호작용한다. 엘리먼트의 좌표가 변경되면 스크립트 전체를 새로운 좌표에 맞춰 변경해야 한다. 이런 점이 스크립트의 신뢰성을 높이는 데 큰 걸림돌이 된다.

좌표 인식 기반의 몇 가지 도구를 소개하면 다음과 같다.

- MonkeyTalk (www.cloudmonkeymobile.com/monkeytalk)
- Perfecto Mobile (www.perfectomobile.com/)

OCR/텍스트 인식 기반

모바일 테스트 자동화 도구는 OCR과 텍스트 인식을 통해 모바일 기기의 화면에 보이는 엘리먼트의 텍스트를 가져올 수 있다. 텍스트가 화면에 보이는지 여부를 결정하기 위해서는 OCR 기술을 사용한다.

OCR과 텍스트 인식 도구는 다양한 화면 해상도, 화면 모드, 화면 크기를 수용한다. 하지만 이런 도구는 화면에 보이는 텍스트 엘리먼트만 확인할 수 있어서 텍스트가 변경되거나 제거되면 UI 엘리먼트를 더 이상 식별하기가 힘들어진다(불가능할 수도 있다). 예를 들어, 텍스트가 보이지 않는 상태로 UI 뷰나 리스트, 엘리먼트가 나타나면 식별할 수 없다. OCR 인식 도구의 또 다른 단점은 전체 화면에서 텍스트를 스캔하기 때문에 동작이 매우 느리다는 것이다.

OCR/텍스트 인식 기반^{OCR/text recognition}의 몇 가지 도구를 소개한다.

- eggPlant (www.testplant.com/eggplant/testing-tools/eggplant-mobile-eggon/)

- MonkeyTalk (www.cloudmonkeymobile.com/monkeytalk)
- 로보티움^{Robotium} (https://code.google.com/p/robotium/)
- SeeTest (http://experitest.com/)
- TestObject (https://testobject.com/)

네이티브 객체 인식 기반

네이티브 객체 인식^{native object recognition}으로 접근하는 도구는 UI 엘리먼트 트리를 포함해 UI 객체를 찾아낸다. UI 엘리먼트에 접근하기 위해서는 XPath^{XML Path Language}나 CSS^{Cascading Style Sheet} 지정자, 네이티브 객체 ID 등이 사용된다. 네이티브 객체를 인식하는 것은 네이티브 앱과 하이브리드 앱, 모바일 웹앱을 아우를 수 있는 매우 일반적인 테스트 자동화 방법이다. 이렇게 하면 버튼과 레이블, 뷰, 리스트, 기타 UI 엘리먼트 등의 네이티브 엘리먼트에 접근할 수 있다. ID나 지정자^{locator}가 적절하게 정의되어 있으면, 테스트 스크립트는 이벤트의 변화에 대처할 수 있고 다른 기기에서도 재사용이 가능해진다. 이런 부분이 다른 도구에 비해 돋보이는 네이티브 객체 인식의 큰 장점인데, 테스트 스크립트는 UI나 화면 해상도, 화면 모드, 대상 기기의 변경에 종속되지 않는다. 테스트 자동화 도구 대부분이 엘리먼트를 찾을 때 이 방식을 사용한다.

다음은 네이티브 객체 인식 기반의 자동화 도구 목록이다.

- 앱피움^{Appium} (http://appium.io/)
- 칼라바쉬^{Calabash} (http://calaba.sh/)
- 에스프레소^{Espresso} (https://code.google.com/p/android-test-kit/)
- 로보티움^{Robotium} (https://code.google.com/p/robotium/)
- 셀렌드로이드^{Selendroid} (http://selendroid.io/)
- 셀레니움^{Selenium} (http://docs.seleniumhq.org/)
- TenKod EZ TestApp (www.tenkod.com/ez-testapp/)

캡처 리플레이 방식

많은 도구 제조사에서 캡처 리플레이capture and replay 기능을 선보이고 있다. 이런 기능을 제공하는 도구는 클릭이나 스크롤링, 스와핑, 타이핑 같은 액션을 스크립트로 변환한 후에 리플레이 기능으로 같은 액션을 몇 번이고 반복할 수 있다. 이론상으로는 그럴듯하게 들리지만, 현실은 손이 많이 가는 자동화 도구일 뿐이다. 왜 그럴까?

지금까지 다양한 종류의 캡처 리플레이 도구를 사용해봤지만, 공통적으로 한 가지 문제가 있었다. 캡처한 스크립트를 신뢰할 수 없다는 점이다. 스크립트는 UI와 화면 모드, 해상도의 변화에 영향을 받고 기기가 바뀌면 재활용이 불가능하며 플랫폼이 같더라도 운영체제 버전이 다르면 마찬가지로 사용할 수 없다.

테스트 기기를 약속한 상태로 세팅하지 않으면 종종 스크립트가 동작하지 않는데, 액션을 리플레이할 수 없는 상황이 되는 것이다. 안정성과 신뢰성을 위해 스크립트를 직접 수정해야 하는 경우도 있다. 가장 큰 단점은 따로 있다. 리플레이하는 스크립트와 애플리케이션 간에 이뤄지는 상호작용의 속도 차이 때문에 발생하는 타이밍 이슈다. 이 문제를 해결하는 유일한 방법은 대기 시간을 스크립트 곳곳에 추가하는 것이지만, 테스트 자동화 스크립트 작성에서 썩 바람직한 접근법은 아니다. 대기 시간이나 슬립sleep을 자주 사용하는 것은 신뢰할 수 없는 테스트 결과를 초래한다.

도구의 장점도 분명 있다. 예를 들어, 프로그래밍 능력이 없는 테스터라도 약간의 학습을 통해 기본적인 테스트 자동화 스크립트를 만들어낼 수 있다. 그렇지만 필연적으로 발생하는 스크립트 수정에서 여전히 어려움을 토로할 것이다.

캡처 리플레이 도구로는 테스트 자동화 스크립트를 거창하게 만들지 않도록 한다. 그렇지 않을 경우에는 마지막 모습으로 유지 보수할 수 없을 정도로 쌓인 스크립트 더미만 보게 될 것이 뻔하다. 추천하는 방법은 도구를 사용해 앱과의 기본적인 상호작용을 스크립트로 만들고 그 안에서 엘리먼트의 UI 셀렉터를 찾아내는 것이다. 리코딩된 UI 셀렉터와 ID는 다음 번 테스트 자동화를 만들 때 재사용한다.

추천 도구

추천하는 도구의 종류와 접근법을 설명하기 전에 간략하게 모바일 테스트 자동화 도구를 요약해본다. 이미지나 좌표, OCR, 네이티브 객체 인식 접근법과 상관없이 대부분의 도구는 모바일 플랫폼에 특화되어 있다. 극히 일부만 안드로이드, iOS, 윈도우폰, 블랙베리 같은 플랫폼을 모두 지원할 뿐이다. 그렇다고 하더라도 하나의 테스트 코드로 여러 모바일 플랫폼에서 자동화할 수 있는 도구는 아직 없다. 일부 테스트 자동화 도구 업체들은 모든 모바일 플랫폼에서 자동화할 수 있다고 말하지만, 사실이 아니다. 모바일 플랫폼은 앱 사용이나 내비게이션 방식에서 자신만의 특화된 요구사항을 따르는데, 이것들을 모두 자동화하려면 반드시 각기 다른 코드가 필요하기 때문이다.

대부분의 모바일 프로젝트에서 테스트와 개발의 연결 고리를 유지하려면, 다양한 프로그래밍 언어로 만든 코드와 테스트 자동화 도구가 필요하다.

개인적인 의견을 말하면, 모바일 테스트 자동화 도구는 네이티브 객체 속성에 접근해 네이티브 엘리먼트를 식별하고 상호작용할 수 있어야 한다. 이것이 가장 효과적으로 테스트 자동화 스크립트를 작성하는 최선의 방법이다. 이런 식으로 테스트 스크립트를 작성하는 것이 더 많은 노력과 프로그래밍 능력을 요구하지만, 환경이 변하더라도 신뢰할 수 있으며 기기가 바뀌거나 화면 해상도가 변경되어도 문제없이 동작한다.

결론적으로 앱의 종류(네이티브, 하이브리드, 웹앱)에 따라 네이티브 객체 인식 기반의 도구를 사용하는 것이 여러모로 좋다.

> 중요 일부 모바일 도구는 한 가지 이상의 접근법을 사용한다. 테스트 스크립트를 여러 방식으로 작성할 수 있겠지만, 완벽한 도구는 없다는 점을 알고 각기 장단점을 숙지하고 있어야 한다.

자동화 대상 선정

자동화 적용을 고려할 때는 모든 기능과 테스트 케이스를 자동화할 수 없다는 사실만 기억하면 된다.

그렇다면, 무엇을 자동화할 것인가?

테스트 자동화 계획이 짜임새 있으려면 테스트 케이스의 자동화를 시작하기에 앞서 세심한 설계 작업이 필요하다. 먼저 할 일은 모바일 테스트의 자동화 목표를 수립하고 어떤 테스트를 자동화할 것인지 결정하는 일이다. 모바일 테스트 피라미드에서 단위 테스트와 E2E 사용자 테스트를 머릿속에 떠올려보고, 여전히 수동 테스트가 많이 필요하며 모두 자동화할 수 없다는 점을 인정한다. 이 중에서 수동 테스트 일부를 자동화로 전환해 시간과 테스트에 드는 노력을 아껴야 한다.

모바일 테스트에서 자동화 목표로 적합한 항목은 다음과 같다.

- 비즈니스적으로 크리티컬한 부분
- 사용자 워크플로우와 시나리오
- 복잡한 테스트 시나리오
- 수차례 반복해야 하는 부분
- 인수 조건$^{acceptance\ criteria}$에 해당하는 부분
- 리그레션^{regression} 테스트
- 경제적으로 합당하다고 판단될 시

단지 몇 번만 수행하는 테스트 케이스는 수동 테스트로 남겨두는 편이 더 낫다. 재확인을 잊어버리는 것이 걱정되면 체크리스트에 추가하면 된다. 자주 수행하거나 번거로운 입력과 액션이 필요한 테스트가 자동화 대상이다. 하지만 너무 복잡하고 거창한 자동화 테스트 시나리오는 피해야 한다. 이런 테스트는 유지 보수나 디버깅이 힘들고 대개 안정적으로 동작하지 않는다. 테스트는 작은 단위로 독립적으로 동작하는 것이 좋다.

로그인이나 결제 프로세스처럼 앱과 비즈니스, 사용자에게 큰 영향을 미치는

부분은 특별히 유의한다. 주요 기능을 충분히 테스트하지 않거나 자동화하지 않으면 기업 이미지에 큰 타격을 입을 수 있다.

어떤 테스트를 자동화할지 결정하는 또 다른 중요 포인트는 시간과 비용이다. 테스트 시나리오를 자동화할 때 시간이 많이 필요하다면 이것이 정말로 가치 있는 작업인지 스스로 물어야 한다. 시간이 곧 비용이기 때문이다. 나중에 돌이켜 봤을 때, 시간을 들여 자동화하면 수동 테스트로 남겨두는 것보다 시간을 벌어줄 수 있을까? 이런 질문을 반복해서 하다 보면 언젠가는 어떤 선택이 더 낫다고 자신 있게 판단할 수 있다.

모바일 앱 테스트를 자동화할 때는 다양한 모바일 기기를 대상으로 삼아야 한다. 즉, 기기에 종속되지 않고 테스트를 수행할 수 있는 경우에만 테스트 케이스를 자동화한다. 자동화 방식은 가능하면 가장 일반적인 방식을 따르는 것이 좋은데, 이렇게 작성해야 하나의 스크립트를 여러 기기에서 사용할 수 있다. 다수의 국가에서 앱을 배포할 예정이라면 자동화에도 다양한 언어를 사용하는 것을 잊으면 안 된다. 환경 변화로부터 영향을 받지 않는 강건한 테스트를 만들려면, 엘리먼트 ID를 사용해 자동화를 수행하는 방식이 좋다.

무엇을 자동화해야 하는지에 대한 물음에 일반적으로 통용되는 답은 없다. 앱의 종류와 모바일 플랫폼, 앱의 목적에 따라 해결 방법은 모두 다르다.

모바일 테스터는 이런 질문에 대해 다음 내용을 머릿속에 떠올려야 한다.

- 앱 전체, 혹은 기능 모두를 자동화하는 것은 불가능하다.
- 테스트 자동화의 목적을 정의한다.
- E2E 테스트를 정의한다.
- 개발 진도에 발맞춰 가능한 한 빨리 테스트 자동화를 시작한다.
- 테스트 자동화에 필요한 시간과 비용을 확보한다.
- 테스트는 작은 단위로 빠르고 단순하게, 독립적으로 동작하도록 한다.
- 다양한 모바일 기기를 고려한다.
- 가능한 한 일찍, 가능한 한 많이 테스트를 실행한다.

> **중요**　전체를 자동화하려고 애쓰지 말고, 앱의 성격에 따라 자동화 목표를 수립한 후에 목표
> 달성을 위한 테스트 자동화를 시작한다.

에뮬레이터? 시뮬레이터? 실제 기기?

다음 과제는 에뮬레이터와 시뮬레이터, 실제 기기 중에서 자동화를 수행할 환경
을 결정하는 것이다. 4장, '모바일 앱 테스트'에서는 수동으로 모바일 테스트를
할 때 에뮬레이터와 시뮬레이터, 실제 기기 간의 차이점을 설명하면서, 기본적이
며 간단한 테스트는 에뮬레이터나 시뮬레이터를 사용하고 복잡한 수동 테스트는
실제 기기에서 할 것을 권장했다. 하지만 이 방식이 모바일 테스트 자동화에도
똑같이 적용될까? 질문에 답하기 전에 에뮬레이터와 시뮬레이터, 실제 기기의 장
단점을 다시 한 번 되짚어보자.

에뮬레이터와 시뮬레이터의 장점

가장 큰 장점은 가격이다. 둘 다 모바일 플랫폼에서 SDK의 일부로 제공해 무료
로 사용할 수 있다. 게다가 사용법도 쉽고 다양한 옵션까지 제공한다. 에뮬레이터
와 시뮬레이터를 설치한 후에는 운영체제 버전이나 화면 해상도 같은 설정을 바
꿔가며 가상의 환경을 만들 수 있다.

그리고 단점

에뮬레이터와 시뮬레이터의 단점을 찾으려 들면 주의할 부분이 제법 많이 나온
다. 에뮬레이터와 시뮬레이터의 사용이 많으면 실제 기기에서만 나오는 심각한
버그를 놓치고 지나갈 위험성이 증가한다. 이 둘은 실제 환경과 완전히 같다고
말할 수 없는데, 이것이 가장 큰 단점이다. 추가로, 에뮬레이터와 시뮬레이터는
기본적이고 단순한 모바일 운영 시스템만 제공하므로 기기와 운영체제, 사용자

인터페이스 측면에서 다양성이 없다. 특히 안드로이드 계열에서 이런 현상이 두드러지는데, 일부 제조사만 필요에 따라 안드로이드 시스템의 UI를 변경해 사용한다. 하드웨어 측면에서도 실제 기기 환경에 관련된 센서와 인터페이스 제공에는 한계가 있다.

다음에 설명할 단점은 실제 데이터 네트워크를 사용하지 않는 것이다. 네트워크 속도는 시뮬레이트할 수 있지만, 트래픽 손실이나 네트워크 속도, 방식의 변화가 일어나는 실제 데이터 네트워크와는 차이가 있다. 마지막으로 CPU나 GPU, 메모리, 센서 등 실제 기기와 같은 성능을 제공하지 않는 것도 단점이다.

모바일 테스터는 에뮬레이터와 시뮬레이터를 사용할 때 다음 사항을 염두에 두고 있어야 한다.

- 실제 환경에서 테스트하지 않으면 그에 따르는 위험성이 존재한다.
- 하드웨어와 소프트웨어 측면에서 다양성을 반영할 수 없다.
- 네트워크 환경이 시뮬레이션 환경에서 동작한다.
- 실제 기기에서 나오는 성능이 아니다.
- 카메라나 GPS 등 기기에 특화된 하드웨어 요소에 접근할 수 없다.

실제 기기의 장점

실제 기기는 에뮬레이터나 시뮬레이터를 사용해 테스트하는 것보다 장점이 많다. 실제 사용자 환경에서 테스트를 수행하며 버그를 찾아내고, 사용자가 겪는 상황에 좀 더 근접한 결과를 얻을 수 있다. 실제 기기는 하드웨어와 소프트웨어, 센서, CPU, GPU, 메모리 등 기기에 특화된 기능을 사용할 수 있도록 옵션을 제공한다. 성능 테스트에서 실제 기기를 사용하면 사실에 근거한 수치를 얻을 수 있다.

다음은 실제 기기를 사용할 때 얻는 장점이다.

- 테스트 결과를 신뢰할 수 있다.
- 하드웨어와 소프트웨어 기능을 모두 사용할 수 있다.
- 실제 사용자 경험과 앱의 성능을 확인할 수 있다.
- 실제 네트워크 환경에서 테스트를 수행한다.

그리고 단점

실제 기기에서 테스트를 한다 하더라도 단점은 있다. 가장 큰 단점은 개발과 테스트에 필요한 모바일 기기를 구매하는 비용이다. 실제 기기에서 테스트하고자 한다면 앱 기능(하드웨어와 소프트웨어)을 확인하기 위해 거의 매달 새로운 기기를 구매해야 한다. 기기 관리를 책임지는 관리자도 별도로 필요하다. 이것이 다가 아니다. 새로운 버전의 업데이트 계획과 사내 사용 절차 같은 전략을 수립해야 한다.

실제 기기를 사용할 때 단점은 다음과 같다.

- 기기 구매에 들어가는 비용이 높다.
- 기기 관리에 소모되는 시간이 많다.

어떻게 할 것인가

지금까지 장단점을 두루 살펴봤는데, 자동화를 무엇으로 수행할 것인지에 대한 답을 말하자면 당연히 실제 기기가 될 것이다.

물론, 단순하고 기본적인 기능 테스트는 에뮬레이터나 시뮬레이터를 사용해 앱의 현 상태에 대한 빠른 피드백을 얻고 개발자에게 유용한 정보를 제공할 수 있다.

하지만 하드웨어와 소프트웨어 리소스가 사용되는 동작을 확인하고자 한다면 실제 기기 사용이 불가피하다. 실제 기기 위에서 테스트 스크립트가 동작하면 신뢰성, 성능, 앱 동작 측면에서 사실적인 결과를 얻는다. 또한 다른 기기에서 같은 테스트를 수행할 수 있으므로 특정 기기에서 문제가 있는지 신속하게 파악할 수 있다.

가장 좋은 방법은 에뮬레이터와 시뮬레이터, 실제 기기를 적절히 병행해 테스트 자동화 효율을 최대한 끌어올리는 것이다. 에뮬레이터와 시뮬레이터에서 병렬로 자동화 스크립트를 수행하는 것이 실제 기기에서 하는 것보다 더 싸고 쉽다면, 에뮬레이터와 시뮬레이터는 그 이유만으로 활용 가치가 충분하다. 범위를 넓혀 에뮬레이터와 시뮬레이터 조합으로 테스트 자동화를 구축하고 싶으면, 구글

테크 토크 'Breaking the Matrix-Android Testing at Scale' 편을 참고한다.[2]

    테스트 자동화 스크립트는 시뮬레이터나 에뮬레이터뿐 아니라 실제 기기에서도 동작하도록 작성해야 한다.

> **중요** 모바일 테스트 자동화 도구를 선택할 때 실제 기기와 에뮬레이터, 시뮬레이터 모두에서 테스트를 수행할 수 있는지 확인해야 한다.

모바일 테스트 자동화 도구의 선택

지금까지는 다양한 종류의 테스트 자동화 도구를 살펴보면서 자동화 대상과 수행 환경을 알아봤다. 이제는 앱과 테스트 수행, 개발 환경에 적합한 테스트 자동화 도구를 찾아볼 차례다.

    모바일 테스트 자동화 도구를 선택할 때 알아야 할 몇 가지가 있다. 첫 번째는 모든 요구사항을 만족하는 자동화 도구가 없다는 것이다. 각기 장단점을 가지며, 모든 도구가 모든 개발 환경에 꼭 들어맞지는 않는다. 프로젝트 A와 궁합이 맞는 도구가 프로젝트 B와는 맞지 않을 수 있는데, 이런 평가는 프로젝트마다 엇갈릴 수 있다.

    도구 평가에 걸리는 시간을 줄이려면, 테스트 앱과 유사한 앱을 대상으로 자동화 도구를 시험 적용해보면서 기대대로 앱을 핸들링할 수 있는지 확인하는 방식으로 접근해야 한다. 요구사항을 만족하면 프로젝트에 적합한 모바일 테스트 자동화 도구를 찾았다고 생각하면 된다.

    두 번째로 테스트 자동화는 강건하고 유지 보수 가능한, 안정적인 자동화 테스트를 구축하기 위해 프로그래밍 능력이 필요하며, 캡처 리플레이 방식을 사용하는 도구로 프로그래밍 능력을 대체하려 하면 안 된다. 스크립트가 깨졌을 때 수정할 능력이 없으면, 결국 끔찍한 결말이 기다릴 뿐이다. 프로그래밍 능력이 없으

---

2 www.youtube.com/watch?v=uHoB0KzQGRg

면 미래를 대비해 지금부터라도 학습을 시작해야 한다.

모바일 테스트 도구 평가를 위한 샘플 앱 외에 선택 기준을 명시한 체크리스트를 사용하는 방법도 있다. 체크리스트는 개발과 테스트 프로세스에 맞는 최적의 도구를 찾아줄 것이다.

테스트 자동화 도구의 선택 기준

다음은 모바일 테스트 자동화 도구를 선택할 때 고려해야 하는 내용이다.

1. 도구에서 다양한 종류의 모바일 앱(네이티브, 하이브리드, 웹앱)을 지원하는가?
2. 어떤 모바일 플랫폼(안드로이드, iOS, 윈도우폰, 블랙베리)을 지원하는가?
3. 어떤 종류의 인식 기술(네이티브 객체, 이미지, 텍스트, 좌표 인식)을 사용하는가?
4. 테스트하고자 하는 앱을 수정해야 하는가?
5. 에뮬레이터나 시뮬레이터뿐 아니라 실제 기기에서 테스트를 수행할 수 있는가?
6. 테스트가 끝나면 결과 리포트를 제공하는가?
7. 테스트를 수행하는 도중에 스크린샷을 남길 수 있는가? 이렇게 남긴 스크린샷을 테스트 보고서의 일부로 사용할 수 있는가?
8. 테스트 스위트suite를 동시에 여러 기기에서 실행할 수 있는가?
9. 테스트 실행 시간이 적절한가? 기준에 부합하는가?
10. 모바일 플랫폼의 모든 UI와 제어 엘리먼트를 지원하는가?
11. 세로 모드에서 가로 모드로, 혹은 반대로의 동작을 지원하는가?
12. 슬립 모드나 대기 모드에서 기기를 활성화할 수 있는가?
13. 스와이프나 스크롤, 클릭, 탭, 핀치투줌pinch to zoom 같은 제스처 기능을 모두 지원하는가?
14. 백 버튼이나 홈 버튼 같은 네이티브 버튼을 시뮬레이트할 수 있는가?
15. 기기의 소프트 키보드를 사용해 데이터를 입력할 수 있는가?
16. 다양한 언어로 앱을 테스트할 수 있는가?
17. 상호작용을 위해 기기에서 별도의 작업(탈옥, 루팅)이 필요한가?
18. 사용할 수 있는 프로그래밍 언어를 지원하는가?
19. 커맨드라인에서 테스트를 실행할 수 있는가?

20. 통합 개발 환경^{IDE}에서 사용할 수 있는가?

21. 지속적인 통합^{continuous integration} 시스템을 지원하는가?

22. 결함 관리 도구나 테스트 관리 도구 같은 타 도구와 함께 사용할 수 있는가?

23. 클라우드^{cloud} 테스트 수행을 위해 테스트 클라우드 제공자 환경으로 연결하는 기능이 있는가?

24. 문서화가 잘 되어 있는가?

25. 오픈소스인가? 아니면 클로즈드^{closed} 소스인가?

26. 활성화된 커뮤니티의 지원을 받을 수 있는가?

27. 시장에 나온 지 얼마나 되었는가? 모바일 테스트 자동화에 적용하고 있는 참고할 만한 회사가 있는가?

28. 크로스 플랫폼 테스트를 지원하는가?

위 항목들에서 알 수 있듯이, 모바일 테스트 자동화 도구를 선택할 때 고려할 사항이 꽤 많다. 도구 평가는 매우 중요하고 이 과정을 과소평가해서는 안 된다. 프로젝트 시작 전에 (시간의 압박으로) 잘못된 결정을 내렸다면 프로젝트 기간 내내 도구와 씨름하는 문제로 시간을 보내게 될 수도 있다. 18번 항목, '사용할 수 있는 프로그래밍 언어를 지원하는가?'는 매우 중요한 대목이다. 자동화 도구는 학습 곡선을 줄이기 위해 자신이 알고 있는 프로그래밍 언어를 지원하는 도구로 선택해야 한다. 알아야 할 것은 도구 사용법이지 프로그래밍 언어가 아니다. 이렇게 함으로써 학습에 필요한 시간과 비용도 아낄 수 있다.

> **중요** 샘플 앱이나 기준을 명시한 체크리스트로 테스트와 개발 프로세스에 가장 적합한 도구를 찾을 수 있다.

자동화 도구의 현주소

이번 절에서는 현시점에서 사용할 수 있는 모바일 테스트 자동화 도구를 개략적으로 살펴본다. 주로 iOS와 안드로이드 플랫폼에서 오픈소스로 사용할 수 있는 E2E 도구와 실제 모바일 프로젝트에서 사용했던 도구 위주로 설명하는데, 모바일 테스트 자동화로 유명한 것과 사용자층이 두꺼운 도구를 선택했다. 지금부터는 도구에 관한 조언과 유용한 정보를 소개하면서 사용법도 설명한다. 도구를 설치하거나 설정하는 방법은 다루지 않는데, 이런 정보는 수시로 업데이트되기 때문이다. 언급하는 도구를 효과적으로 사용하려면 프로그래밍 능력이 필수다.

늘 그렇듯, 여기에 나와 있는 도구 목록이 전부는 아니다.

안드로이드 도구

대부분의 안드로이드 테스트 자동화 도구는 구글의 Android Instrumentation framework[3]를 사용한다. 안드로이드 테스트 자동화를 시작하려면 안드로이드 앱의 계층 구조를 이해하고 있어야 한다. 이외에도, 앱에서 사용하는 컴포넌트와 엘리먼트의 종류뿐 아니라 엘리먼트가 화면에 어떻게 배치되고 논리적 구조 속에서 무엇을 나타내는지 알아야 한다.

구글에서 제공하는 UI Automator Viewer[4]를 사용하면 앱의 뷰와 레이아웃 계층 구조를 조사해 속성을 확인할 수 있는데, 이를 통해 화면에 나타난 UI 컴포넌트의 이름이나 ID를 알아낼 수 있다. 이렇게 얻어낸 정보(엘리먼트의 이름이나 ID)는 테스트 스크립트를 작성할 때 활용된다.

UI Automator Viewer는 설치된 안드로이드 SDK에서 찾을 수 있다.

```
/android/sdk/tools/uiautomatorviewer.sh
```

컴파일된 .apk 파일만 있고 소스 코드는 사용할 수 없는 상황에서 테스트 자동화 스크립트를 작성해야 한다면 이런 도구의 역할이 더욱 중요해진다. 일부 안드

---

3 http://developer.android.com/tools/testing/testing_android.html
4 http://developer.android.com/tools/testing/testing_ui.html

로이드 도구는 자신만의 UI Automator Viewer를 사용해 엘리먼트를 조사한다.

로보티움

로보티움^{Robotium5}은 사실상 표준 안드로이드 테스트 자동화 도구이며, 안드로이드 자동화 도구로는 첫 번째로 시장에 나온 도구이기도 하다. 로보티움은 네이티브 앱과 하이브리드 앱의 모든 기능을 지원하는 블랙박스 테스트 도구다. 앞서 언급한 Android Instrumentation Framework의 익스텐션이며 UI 테스트 수행에 단순하고 기본적인 API를 사용하는데, solo라는 객체로 clickOnText나 enterText 같은 메소드를 호출하는 방식이다.

다음에 나오는 코드로 테스트를 수행해보자.

리스트 5.1 로보티움 샘플 코드

```
/* "Welcome"이라고 써진 텍스트를 클릭한다. */
solo.clickOnText("Welcome");
/* ID가 2인 입력 필드에 비밀번호를 입력한다. */
solo.enterText(2, "MySecretPassword");
/* "Login" 버튼을 클릭한다. */
solo.clickOnButton("Login");
/* 네이티브 뒤로가기 버튼의 클릭 동작을 시뮬레이트한다. */
solo.goBack();
```

로보티움은 최소한의 정보를 사용하며 가독성 또한 매우 좋다. 테스트 메소드를 읽는 것만으로 무엇을 테스트하고 어떤 결과가 나올지 예측할 수 있다. UI Automator Viewer는 스크립트를 작성하는 데 필요한 모든 뷰 정보를 제공한다. 로보티움 테스트는 자바로 작성해 실제 기기나 에뮬레이터에서 실행한다. 테스트는 한 번에 한 대의 기기에서 수행할 수 있는데, 로보티움이 이를 제어하며 애플리케이션 외부에서 테스트할 방법은 없다. 테스트가 끝나면 JUnit 리포트가 나온다.

테스트는 커맨드라인이나 IDE에서 시작할 수 있고, 메이븐^{Maven}이나 그래들^{Gradle}, 앤트^{Ant}를 사용하는 지속적인 통합 서버도 사용 가능하다.

---

5 https://code.google.com/p/robotium/

로보티움을 처음 시작하는 데 필요한 정보를 더 얻고 싶으면, 다음 위키 페이지를 찾아본다.

- 로보티움 시작하기

  (https://code.google.com/p/robotium/wiki/Getting_Started)

로보티움 프로젝트 페이지는 다음과 같다.

- 로보티움 최신 버전과 샘플

  (https://code.google.com/p/robotium/wiki/Downloads)

로보티움 익스텐션

2014년 로보티움 개발자인 레나스 레다$^{Renas\ Reda}$는 로보티움 사[6]를 설립하고, 코드 작성이 필요 없는 도구인 로보티움 리코더$^{Robotium\ Recorder}$를 만들어 로보티움 테스트 사용자들에게 제공하고 있다.

로보티움 익스텐션 중 하나로 비트바^{Bitbar}에서 만든 ExtSolo[7] 프로젝트가 있는데, 이 프로젝트에서는 로보티움에 추가해 사용할 수 있는 다음과 같은 유용한 테스트 메소드를 제공한다.

- `changeDeviceLanguage(java.util.Locale locale)`: 테스트 실행 중에 기기의 언어를 변경한다.
- `setGPSMockLocation(double latitude, double longitude, double altitude)`: 기기의 GPS 위치를 설정한다.
- `turnWifi(boolean enabled)`: Wi-Fi를 켜거나 꺼서 연결 손실$^{connection\ loss}$에 대한 처리를 확인한다.

전체 API 문서는 다음 링크에서 확인할 수 있다.

- ExtSolo API 문서

  (http://docs.testdroid.com/_static/extSolodocs/com/bitbar/recorder/extensions/ExtSolo.html)

6　http://robotium.com/

7　http://docs.testdroid.com/_pages/extsolo.html

스푼

스푼Spoon8은 스퀘어Square9에서 개발한 강력한 안드로이드 테스트 자동화 프레임 워크이며, Android Instrumentation Framework의 익스텐션이다. 로보티움과 비교해 가장 큰 차이점은 여러 대의 기기나 에뮬레이터를 대상으로 같은 테스트 를 동시에 수행할 수 있다는 것이다. 스푼은 adbAndroid Debug Bridge에 연결된 모든 타깃(기기나 에뮬레이터)에서 테스트를 수행할 수 있고 테스트 서버에 연결된다.

스푼 스크립트도 마찬가지로 자바로 작성하며 커맨드라인이나 IDE, 지속적인 통합 서버에서 수행할 수 있다. 스푼의 구조와 테스트 코드 역시 매우 단순하다.

리스트 5.2 스푼 샘플 코드

```
Spoon.screenshot(activity, "Login_Screen");
assertThat(password).hasNoError();
instrumentation.runOnMainSync(new Runnable() {
    @Override public void run() {
        password.setText("MySecretPassword");
    }
});
```

모든 기기에서 테스트가 끝나면 스푼에서 만든 HTML 형식의 리포트로 각 기 기에서 수행한 상세 정보를 확인할 수 있다(그림 5.4). 리포트는 각기 다른 기기에 서 수행한 결과를 보기 좋게 비교해 보여준다. 테스트 중 스크린샷을 기록했으면, 스푼에서 스크린샷으로 만든 GIF 애니메이션 이미지를 통해 테스트 과정을 직접 확인할 수 있다.

스푼은 코딩 능력이 조금만 있으면 누구나 작성할 수 있다. 다른 안드로이드 자동화 도구와 조합해 사용할 수도 있는데, 예를 들면 스푼으로 스크린샷을 기록 하면서 로보티움이나 에스프레소Espresso는 테스트 메소드를 만드는 데 사용할 수 있다.

---

8 http://square.github.io/spoon/

9 https://squareup.com

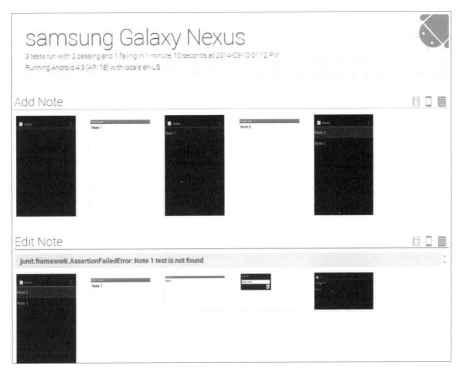

그림 5.4 스푼 샘플 리포트

최신 버전과 샘플 테스트 앱은 깃허브^{GitHub}에서 다운로드할 수 있다.

- 스푼 최신 버전과 샘플 (https://github.com/square/spoon)

셀렌드로이드

셀렌드로이드^{Selendroid}[10]는 네이티브 안드로이드, 하이브리드, 모바일 웹앱을 테스트하는 자동화 도구다. 셀렌드로이드란 이름은 셀레니움과 안드로이드를 결합해만들어졌다. 셀렌드로이드는 JSON Wire 프로토콜[11]과 완벽한 호환성을 유지하며, 셀레니움 2 클라이언트 API[12]로 테스트 스크립트를 작성한다.

셀레니움 2로 브라우저 기반의 애플리케이션 테스트 스크립트를 작성하는 데

10　http://selendroid.io/

11　https://code.google.com/p/selenium/wik i/JsonWireProtocol

12　http://docs.seleniumhq.org/docs/03_webdriver.jsp

익숙하다면, 셀렌드로이드 테스트 자동화 코드도 어렵지 않게 작성할 수 있다. 셀렌드로이드는 동시에 여러 대의 안드로이드 기기(실제 기기나 에뮬레이터)와 상호작용하며 테스트를 수행할 수 있다.

샘플 코드는 다음과 같다.

리스트 5.3 셀렌드로이드 샘플 코드

```
WebElement loginButton = driver().findElement(By.id("startLogin"));
WebElement passwordInput = driver().findElement(By.id("password"));
passwordInput.sendKeys("MySecretPassword");
loginButton.click();
```

모바일 앱의 UI 엘리먼트는 다양한 종류의 지정자locator로 알아낼 수 있는데, ID나 이름, 링크 텍스트, 클래스, 태그 이름, XPath 같은 엘리먼트가 여기에 해당한다. 그리고 셀렌드로이드에서 제공하는 셀렌드로이드 인스펙터Selendroid Inspector13로 찾고자 하는 UI 컴포넌트의 속성을 계층 구조로 볼 수 있다. 도구를 통해 스크린샷 생성, 모바일 앱에서 행해지는 클릭 액션 리코딩, 웹 뷰의 HTML 소스 표시, 웹 엘리먼트를 식별할 때 사용하는 XPath 헬퍼 기능을 사용할 수 있다.

셀렌드로이드에서는 다양한 제스처를 지원하고자 고급 사용자 인터랙션Advanced User Interactions API14를 사용한다. 작성된 테스트는 커맨드라인이나 IDE, 지속적인 통합 서버 환경에서 실행할 수 있다. 셀렌드로이드는 셀레니움 그리드Selenium Grid15의 노드로 완벽하게 통합되면서 병렬 테스트를 지원한다. 앱에서는 자동화를 위한 별도의 수정이 필요 없다.

셀렌드로이드와 관련한 추가 정보는 다음 웹사이트에서 찾아볼 수 있다.

- 셀렌드로이드 시작하기 (http://selendroid.io/setup.html)
- 셀렌드로이드 스케일링 (http://selendroid.io/scale.html)
- 셀렌드로이드 최신 버전과 샘플 (https://github.com/selendroid/selendroid)

---

13 http://selendroid.io/inspector.html

14 https://code.google.com/p/selenium/wiki/AdvancedUserInteractions

15 https://code.google.com/p/selenium/wiki/Grid2

안드로이드용 칼라바쉬

칼라바쉬[Calabash16]는 네이티브와 하이브리드 앱을 위한 크로스 플랫폼 모바일 테스트 자동화 프레임워크다. 칼라바쉬를 커컴버[Cucumber17]와 함께 사용하면 UI 인수 테스트 자동화가 가능하다. 커컴버를 통해 자연어[natural language]로 테스트 행위를 표현할 수 있는데, 이런 접근법을 행위 주도 개발[BDD, behavior-driven development]이라고 한다. 이렇게 하면 영업이나 비기술직에 속한 사람도 인수 조건을 수립할 때 어려움 없이 참여할 수 있다.

커컴버는 거킨[Gherkin] 언어[18]를 사용해 애플리케이션의 행위에 주석을 적는다.

리스트 5.4와 리스트 5.5를 참고한다. 리스트 5.4는 애플리케이션의 행위 묘사를 실제 문장으로 작성한 커컴버(거킨) 시나리오다.

리스트 5.4 거킨 코드 샘플

```
Feature: 사용자인 나는 로그인을 하고 싶다.
    Scenario: 정상 인증 로그인
        Given 로그인 화면이 보인다.
        When 사용자 입력란에 "Username"을 입력한다.
        And 비밀번호 입력란에 "PWD"를 입력한다.
        And 로그인 버튼을 클릭한다.
        Then 해당 사용자 계정 화면이 나타난다.
```

리스트 5.5는 실제 문장을 앱과 상호작용하기 위한 명령어로 변경한 루비[Ruby] 코드다.

리스트 5.5 거킨 과정을 처리하는 샘플

```
When(/^사용자 입력란에 "(.*?)"을 입력한다.$/)
do | username |
    fill_in("IDUserName", :with => "username")
end
```

---

16 http://calaba.sh/

17 http://cukes.info/

18 https://github.com/cucumber/cucumber/wiki/Gherkin

앞에서 보듯이 실제 테스트는 스텝 정의step definition에서 수행된다. 거킨은 애플리케이션의 행위를 묘사하고 루비로 코딩하며, 커컴버는 이렇게 작성된 테스트를 실제 기기나 에뮬레이터에서 수행하는 프레임워크다. 칼라바쉬 테스트는 커맨드라인이나 IDE, 지속적인 통합 서버 환경에서 실행할 수 있다.

칼라바쉬는 스크린샷 기능, 앱의 현지화, 다양한 제스처를 지원한다.

칼라바쉬, 거킨, 커컴버와 관련한 더 유용한 정보는 다음 깃허브 프로젝트 페이지에서 확인할 수 있다.

- 안드로이드용 칼라바쉬 (https://github.com/calabash/calabash-android)
- 안드로이드용 스텝 정의 (https://github.com/calabash/calabashandroid/blob/master/ruby-gem/lib/calabash-android/canned_steps.md)

앱피움

앱피움Appium[19]은 네이티브, 하이브리드, 모바일 웹앱에서 사용하는 오픈소스 크로스 플랫폼 테스트 자동화 도구다. 앱피움이 지원하는 모바일 플랫폼은 안드로이드, iOS, 파이어폭스 OS다. 셀렌드로이드처럼 WebDriver JSON Wire Protocol을 사용해 모바일 앱 UI를 제어하고 테스트할 수 있으며 다양한 프로그래밍 언어로 테스트 코드를 작성할 수 있다. 다음은 현재 앱피움에서 지원하는 언어 목록이다.

- C#
- 클로저Clojure
- 자바
- 자바스크립트
- 오브젝티브C
- 펄Perl
- PHP
- 파이썬Python
- 루비

---

19 http://appium.io/

작성된 테스트는 에뮬레이터나 시뮬레이터, 실제 기기에서 수행할 수 있다. 리스트 5.6은 테스트 코드 일부를 보여준다.

리스트 5.6 앱피움 샘플 코드

```
WebElement loginText = driver.findElement(By.name("TextLogin"));
assertEquals("TextLogin", loginText.getText());
WebElement loginTextView = driver.findElementByClassName("android.widget.
TextView");
assertEquals("TextLogin", loginTextView.getText());
WebElement button = driver.findElement(By.name("Login"));
button.click();
```

앱피움의 가장 큰 장점은 앱과 동신할 수 있다는 것 외에 카메라 앱이나 연락처 앱 같은 타 앱을 추가로 실행할 수 있는 것이다. 게다가 앱피움을 사용하면 자동화를 위해 앱을 별도로 수정할 필요도 없다.

앱피움에 관한 정보는 제작사와 깃허브 페이지에서 확인할 수 있다.

- 깃허브 앱피움 페이지 (https://github.com/appium/appium)
- 앱피움 소개 (http://appium.io/introduction.html)
- 앱피움 API 레퍼런스 문서 (http://appium.io/slate/en/master)

에스프레소

에스프레소[Espresso20]는 구글에서 제공하는 안드로이드 테스트 키트다. 에스프레소는 Google Instrumentation Test Runner[21]라고 부르는 개선된 Test Runner를 통해 더 빠르고 신뢰성 높은 안드로이드 테스트 자동화를 구축할 수 있게 한다.

에스프레소는 가벼우면서 쉽게 익힐 수 있는 API로 네이티브 안드로이드 앱의 UI 엘리먼트와 상호작용한다. 에스프레소가 타깃으로 하는 사용자층은 더 빠르고 신뢰성 높은 테스트 코드 작성을 위해 고심하는 개발자다. 하지만 자바 코딩

---

20 https://code.google.com/p/android-test-kit/wiki/Espresso

21 https://code.google.com/p/android-test-kit/wiki/GoogleInstrumentationTestRunner

을 할 수 있고 소스 코드에 접근할 수 있는 권한이 있으면, 에스프레소는 누구나 가볍게 사용할 수 있는 최고의 도구다. 리스트 5.7의 예제를 살펴보자.

리스트 5.7 에스프레소 샘플 코드

```
onView(withId(R.id.login)).perform(click());
onView(withId(R.id.logout)).check(doesNotExist());
onView(withId(R.id.input)).perform(typeText("Hello"));
```

에스프레소는 실제 기기나 에뮬레이터 위에서 커맨드라인이나 IDE로 실행할 수 있고 지속적인 통합 환경도 지원하지만, 병렬 실행은 불가능하다. 그렇다 하더라도 다른 안드로이드 자동화 도구와 비교했을 때 테스트 실행이 훨씬 빠르다.

다음은 구글 프로젝트 페이지에서 제공하는 유용한 에스프레소 관련 정보다.

- 에스프레소 시작하기

    (https://code.google.com/p/android-test-kit/wiki/EspressoStartGuide)

- 에스프레소 샘플

    (https://code.google.com/p/android-test-kit/wiki/EspressoSamples)

그 밖의 안드로이드 테스트 도구

5장 서두에서 말했듯이, 이 책에 나오는 안드로이드 테스트 자동화 도구가 전부는 아니다. 아직도 설명하지 않은 오픈소스 도구와 클로즈드 소스 도구가 많고, 여러 가지 새로운 도구가 뒤따라 나오고 있다. 다음은 한 번쯤 시도해볼 만한 안드로이드 테스트 자동화 도구 목록이다. 단위 테스트 도구와 상업용 클로즈드 소스 도구도 일부 포함된다.

- eggPlant (www.testplant.com/eggplant/)
- Experitest (http://experitest.com/)
- Jamo Solutions (www.jamosolutions.com/)
- Keynote (www.keynote.com/solutions/testing/mobile-testing)
- MonkeyTalk (www.cloudmonkeymobile.com/monkeytalk)
- Perfecto Mobile (www.perfectomobile.com/)

- Ranorex (www.ranorex.com/)

- Robolectric (http://robolectric.org/)

- Siesta (https://market.sencha.com/extensions/siesta)

- Silk Mobile (www.borland.com/products/silkmobile/)

- SOASTA (www.soasta.com/products/soasta-platform/)

- TenKod EZ TestApp (www.tenkod.com/ez-testapp/)

- TestObject (https://testobject.com/)

- UI Automator (http://developer.android.com/tools/help/uiautomator/index. html)

안드로이드용 추천 도구

모바일 테스트 자동화 도구를 딱 집어 추천하기란 쉬운 일이 아니다. 모바일 테스트 자동화 도구를 선택할 때는 고려할 요소가 매우 많은데, 이런 요소가 앱과 프로젝트 상황에 따라 다르게 나타나기까지 한다. 지금까지의 경험(소셜 미디어와 예약 앱)으로 보자면, 로보티움과 스푼, 앱피움, 셀렌드로이드가 관심을 가지고 지켜볼 만한 도구다.

모두 매우 훌륭하고 네이티브와 하이브리드, 웹 기반의 앱을 완벽하게 지원한다. 거기다가 문서화, 샘플 코드, 궁금한 사항에 대해 문의할 수 있는 활발한 커뮤니티까지 있다. 마지막으로 중요한 점은 테스트 코드 작성이 쉽고 약간의 재미도 있다는 것이다.

로보티움을 선택한다면 꼭 스푼과 함께 사용하기를 강력히 권장한다. 스푼은 테스트 리포팅 기능이 매우 훌륭한데, 동시에 여러 대의 기기에서 테스트를 수행하는 옵션까지 사용하면 거의 무적이라 할 수 있다. 로보티움은 활성화된 커뮤니티의 지원을 받는 완성도 높은 안드로이드 테스트 자동화 도구다.

앱피움과 셀렌드로이드 역시 기억해야 하는 도구들이다. 둘 다 다양한 프로그래밍 언어로 자동화 테스트를 작성할 수 있는데, 클라우드나 셀레니움 그리드 Selenium Grid 환경에서 테스트를 조절할 수 있는 강력한 옵션이 있다.

> **중요** 한 가지만 기억하자. 테스트 자동화를 어떤 도구로 구현하든지 간에 가능하다면 UI 컴포넌트의 리소스 ID를 사용해야 한다. 이렇게 해야 테스트 수행 속도를 높일 수 있고 신뢰성 있는 테스트 스크립트를 만들 수 있다.

iOS 도구

지금부터는 iOS 테스트 도구를 알아본다. 안드로이드 도구에서 언급했던 내용 중 일부는 여기서도 유효하다.

- 여기에 나오는 도구 목록이 전부는 아니다.
- E2E 테스트 자동화 도구를 포함해 설명한다.
- 소개하는 도구는 모두 코딩 기술이 필요하다.
- iOS 테스트 자동화를 시작하기 전에 iOS UI 구조를 이해할 필요가 있다.

UI Automation

UI Automation[22]은 애플에서 제공하는 Instruments[23]의 일부로 포함된 iOS 테스트 도구다. UI Automation으로 테스트를 리코딩하거나 자바스크립트로 직접 테스트 코드를 작성할 수 있다. iOS 앱은 이른바 접근성 레이블^{accessibility labels}을 사용해 UI 엘리먼트를 만들고 스크린리더로 접근할 수 있게 했다. 대부분의 iOS 테스트 도구와 UI Automation은 이런 접근성 레이블을 통해 앱과 상호작용한다. 따라서 앱에 접근성 레이블이 없는 경우에는 테스트 자동화 스크립트를 작성할 수 없다.

UI Automation은 실제 기기나 iOS 시뮬레이터에서 탭, 스와이프^{swipe}, 스크롤, 핀치, 입력 등 실제 사용자 인터랙션을 시뮬레이트할 수 있다. 리스트 5.8의 코드에서 이런 액션 중 일부를 확인할 수 있다.

---

22 https://developer.apple.com/library/mac/documentation/DeveloperTools/Conceptual/InstrumentsUserGuide/UIAutomation.html#//apple_ref/doc/uid/TP40004652-CH78-SW1

23 https://developer.apple.com/library/ios/documentation/DeveloperTools/Conceptual/InstrumentsUserGuide

리스트 5.8 UI Automation 샘플 코드

```
app.keyboard().typeString("Some text");
rootTable.cells()["List Entry 7"].tap();
alert.buttons()["Continue"].tap();
```

UI Automation은 기기 모드를 세로 모드에서 가로 모드로 바꾸거나 다시 원래대로 되돌릴 수 있고, 테스트 수행 중 기기에서 발생하는 다양한 얼럿[alerts]도 제어 가능하다. 테스트는 커맨드라인이나 IDE, 지속적인 통합 서버 환경에서 실행할 수 있다.

UI Automation에 관한 자세한 내용은 애플의 개발자 페이지에서 확인할 수 있다.

* UI Automation 자바스크립트 레퍼런스 (https://developer.apple.com/library/ios/documentation/DeveloperTools/Reference/UIAutomationRef/)

iOS용 칼라바쉬

칼라바쉬[Calabash][24]는 네이티브와 하이브리드 안드로이드, iOS 앱을 위한 크로스 플랫폼 모바일 테스트 자동화 프레임워크다(안드로이드용 칼라바쉬와 내용이 같으니 해당 부분을 이미 읽었다면 이번 절은 그냥 넘겨도 무방하다). 칼라바쉬는 커컴버[25]로 작성한 스크립트를 UI 인수 테스트에 사용할 수 있게 한다. 커컴버는 자연어[natural language]를 사용해 앱의 행동을 표현한다. 이런 접근법을 행위 주도 개발[BDD, behavior-driven development]이라고 부르는데, 영업이나 비기술직에 속한 사람도 인수 기준을 만드는 과정에 참여할 수 있게 한다.

> **중요** 칼라바쉬의 기능은 안드로이드 도구를 설명할 때 이미 다뤘으니 앞 절의 내용을 참고하길 바란다. 기능(feature)과 스텝 정의(step definition) 파일 작성은 안드로이드와 iOS가 거의 같은 과정으로 진행된다.

---

24 http://calaba.sh/
25 http://cukes.info/

iOS용 칼라바쉬에 관한 자세한 설명은 칼라바쉬 iOS 프로젝트를 참고한다.

- iOS용 칼라바쉬 (https://github.com/calabash/calabash-ios)
- iOS용 칼라바쉬 시작하기 (https://github.com/calabash/calabash-ios/wiki/Getting-Started)
- iOS 칼라바쉬 스텝 정의 (https://github.com/calabash/calabash-ios/wiki/Getting-Started)

ios-driver

ios-driver[26]는 셀레니움 WebDriver API를 사용해 네이티브 iOS와 하이브리드, 모바일 웹앱을 자동화한다. 셀렌드로이드와 같은 방식을 사용하지만, iOS 앱은 예외다. iOS는 JSON Wire 프로토콜을 통해 Instruments로 앱과 상호작용한다. ios-driver는 실제 기기나 시뮬레이터에서 테스트를 수행할 수 있는데, 앱피움과 셀렌드로이드처럼 다양한 프로그래밍 언어를 사용해 테스트 스크립트를 작성할 수 있다. 다음은 사용할 수 있는 언어의 종류다.

- C#
- 클로저
- 자바
- 자바스크립트
- 오브젝티브C
- 펄
- PHP
- 파이썬
- 루비

리스트 5.9의 자바 코드는 네이티브 iOS 앱을 테스트하는 명령어의 일부다.

---

26 http://ios-driver.github.io/ios-driver/

리스트 5.9 ios-driver 샘플 코드

```
By button = By.id("Login");
WebElement loginButton = driver.findElement(button);
Assert.assertEquals(loginButton.getAttribute("name"), "Login");
loginButton.click();
```

셀렌드로이드와 유사한 기능의 UI inspector[27]를 사용하면 앱의 UI 엘리먼트를 식별하고 속성을 확인할 수 있다. ios-driver는 현지화가 적용된 앱을 다룰 때 앱에서 어떠한 변경도 필요하지 않다. 테스트는 커맨드라인이나 지속적인 통합 서버에서 실행할 수 있다. 추가로, 셀레니움 그리드 환경에서는 노드로 동작해 병렬 테스트가 가능하다.

ios-driver의 자세한 정보는 제조사의 웹사이트와 깃허브 프로젝트 페이지에서 확인할 수 있다.

- ios-driver 시작하기 (http://ios-driver.github.io/ios-driver/?page=setup)
- 소스 코드와 샘플 (https://github.com/ios-driver/ios-driver)

Keep It Functional

Keep It Functional[KIF28]은 스퀘어[Square29] 사에서 제공하는 오픈소스 iOS 테스트 도구다. KIF는 앱에서 제공하는 접근성 레이블[accessibility labels]을 사용해 네이티브 iOS 앱을 자동화한다. 이것은 tester 오브젝트라 부르며 터치, 스와이프, 스크롤, 타이핑 같은 사용자 액션을 시뮬레이트한다. 오브젝티브C는 테스트 스크립트를 작성할 때 사용하며, 실제 기기나 iOS 시뮬레이터에서 테스트를 수행하게 된다.

Keep It Functional의 샘플 코드를 한번 살펴보자.

---

27 http://ios-driver.github.io/ios-driver/?page=inspector

28 https://github.com/kif-framework/KIF

29 http://corner.squareup.com/2011/07/ios-integration-testing.html

리스트 5.10 Keep It Functional 샘플 코드

```
[tester enterText:@"user one" intoViewWithAccessibilityLabel: @"User
Name"];
[tester enterText:@"Mypassword" intoViewWithAccessibilityLabel: @"Login
Password"];
[tester tapViewWithAccessibilityLabel:@"Login"];
```

KIF는 엑스코드^{Xcode}와 완벽하게 호환되면서 테스트 자동화 스크립트를 시작하고 디버그할 수 있다. 자동화된 테스트는 커맨드라인이나 Bots[30] 같은 지속적인 통합 서버 환경에서 실행 가능하다.

KIF를 사용해 자동화 테스트를 구현할 때는 기억해야 할 것이 하나 있다. 비공식 API$^{undocumented\ Apple\ APIs}$를 사용한다는 점인데, 테스트 스크립트가 제품 코드$^{production\ code}$의 일부가 아니면 문제 될 것이 없지만 반대의 경우는 심각한 문제가 된다. 비공식 API의 사용으로 앱 등록이 거부되기 때문이다. KIF 설치 지침서를 준수하면 이런 문제는 발생하지 않는다.

앱피움

앱피움^{Appium31}은 네이티브, 하이브리드, 모바일 웹앱에서 사용할 수 있는 오픈소스 크로스 플랫폼 테스트 자동화 도구다(안드로이드용 앱피움 관련 내용을 읽었으면 이번 절은 넘어가도 무방하다). 앱피움은 안드로이드, iOS, 파이어폭스 OS 모바일 플랫폼을 지원하는데, 세렌드로이드처럼 WebDriver JSON Wire Protocol을 사용해 모바일 앱 UI를 제어하고 테스트한다.

> **중요**　앱피움의 기능은 앞서 살펴본 '안드로이드 도구' 절을 참조한다.

---

30 https://developer.apple.com/library/ios/documentation/IDEs/Conceptual/xcode_guide-continuous_integration/
index.html#//apple_ref/doc/uid/TP40013292-CH1-SW1

31 http://appium.io/

그 밖의 iOS용 테스트 도구

안드로이드 도구에서와 마찬가지로, 이번에는 iOS 테스트 도구를 좀 더 소개한
다. 다음 목록은 단위 테스트 도구와 일부 E2E 도구(오픈소스 및 클로즈드 소스)를
포함한다. 다음 목록이 자동화 도구의 전부는 아니다.

- Experitest (http://experitest.com/)
- Frank (www.testingwithfrank.com/)
- GHUnit (https://github.com/gh-unit/gh-unit)
- Jamo Solutions (www.jamosolutions.com/)
- Keynote (www.keynote.com/solutions/testing/mobile-testing)
- Kiwi (https://github.com/kiwi-bdd/Kiwi)
- MonkeyTalk (www.cloudmonkeymobile.com/monkeytalk)
- OCMock (http://ocmock.org/)
- Perfecto Mobile (www.perfectomobile.com/)
- Ranorex (www.ranorex.com/)
- Silk Mobile (www.borland.com/products/silkmobile/)
- SOASTA (www.soasta.com/products/soasta-platform/)
- Specta (https://github.com/specta/specta)
- Subliminal (https://github.com/inkling/Subliminal)
- XCTest (https://developer.apple.com/library/prerelease/ios/documentation/
  DeveloperTools/Conceptual/testing_with_xcode/testing_2_testing_basics/
  testing_2_testing_basics.html#//apple_ref/doc/uid/TP40014132-CH3-SW3)
- Zucchini (www.zucchiniframework.org/)

추천 iOS 도구

iOS 테스트 자동화 도구 역시 무엇이 좋다고 말하기가 쉽지 않다. 안드로이드 도
구처럼 iOS 테스트 도구를 고를 때도 고려해야 할 요소가 매우 많다. 그중에서 가
장 눈여겨볼 도구는 ios-driver, 앱피움, Keep It Functional이다.

이 세 가지 도구는 모두 강력하고 뛰어난 기능을 제공하므로, 신뢰성 있고 강
건한 테스트 자동화 스크립트를 만들 수 있다. 네이티브 iOS 앱을 자동화할 때는

KIF가 괜찮은 선택이 될 수 있는데, 신뢰성 있는 테스트를 매우 빠른 속도로 작성할 수 있다. KIF의 또 다른 장점은 앱을 개발할 때와 동일한 언어인 오브젝티브C로 테스트 스크립트를 작성할 수 있는 것이다. 오브젝티브C에 익숙하지 않으면 가장 단순하게는 개발자에게 모르는 부분을 질문하거나 스크립트 작성을 전적으로 맡기면 된다.

하이브리드 iOS나 웹앱을 테스트 자동화할 때는 ios-driver나 앱피움을 사용해야 한다. 이 둘은 모두 클라우드나 셀레니움 그리드 환경에서 테스트를 실행할 수 있는 옵션뿐 아니라 다양한 프로그래밍 언어를 지원하는 장점이 있다. 그리드 환경은 다양한 기기와 운영체제에서 병렬 테스트를 지원하는 큰 이점을 지닌다.

위에 언급한 세 가지 도구는 문서화가 잘 되어 있고 샘플 코드도 풍부하다. 사용법 또한 쉬우며 커뮤니티도 활성화되어 있으므로 문제가 생기면 언제나 도움을 받을 수 있다.

모바일 테스트 자동화 도구 요약

지금까지 살펴본 것처럼, 모바일 테스트 자동화 프레임워크의 종류는 매우 다양하다. 각 도구는 자신만의 스타일로 테스트 스크립트를 작성하고 다양한 기능과 다양한 플랫폼, 다양한 종류의 모바일 앱을 지원한다. 도구마다 장단점이 존재해 완벽한 도구란 없으며, 오픈소스인 도구도 있고 그렇지 않은 도구도 있다. 모바일 테스트 자동화 도구를 선택하기 전에는 시장에 나와 있는 도구와 솔루션을 두루 살펴보고 현명한 결정을 내려야 한다. 샘플 앱이나 체크리스트로 도구를 평가해 보는 방법도 시도해볼 만하다.

마지막으로 하고 싶은 말은 모바일 테스트 자동화는 작은 부분부터 시작하라는 것이다. 한 가지 종류의 도구와 테스트 자동화 솔루션만 찾으려 해서는 안 된다. 도구를 여러 개 사용하거나 이들 도구를 조합할 때 비로소 요구사항을 충족하는 자동화 환경을 구축할 수 있다. 필요한 만큼의 자동화를 적소에 적용하는 것이 좋은데, 예를 들면 전체 기능을 테스트 자동화하지 말고 핵심적인 부분만 자동화를 적용하는 것이다. 도구를 고를 때는 자기 자신에게 이렇게 물어본다. "자동화 대상은 무엇인가?"

지속적인 통합 시스템

이제는 지속적인 통합^{CI, Continuous integration}이란 말이 낯설게 느껴지지 않는다. 하루에도 몇 번씩 중앙의 코드 저장소로부터 통합하고 테스트하는 개발 프랙티스가 이미 몇 년 전부터 정착되었다. 체크인한 코드는 빌드 자동화를 통해 다른 모듈과의 조화로운 통합을 확인한다.

CI 서버는 데스크톱, 웹, 모바일 애플리케이션에 상관하지 않고 모든 프로젝트에서 사용할 수 있어야 한다. 이런 환경에서는 소프트웨어가 망가질 위험이 줄어들고, 프로젝트와 관련 있는 사람들에게 빠른 피드백을 줄 수 있으며, 작은 모듈을 초기에 통합해나갈 수 있다.

요즘에는 오픈소스와 클로즈드 소스로 나와 있는 CI 시스템을 많이 찾아볼 수 있다. CI 시스템을 운영하고 있다면 자동화된 모바일 테스트도 함께 사용해보자. 모바일 테스트 자동화 도구의 거의 대부분이 CI 환경을 지원한다. 사용하고 있는 도구가 통합 시스템을 지원하지 않으면 CI 환경 밖에서 동작하는 빌드 스크립트로 통합하는 방식 등의 해결 방안을 찾아야 한다. 전체적인 관점에서 보면, 지금 설명한 내용이 빌드와 테스트 스크립트를 포함해 완벽한 프로세스를 구축하는 핵심적인 부분이 된다.

테스트 자동화 도구의 통합을 끝냈으면, 빌드와 테스트에 관한 전략을 정의해야 한다. 개발자와 협의해서 커밋이 올라올 때마다 테스트를 수행할 것인지, 밤 시간에 수행할 것인지 결정한다. 자동화 테스트의 피드백이 느려지기 시작하면 하나의 테스트를 여러 테스트 스위트로 나눌 때가 온 것이다. 예를 들어, 애플리케이션의 주 기능이 동작하는 것을 확인하는 테스트는 스모크 테스트^{smoke test}로 정할 수 있는데, 이런 테스트는 수행 시간이 몇 초 또는 몇 분밖에 소요되지 않으므로 커밋이 발생할 때마다 수행하면 된다. 다른 테스트 스위트는 리그레션 테스트^{regression test}로 정의하고 하루에 네 번 정도 돌리면서 더 세밀한 검사를 할 수 있다. 나머지 테스트 스위트는 매일 저녁 모든 테스트를 수행하는 전체 테스트^{full test} 스위트로 정하고, 하루 전의 코드와 비교해 달라진 부분이 현재 앱과 문제를 일으키는 것은 아닌지 확인하는 목적으로 사용한다.

모바일 테스트 자동화 도구를 CI 시스템에 추가할 때 고려할 다른 중요한 요소로 테스트 리포트가 있다. CI 시스템은 다양한 형식의 테스트 리포트로 전체 관계자에게 시각적으로 확인 가능한 피드백을 제공해야 한다. 시스템의 리포트 내용은 읽고 이해하기가 쉬워야 한다.

CI 시스템과 모바일 테스트 도구, 개발 도구를 통합했으면 모바일 애플리케이션의 전체 빌드 프로세스를 정의한다. 빌드는 사용자의 개입 없이 자동으로 시작할 수 있어야 하는데, 예를 들면 중앙 코드 저장소의 변경을 주시하고 있거나 특정 밤 시간에 빌드를 시작하는 방식을 사용한다.

추가로, 빌드가 다른 빌드의 시작을 유발하면서 단위 테스트나 E2E 테스트, 다른 스테이징 시스템의 애플리케이션 빌드, 알파 버전이나 베타 버전 빌드, 베타 배포 서버로의 업로드 등이 가능해야 한다.

모바일 빌드의 간단한 활용 예는 다음과 같다.

1. PMD, FindBugs, Lint, Checkstyle 같은 도구로 정적 코드 분석static code analysis 수행
2. 단위 테스트 수행
3. E2E UI 테스트 수행
4. 스테이징 시스템에서 빌드
5. 베타 버전 빌드
6. 배포 시스템으로 베타 버전 업로드
7. 릴리스 후보 버전 빌드(수동으로 하는 유일한 빌드)

빌드 과정 1과 2는 코드를 커밋하기 전에 개발자 PC에서 수행해야 한다.

CI 시스템이 구축되어 있으면, 잊지 말고 실제 기기를 서버에 연결해 테스트 자동화를 수행할 수 있도록 한다.

다음은 CI 시스템 목록이다.

- Bamboo (www.atlassian.com/de/software/bamboo)
- Bots (https://developer.apple.com/library/ios/documentation/IDEs/Conceptual/xcode_guide-continuous_integration/ConfigureBots/ConfigureBots.html)
- Buildbot (http://buildbot.net/)

- CruiseControl (http://cruisecontrol.sourceforge.net/)
- Janky (https://github.com/github/janky)
- Jenkins (http://jenkins-ci.org/)
- TeamCity (www.jetbrains.com/teamcity/)
- Travis CI (https://travis-ci.org/)

> **중요** CI 시스템을 준비하고 모바일 테스트 자동화 도구를 통합해 코드 변경이 있을 때 앱의 품질에 관한 빠른 피드백을 얻도록 한다.

베타 버전의 배포 도구

이미 앞 장에서 모바일 앱의 사용성, 성능, 기능에 대한 모바일 사용자의 기대가 매우 크다는 사실을 확인했다. 따라서 모바일 앱은 높은 수준의 사용자 경험과 빠른 반응, 신뢰성, 사용에 따른 재미 등을 갖춰야 한다. 이런 사용자의 기준에 부합하려면 도전적인 마음으로 개발 과정부터 가능한 한 빨리 사용자의 피드백을 받아 테스트해야 한다.

동료나 대상 그룹 등의 사용자에게 피드백을 얻으려면 베타 버전을 배포할 수 있는 도구가 필요하다. 배포 도구로 잠재적 고객에게 다음에 나올 베타 버전을 전달할 수 있다.

배포 도구는 몇 가지 유용한 기능을 제공하는데, OTA^{over-the-air-app} 배포와 충돌 리포트, 버그 리포트, 다이렉트 인앱 피드백 등이다. 일부 도구는 체크포인트 checkpoints에서 사용자가 사용한 기능에 대한 질문을 남길 수 있다. 다른 유용한 기능으로는 세션sessions이 있다. 세션은 베타 테스터가 사용한 앱이나 기능의 히스토리를 추적해 예상하지 못한 사용 경로를 발견할 수 있다. 베타 도구에서는 모바일 운영체제와 관련한 데이터와 통계자료, 기기의 하드웨어 정보, 언어 정보 등을 알려준다.

고객이 사용하기 전에 배포 도구로 앱과 관련된 정보를 얻는 것은 매우 중요하다. 이렇게 수집한 정보를 정제해 올바른 방향으로 앱을 개발하면서 신뢰성 있고 안정적으로 동작하는 앱을 만들 수 있다.

배포 도구를 사용할 때는 잠재적 베타 테스터에게 기능 사용법을 알리는 것이 중요하다. 그다음에 기기와 사용자 정보를 수집할 수 있다.

다시 원점으로 돌아와서, 베타 버전의 배포 도구는 사내에서 동료에게 테스트를 요청해 피드백을 얻는 데 그 목적이 있다. 네트워크 제한, 회사의 규정, 법적 문제에 따라 모바일 앱을 베타 버전으로 배포할 수 없는 경우도 있다.

다음은 베타 배포 도구 목록이다.

- Appaloosa (www.appaloosa-store.com/)
- AppBlade (https://appblade.com/)
- Applause SDK (www.applause.com/mobile-sdk)
- Beta by Crashlytics (http://try.crashlytics.com/beta/)
- BirdFlight (www.birdflightapp.com/)
- Google Play native App Beta Testing (https://play.google.com/apps/publish)
- HockeyApp (http://hockeyapp.net/)
- HockeyKit (http://hockeykit.net/)
- TestFlight (https://developer.apple.com/testflight/index.html)

구글과 애플에서도 베타 앱 버전을 배포하는 도구를 제공하고 있다. 구글 플레이$^{Google\ Play}$32에서는 구글 플레이 스토어로부터 베타 버전을 다운로드 가능한 Gmail 계정을 소유한 베타 테스터를 추가할 수 있다. 대안으로, 순차적 공개 서비스(staged rollout)를 정의해 새로운 버전을 일부 사용자만(예를 들면 현재 사용자의 약 10% 정도) 사용할 수 있도록 하는 방법도 있다. 문제없는 앱이라고 판단되면 전체 사용자를 대상으로 제한을 풀어버리거나 비율을 좀 더 높이면 된다.

---

32 https://support.google.com/googleplay/android-developer/answer/3131213?hl=en

애플[33]에서는 베타 버전을 빌드하고 등록된 베타 사용자에게 배포할 수 있다. 베타 테스터는 ad hoc 프로비저닝 프로파일을 사용해 UDID[unique device ID]와 함께 등록된 상태에 있어야 하는데, 1년에 100개의 테스트 기기만 등록이 허용된다. 애플의 엔터프라이즈 프로그램에 가입되어 있으면 이런 테스트 기기의 제한을 피할 수 있다.

> 중요　무엇을 이용하든지 간에 베타 배포 도구로 베타 테스터를 통한 초기 피드백을 얻어 더 나은 모바일 앱을 만들 수 있다.

요약

5장에서는 모바일 테스트 자동화를 집중해서 다뤘다. 전통적인 테스트 자동화 피라미드의 문제점을 지적하면서 뒤집힌 테스트 피라미드를 소개했고, 이어서 모바일 테스트를 위한 피라미드 모형을 제시했다. 새로운 피라미드 모형은 수동 테스트와 자동화 테스트를 아우르며 모바일 앱의 요구사항을 현실적으로 반영한다.

다음 절에서는 다양한 종류의 모바일 테스트 자동화 도구와 접근법을 설명했다. 자동화 도구는 이미지 인식, 좌표 인식, 텍스트 인식, 네이티브 객체 인식 기반 기술을 사용한다. 각 접근법의 장단점을 알아보면서 시장에 나와 있는 도구를 개략적인 설명과 함께 다양한 방식으로 살펴봤다.

테스트 자동화 도구로서 캡처 리플레이 방식은 왜 피해야 하는지도 설명했다. 이런 종류의 도구는 처음에는 테스트 자동화를 구축하는 데 적합해 보일지 모르지만, 시간이 지나면 유지 보수 문제도 부담스럽게 다가오고 테스트의 신뢰성도 점차 낮아진다.

'자동화 대상 선정' 절에서는 앱에서 테스트 자동화가 필요한 부분과 그렇지

---

33 https://developer.apple.com/library/ios/documentation/IDEs/Conceptual/AppDistributionGuide/TestingYouriOSApp/TestingYouriOSApp.html

않은 부분을 설명했다. 예를 들어, 비즈니스 크리티컬한 기능은 자동화에 적합하지만, 가까운 미래에 변경이 예상되는 기능은 수동 테스트가 적절하다. 불안정한 환경에서 테스트 자동화는 동작하지 않을 수 있다.

올바른 테스트 자동화 도구를 선택할 수 있도록 테스트 환경에 가장 잘 들어맞는 도구 선택 기준을 제시했다.

5장에서는 현재 기술 수준에서 사용할 수 있는 iOS, 안드로이드 플랫폼의 모바일 테스트 자동화 도구를 다루는 내용에 가장 큰 비중을 할애했다. 다양한 도구의 장단점뿐 아니라 샘플 코드를 곁들여 함께 설명했는데, 소개한 도구 목록은 다음과 같다.

- 로보티움
- 스푼
- 셀렌드로이드
- 칼라바쉬
- 앱피움
- 에스프레소
- UI Automation
- ios-driver
- Keep It Functional

5장의 마지막 절은 지속적인 통합과 베타 버전의 배포에 관한 내용을 다뤘다. 테스트 환경에 쉽게 적용할 수 있는 CI 빌드 시스템을 예로 들며, 모바일 앱에서 사용할 수 있는 CI 도구 목록도 기술했다. 베타 버전 배포의 목적은 동료나 베타 테스터를 통해 초기의 피드백과 버그 리포트를 얻는 것이다.

6장
크라우드 테스트와
클라우드 테스트

지금까지 다양한 모바일 기술과 함께 실외 테스트를 포함하는 다양한 환경의 수동 테스트 기법을 배웠다. 모바일 테스트 자동화와 테스트 자동화 도구가 추구하는 목표도 함께 알게 되었는데, 이제는 다양한 플랫폼에서 동작하는 도구에 눈뜬 만큼 테스트 프로세스에 적합한 도구를 선택할 수 있으리라 생각된다.

여기에 그치지 않고 6장에서는 관련 지식을 확장하기 위해 몇 가지 모바일 테스트 접근법을 추가로 소개한다. 바로 크라우드crowd 테스트와 클라우드cloud 테스트다. 이 두 가지 접근법은 팀의 테스트 업무에 큰 도움을 줄 수 있다.

크라우드 테스트

회사가 조직 내에서 테스트를 수행하는 방법은 세 가지가 있다. 회사 내 품질 보증 부서를 만드는 방법, 아웃소싱(국내/해외)을 통한 방법, 크라우드crowd 테스트로 접근하는 방법이다. 사내 테스트 팀과 아웃소싱은 이미 잘 알고 있으니 새로울 건 없다. 둘 다 다양한 조직과 산업 분야에서 많이 활용되는 방식이다.

하지만 크라우드 테스트는 새로운 개념의 접근법이다. 크라우드소싱crowdsourcing은 2006년 지 하우Jee Howe1에 의해 처음 소개되었는데, 크라우드crowd와 아웃소싱

---

1 www.crowdsourcing.com/

outsourcing의 조합으로 만들어진 이 용어는 소프트웨어 테스트 업계에서는 이제 크라우드 테스트crowd testing를 의미한다.

크라우드 테스트는 외부 소프트웨어 테스트 커뮤니티를 통해 테스트를 수행하는 새로운 방식의 접근법을 말한다. 외부 테스터는 지리적, 기술적으로 다양한 활동 배경을 가지며 서비스 업체에 따라 수행 인원은 몇 명에서 전 세계에 거주하는 수천 명까지 확대될 수 있다. 테스트 수행 인력은 소프트웨어 테스트 전문가를 포함해 다양한 연령대와 성, 직업, 교육 수준별로 고루 분포한다. 여기에 테스터 각자가 사용하는 기기가 모여 다양한 하드웨어와 소프트웨어의 조합으로 데이터 네트워크에 접속하게 된다. 크라우드 테스트는 라이브 환경에서 테스트하는 것과 별반 다르지 않다.

크라우드 테스터의 활용으로 테스트 팀으로는 할 수 없었던 실제 시나리오로 앱 테스트가 수행된다. 다시 말하면, 다양한 사용자와 다양한 데이터 네트워크, 하드웨어, 소프트웨어를 통해 실 환경 조건으로 모바일 앱 테스트가 이뤄진다. 외부 테스터는 신선한 시각으로 성능, 사용성, 기능 이슈뿐 아니라 많은 버그를 찾아낼 것이다.

테스터는 크라우드 테스트 서비스 업체가 제공하는 플랫폼에서 자신이 가지고 있는 기기 정보와 스킬, 배경을 적은 프로필을 만든다. 테스트를 의뢰하는 고객은 테스트 대상 앱을 등록하고 사전 조건, 시나리오, 설명서, 알려진 버그, 상세한 테스트 계획서를 추가할 수 있다. 또한 테스터의 조건이나 대상 고객 그룹, 스킬 세트, 테스트에 필요한 기기를 정의할 수 있다.

일부 크라우드 테스트 업체는 인력 관리와 법적 문제를 다루는 프로젝트 관리 프레임워크를 구축하고 있으며, 테스트 사이클을 책임지는 프로젝트 관리자도 할당할 수 있다. 프로젝트 관리자는 크라우드 테스터가 보고하는 버그에 등급을 매기고 분류하는 사람으로, 테스트 사이클의 내용을 고객에게 알린다.

어떤 크라우드 테스트 업체는 평가 센터assessment center나 시험 프로젝트를 운영해 테스터를 선정하기 전에 테스트 능력을 확인하는 절차를 가지기도 한다.

대부분의 크라우드 테스트 업체는 서비스 비용이 발생하지만, 크라우드 테스트 업체와 협의된 내용만 지불하면 되기 때문에 일반적인 아웃소싱과 비교해 상

대적으로 저렴하다. 여기에는 요금에 따라 다양한 종류의 패키지가 있는데, 단순
버그 리포팅, 탐색적 테스트exploratory testing, 정해진 테스트 케이스 수행 등이 있다.

그림 6.1은 테스터와 함께 진행하는 브리핑 단계부터 마지막 단계인 프레젠테
이션 단계까지를 도식화한 전형적인 크라우드 테스트 프로세스다. 테스트 기간
에 고객은 크라우드 테스터가 수행하는 테스트 내용을 언제든지 확인할 수 있다.

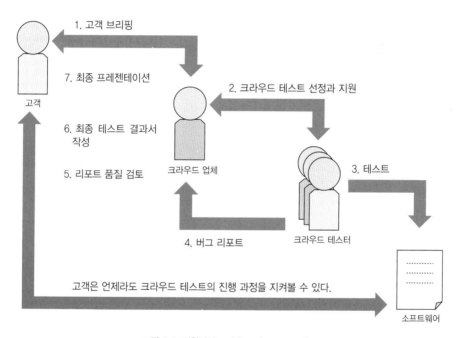

그림 6.1 전형적인 크라우드 테스트 프로세스

1. 크라우드 업체와 고객이 만나 첫 브리핑을 한다.
2. 크라우드 업체는 고객의 요구사항에 기초해 크라우드 테스터를 선정한다. 테스
   트 기간 동안 크라우드 업체는 테스터를 지원할 책임이 있다.
3. 크라우드 테스터가 의뢰받은 소프트웨어를 테스트한다.
4. 크라우드 테스터는 테스트의 목적에 따라 리포트를 작성하는데 버그나 조언뿐
   아니라 어떤 종류의 문제라도 기록하면 된다.
5. 크라우드 업체는 리포트의 품질을 보장해야 한다. 필요한 경우 버그를 분석하는
   후속 활동도 맡아 수행한다.

6. 테스트 사이클의 마지막 단계에서 크라우드 업체는 최종 테스트 리포트를 작성한다.

7. 고객에게 리포트 결과를 알려준다.

이런 과정으로 크라우드 테스트가 모두 끝나는데, 크라우드 테스트를 도입하려 할 때는 넘어야 하는 약간의 이슈가 있다.

크라우드 테스트를 준비하고 조직하는 데는 꽤 긴 시간이 필요하다. 테스트 사이클의 명확한 목표를 정해야 하며, 가치 있는 결과를 얻기 위해 테스터가 필요한 모든 정보를 사전에 준비해야 한다. 크라우드 테스트 업체에 간단한 설명도 해야 하고, 테스트 사이클 말미에는 시간을 할애해 모든 버그와 전달받은 테스트 리포트를 리뷰해야 한다. 이런 과정은 새로운 프로젝트에 들어가서 새로운 테스터에게 지시를 내릴 때도 똑같이 필요하다.

테스터의 역량 부족으로 낮은 수준의 버그만 보고될 수도 있다. 물론 크라우드 테스트 업체에서 버그를 걸러 정말로 가치 있는 결함을 찾아낸 테스터에게 수고비를 지급하는 시스템이 있겠지만, 버그 리포트 역시 그리 상세하지 않고 기대했던 것만큼 만족스럽지 않을 수 있다.

크라우드 테스터는 개발 시스템과 테스트 시스템에 접근하기가 어렵다. 데이터 보호와 보안 이슈로 외부인의 내부 시스템 접근을 허용하지 않는 경우가 많은데, 이런 이유로 크라우드 테스터는 주로 운영 환경^{production environment}을 사용하게 된다. 운영 환경은 베타 버전 앱과 상호작용하며 동작하는 데 문제가 없어야 한다. 베타 버전의 요청을 핸들링하고 크라우드 테스트 사이클이 적용되는 운영 환경에서는 독립된 공간이 필요할 때도 있다. 테스트 사이클 말미에는 크라우드 테스터가 더는 운영 환경에 접근할 수 없도록 조치해 앱을 사용할 수 없도록 막는다.

법적 이슈와 기밀유지 협약^{NDA, non-disclosure agreements}도 짚고 넘어가야 하는 대목이다. 앱이 기밀을 유지해야 한다면 크라우드 테스트는 원점에서 다시 생각해봐야 한다.

크라우드 테스트의 장점은 다음과 같다.

- 크라우드 테스터는 각기 다른 배경과 능력을 지닌 세계 각지의 테스터들이다.
- 하드웨어와 소프트웨어가 다양하게 조합된 모바일 기기들이 사용된다.
- 실제 사용자가 실제 환경에서 테스트한다.
- 신선한 시각을 가진 테스터가 애플리케이션을 접하게 된다.
- 다양한 종류의 이슈를 보고받는다.
- 크라우드 업체가 버그를 필터링하고 분류해준다.

다음은 크라우드 테스트의 단점이다.

- 보통은 테스트 비전문가다.
- 실제 테스트하는 사람이 누군지 모른다.
- 버그 리포트의 품질이 낮을 수 있다.
- 법적 이슈와 데이터 보호, 보안 문제로 스테이징 시스템으로 접근하기가 힘들 수 있다.
- 준비 기간이 오래 걸릴 수 있다.
- 테스터와의 커뮤니케이션이 힘들 수 있다.
- 버그 재현이 힘들 수 있다.
- 테스트 사이클이 끝난 이후에도 테스터가 모바일 앱을 계속 사용할 수 있는 위험이 있다.

> **중요** 일부 크라우드 테스트 업체는 테스터의 모바일 기기에서 자동으로 앱을 삭제하는 메커니즘을 사용한다.

다음은 크라우드 테스트 서비스 업체 목록이다(전체 업체 목록은 아니다).

- 99tests (http://99tests.com/)
- Applause (www.applause.com/)
- crowdsourcedtesting (https://crowdsourcedtesting.com)
- Global App Testing (http://globalapptesting.com/)
- Mob4Hire (www.mob4hire.com/)
- passbrains (www.passbrains.com/)

- Testbirds (www.testbirds.de/)
- testCloud (www.testcloud.io/)
- TestPlus (www.testplus.at/)
- CONKRIT (http://www.sten.or.kr/crowdtesting/index.php)

> **중요** 크라우드 테스트는 사내 테스트 조직의 업무 영역을 확장할 수 있는 좋은 방법이지만, 모든 테스트 활동을 대체하는 수단으로 사용하면 안 된다.

프라이빗 크라우드 테스트

법적 이슈나 NDA, 데이터 보호, 보안 이슈, 또는 개발 환경에 접근할 수 없는 환경상의 제약으로 크라우드 테스트를 활용할 수 없을 때는 자체적으로 크라우드 테스트를 수행하면 된다.

주변 동료와 함께 내부 크라우드 테스트 세션을 만들어 시작해보자. 회사의 규모에 따라 차이는 있겠지만, 주위를 둘러보면 다양한 부서에서 일하고 있는 각기 다른 배경의 동료가 있다. 개발자와 디자이너, 프로덕트 매니저, 프로젝트 매니저를 비롯해 관리, 영업, 마케팅 부서에 이르기까지 다양한 피드백을 모을 수 있다. 동료들에게 수집한 정보를 다양한 상황에 놓인 실제 사용자의 피드백으로 취급해 사용자가 앱을 접했을 때 가지는 느낌을 알 수 있다.

프라이빗 크라우드 테스트의 가장 큰 장점은 사설 크라우드 서비스 업체의 준비 기간보다 짧다는 점인데, 직장 동료의 경우 이미 회사 환경과 제품 기능의 사용에 익숙하기 때문이다. 내부 직원은 개발 환경이나 스테이징 환경에 대한 접근도 가능하므로 법적 제한이나 NDA 문제에 해당 사항이 없다.

커뮤니케이션도 직장 동료와 하는 편이 훨씬 수월하며 앱을 다루는 모습도 옆에서 관찰할 수 있다. 이 점은 사용성과 기능성 측면에서 앱과 상호작용하는 사용자의 사용 패턴을 알 수 있는 매우 가치 있는 부분이다. 테스트 사이클 말미에는 앱과 새로운 기능에 대해 인터뷰하면서 의견을 구하고, 테스트를 수행하며 겪었던 문제점을 들을 수 있다.

크라우드 테스트 세션은 앱을 개발하는 동안 짧게 몇 차례 반복할 수 있다. 이렇게 하면 사용성이나 기능성 개선, 성능 향상이 있을 때 테스트를 좀 더 유연하게 수행할 수 있다.

동료들에게 동기를 부여함으로써 헌신적으로 참여하게 하는 방법은 일종의 대회를 여는 것인데, 분류별로 작위title를 만들고 상품을 주는 방법이다. 나눌 수 있는 분류는 다음과 같다.

- 베스트 사용성 버그
- 베스트 기능성 버그
- 베스트 성능 버그
- 베스트 보안 버그
- 베스트 피드백
- 베스트 버그 리포트
- 베스트 참여

상품으로는 다음과 같은 아이템을 사용하면 된다.

- 회사 머그잔
- 기념 스티커
- 재미있는 슬로건이 인쇄된 티셔츠
- 상품권

상품은 비싸지 않아야 한다. 가능한 한 많은 버그를 찾아 리포팅하는 수준의 동기를 부여하면 그것으로 충분하다. 약간의 경쟁심은 다음 테스트를 기대하고 참여하게 하는 촉매제가 될 것이다.

> **중요** 프라이빗 크라우드 테스트 세션을 만들어 테스터로 활약하는 동료의 테스트 활동을 지켜보라. 이들이 찾은 버그와 리포트 결과에 깊은 인상을 받을 것이다.

모바일 클라우드 테스트

모바일 클라우드^{cloud} 테스트 솔루션 제작사는 클라우드상에서 다양한 하드웨어와 소프트웨어 조합으로 다양한 모바일 기기를 선택할 수 있는 옵션을 가지고 있다. 클라우드 테스트 업체는 클라우드 컴퓨팅 기술을 사용해 모바일 회사, 조직, 테스터에게 이 서비스를 제공한다.

클라우드 컴퓨팅 기술의 특징은 다음과 같다.

- 동적이고 공유된 가상의 IT 인프라를 사용한다.
- 원하는 만큼의 서비스를 제공한다.
- 부하에 따른 확장성을 가진다.
- 소비한 만큼의 비용을 지불한다.
- 다양한 네트워크 망에서 사용 가능하다.

모바일 클라우드 테스트 솔루션은 웹을 통해 접근할 수 있으며, 클라우드 환경에서 실제 기기나 에뮬레이터, 시뮬레이터로 다양한 종류의 테스트를 수행할 수 있다.

수행 가능한 테스트는 다음과 같다.

- 기능 테스트
- 성능 테스트
- 부하 테스트
- 모바일 기기 테스트
- 크로스 브라우저 테스트

오픈 디바이스 랩^{Open Device Labs}의 사례처럼, 모바일 클라우드는 장소에 상관없이 모든 종류의 모바일 플랫폼에서 가장 쉬운 방법으로 수많은 모바일 기기를 만날 수 있다. 클라우드상에서 모바일 앱을 테스트하려면 실제 기기를 배치해 앱을 업로드하고 설치한 후, 수동 테스트나 자동화 테스트를 시작할 수 있다. 클라우드 업체는 기능 리포트나 스크린샷, 테스트 세션의 동영상, 병렬 테스트에 필요한 테스트 자동화 스크립트 실행 API 같은 다양한 종류의 서비스를 지원한다.

세계 곳곳에 분포된 모바일 테스트 클라우드의 특징으로 인해 잠재적 사용자의 다양한 네트워크 환경과 시나리오를 쉽게 시뮬레이트할 수 있다.

모바일 테스트 클라우드의 가장 큰 매력은 클라우드 업체가 알아서 새로운 폰을 구매하므로 이 부분에 대해서는 별다른 신경을 쓸 필요가 없다는 점이다. 게다가 수많은 기기를 직접 유지 보수하지 않기 때문에 비용 측면에서도 매우 긍정적이다.

하지만 모바일 클라우드 테스트도 약간의 제약이 있다. 가령 앱에서 블루투스를 사용해 스피커와 같은 다른 물리적 장치와 연결된다면, 이런 부분은 클라우드 테스트가 불가능하다. 이 밖에도 근접 센서나 휘도 센서, 가속도 센서, 중력 센서 등의 다양한 센서와 인터페이스 역시 테스트가 불가능한데, 클라우드 기기는 데이터센터에 있는 서버에 설치되기 때문이다. 이런 환경에서는 다른 앱이나 기기에서 보내는 인터럽트와 알림 메시지의 제어가 불가능하다.

모바일 클라우드에서 수동 테스트의 단점으로는 인터랙션이 마우스를 통해 이뤄진다는 점을 꼽을 수 있다. 손끝을 통한 접촉 없이는 사용성이나 앱의 반응을 몸으로 체감하기가 어렵다. 게다가 멀티터치 제스처는 터치 인터페이스로 수행할 수 없다.

마지막으로, 모바일 테스트 클라우드에서 보안과 프라이버시 이슈는 절대로 과소평가해서는 안 된다.

테스트 세션이 끝나면 클라우드 업체가 앱을 완전히 제거하고 테스트 기기에 데이터가 남아있지 않는 것을 확인해야 한다. 그렇지 않으면 다음 클라우드 테스트 사용자에게 남아있는 정보가 노출된다.

모바일 클라우드 테스트 업체를 선택할 때는 제공하는 서비스의 내용을 확인하고 다른 업체와 비교해봐야 한다. 클라우드 테스트가 가지는 장단점도 계산하면서 이런 접근법이 프로젝트와 개발 환경에 적합한지 판단해야 한다.

다음은 모바일 클라우드 테스트가 가지는 장점이다.

- 물리적 기기의 간편한 접근
- 에뮬레이터와 시뮬레이터의 간편한 접근
- 빠르고 쉬운 모바일 기기 설정

- 장소에 구애받지 않는 접근성
- 새로운 기기를 구매하지 않아도 됨으로써 얻는 비용 절감 효과
- 유지 보수 비용이 없음
- 다양한 테스트
- 세계 곳곳의 네트워크 환경 재현
- 보고서, 스크린샷, 동영상으로 제공되는 리포트 기능

다음은 모바일 클라우드 테스트의 단점이다.

- 모바일 기기를 완전하게 제어할 수 없다.
- 네트워크 문제가 테스트 클라우드의 가용성과 기능에 영향을 미칠 수 있다.
- 보안과 프라이버시 이슈: 다른 사용자도 같은 기기를 사용하므로 테스트 세션이 끝나면 앱을 완벽하게 삭제해야 한다.
- 성능 이슈: 인터넷을 통한 테스트는 실행 속도와 결과에 영향을 준다.
- 방화벽 설정: 개발 환경과 테스트 환경에 접근하려면 방화벽 설정의 변경이 필요하다.
- 클라우드 시스템에서 시스템 문제가 발생하거나 정전이 되면 테스트에도 성능 저하나 사용 불가한 상황이 발생한다.
- 간헐적으로 일어나는 문제는 시스템 접근 권한이 없으므로 해결하기가 쉽지 않다.
- 테스트할 수 없는 부분도 있다. 예를 들면, 센서와 인터페이스, 인터럽트, 알림 notification 등이다.
- 기기와 물리적인 접촉을 할 수 없다.

다음은 모바일 테스트 클라우드 서비스 업체 목록이다(전체 목록은 아님).

- AppThwack (https://appthwack.com/)
- Appurify (http://appurify.com/)
- CloudMonkey (www.cloudmonkeymobile.com/)
- Experitest (http://experitest.com/cloud/)
- Keynote (www.keynote.com/)
- Neotys (www.neotys.com/product/neotys-cloud-platform.html)

- Perfecto Mobile (www.perfectomobile.com/)
- Ranorex (www.ranorex.com/)
- Sauce Labs (https://saucelabs.com/)
- TestChameleon (www.testchameleon.com/)
- Testdroid (http://testdroid.com/)
- Testmunk (www.testmunk.com/)
- TestObject (https://testobject.com/)
- Xamarin Test Cloud (http://xamarin.com/test-cloud)

> **중요**　모바일 클라우드 테스트는 내부 테스트 조직의 업무를 확장할 수 있는 좋은 방법이지만, 심사숙고가 필요한 부분도 있다.

프라이빗 클라우드

클라우드 업체를 이용하는 데 따르는 문제점이 그 이점보다 더 커도 여전히 클라우드 테스트에 미련이 남아있다면 프라이빗^{private} 모바일 테스트 클라우드를 고려해볼 수 있다. 대부분의 클라우드 업체는 사내에 자체적으로 구축할 수 있는 모바일 테스트 클라우드 환경을 지원한다.

프라이빗 모바일 클라우드는 호스팅 서비스나 기업 내에서 운영하는 설치형 솔루션$^{installed\ solution}$을 사용할 수 있다. 좀 더 일반적인 것은 호스티드 솔루션$^{hosted\ solution}$인데, 새로운 폰의 구입 비용 문제와 업데이트, 환경 설정 같은 유지 보수에 필요한 업무에서 해방될 수 있기 때문이다. 프라이빗 클라우드 업체는 물리적 기기에 접근할 수 있는 보안 구역을 데이터센터 내부에 따로 두고 있으면서 기업의 보안 정책과 요구사항에 맞는 다양한 옵션을 제공하게 된다.

설치형 솔루션은 프라이빗 모바일 테스트 랩$^{private\ mobile\ test\ lab}$으로도 알려졌다. 설치형 모델을 사용하면 모바일 클라우드 업체는 기기 관리 소프트웨어가 포함된 모바일 테스트 랙^{rack}을 제공해 기업 내에서 테스트 기기를 유지 보수하고 배치할 수 있도록 한다. 물론 랙을 확장하면 새로운 기기를 추가할 수도 있다.

랙은 방화벽 내부에 있고 기기는 개발 환경에 연결되어 있으므로 퍼블릭 클라우드public cloud에서 발생했던 연결 속도 문제와 기타 이슈가 어느 정도 해결된다. 설치형 솔루션에서 보안과 프라이버시는 더 이상 걱정거리가 아니다. 한 예로서 Mobile Labs[2]의 모바일 테스트 랩을 확인할 수 있다.

설치형 솔루션은 랙에서 관리하는 기기의 구매와 유지 보수를 책임져야 하는 문제점이 있다. 여기에 테스트 기기에 독점적으로 접근하거나 클라우드 업체에서 독점적 지원을 제공한다면, 프라이빗 모바일 테스트 클라우드에 드는 비용이 매우 높아진다. 또한 사용자가 프라이빗 클라우드용 소프트웨어와 시스템을 사용할 수 있도록 교육도 해야 한다.

다음은 프라이빗 모바일 클라우드가 가지는 장점이다.

- 물리적 기기로의 쉬운 접근
- 모바일 기기의 빠르고 간편한 설정
- 뛰어난 접근성
- 유지 보수 비용이 발생하지 않음(호스티드 솔루션의 경우)
- 다양한 테스트 수행
- 전 세계의 다양한 네트워크를 통한 시뮬레이션(호스티드 솔루션의 경우)
- 테스트 기기로의 독점적인 접근
- 보안에 대한 우려가 없음

프라이빗 모바일 테스트 클라우드의 단점은 다음과 같다.

- 퍼블릭 모바일 테스트 클라우드보다 더 큰 비용이 든다.
- 네트워크 이슈가 모바일 테스트 클라우드의 사용과 기능에 영향을 미칠 수 있다.
- 방화벽 설정: 방화벽 설정을 변경해 개발 환경과 테스트 환경에 접근할 수 있도록 해야 한다(호스티드 솔루션의 경우).
- 클라우드에 시스템 문제가 발생하거나 정전이 되면 앱 실행이 느려지거나 동작하지 않을 수 있다(호스티드 솔루션의 경우).

---

2 http://mobilelabsinc.com/products/deviceconnect/

- 간헐적인 문제는 시스템 접근 권한이 없으므로 해결하기 힘들다(호스티드 솔루션의 경우).
- 센서나 인터페이스는 테스트할 수 없다.
- 클라우드 소프트웨어와 시스템을 사용하려면 별도의 교육이 필요하다.

> **중요** 수동 테스트의 한계는 분명하다. 이제는 자동화 테스트의 제어와 파편화 문제에 대응하기 위해 모바일 테스트 클라우드 환경에서 테스트 자동화를 고려해야 한다. 단, 실외에서 이동해가며 확인하는 절차는 여전히 수동 테스트로 진행한다.

클라우드 기반 테스트 자동화

앞서 5장, '모바일 테스트 자동화와 관련 도구'에서는 다양한 모바일 테스트 자동화 도구의 동작 콘셉트를 설명했는데, iOS와 안드로이드 플랫폼에서 사용할 수 있는 모바일 테스트 자동화 도구를 마저 설명하려 한다. 모바일 테스트 자동화 도구를 선택할 때는 테스트 클라우드 환경에서 스크립트를 실행할 수 있는지 확인해야 한다. 일부 모바일 테스트 클라우드 업체는 테스트 도구에서 사용할 수 있는 API를 제공해 클라우드 서비스를 받으면서 테스트를 수행할 수 있고, 여기서 더 나아가 병렬로 다양한 기기에서 테스트할 수 있도록 지원한다. 어떤 업체는 웹에서 자동화 스크립트를 작성할 수 있는 클라우드 테스트 소프트웨어를 사용한다.

모바일 테스트 클라우드의 장점은 클라우드 환경에서 수행하는 테스트 자동화에도 적용되는데, 모바일 앱과 모바일 플랫폼에 따라 원하는 테스트 환경을 자동으로 구축할 수 있게 한다.

하지만 클라우드 기반의 테스트 자동화 역시 몇 가지 단점이 있다. 클라우드에 연결된 기기에서 하는 테스트는 로컬 테스트 자동화 솔루션보다 실행 속도가 느리다. 이런 현상은 많은 양의 데이터를 주고받을 때 클라우드 업체와 고객과의 네트워크 지연 문제가 주 원인으로 작용해 발생하는데, 이것은 결국 테스트 결과와 앱의 동작에도 영향을 미친다. 따라서 모바일 테스트 클라우드에서 자동화 스크립트로 성능을 측정하는 테스트는 적절하지 않다. 테스트 자동화 스크립트 디버깅은 또 다른 문제인데, 스크립트 디버깅이 가능할지 몰라도 만족할 만큼 원활하게 이뤄지지는 않는다.

클라우드 기반의 테스트 솔루션을 찾고 있다면, 몇몇 업체를 살펴보면서 필요한 기능을 갖추고 있는지 확인해야 한다. 클라우드 기반 테스트 자동화 접근법은 내부의 테스트 자동화에 큰 도움이 되고 테스트를 더 효과적으로 만든다.

요약

6장에서는, 크라우드와 클라우드 테스트 서비스를 다뤘다. 이 둘은 내부 테스트 활동에 큰 도움이 되지만, 이것만으로 모바일 테스트를 대체하려 하면 안 된다.

크라우드 테스트를 소개하는 절에서는 전형적인 크라우드 테스트 사이클을 설명했다. 크라우드 테스트는 버그 분석에 필요한 시간 외에 약간의 준비 기간도 필요하다는 점을 기억해야 한다. 그리고 여기에 들어가는 수고를 과소평가해서는 안 된다. 한편, 프라이빗과 퍼블릭 크라우드 테스트 세션의 차이점을 설명했다. 두 접근법은 약간의 차이가 있는데, 인프라와 데이터 보호, 보안을 위해 그 차이점을 알고 있어야 한다.

클라우드 테스트를 설명하는 절에서는 클라우드 테스트 업체의 여러 서비스 기능을 살펴보고, 클라우드 환경에서 할 수 있는 테스트의 종류도 알아봤다. 마지막으로 클라우드 테스트의 장점뿐 아니라 퍼블릭 클라우드와 프라이빗 클라우드의 문제점도 간략히 확인해봤다.

7장
모바일 테스트와 런칭 전략

지금까지 모바일 테스트에 관한 다양한 주제를 이야기하고 많은 테스트 기법과 접근법을 알아봤다. 7장은 모바일 테스트와 런칭 전략을 다루면서 포함되어야 하는 내용이 무엇인지 알아본다. 테스트 전략과 런칭 전략은 프로젝트에서 매우 중요하므로 반드시 문서화가 필요하다. 지금부터 모바일 테스트와 런칭 전략의 예를 몇 개 들면서 설명하는데, 이 내용은 전략을 세울 때 도움이 될 것이다.

모바일 테스트 전략

일반적으로 테스트 전략은 소프트웨어 개발 사이클에 포함된 테스트 접근법과 활동을 기술한 문서를 말한다. 전략의 목적은 프로젝트와 제품 책임자, 개발자, 디자이너, 소프트웨어 개발에 관련된 인원이 소프트웨어 테스트 프로세스의 주요 활동 목표를 공유하는 데 있다.

테스트 전략은 테스트의 목적, 테스트 레벨과 기법, 테스트하는 데 필요한 리소스, 테스트 환경 정의를 포함하며, 프로덕트 리스크와 리스크 완화 계획도 테스트 전략에서 기술한다. 테스트 시작 조건과 종료 조건도 전략에서 정의한다.

테스트 전략에서 정의한 내용은 테스트 활동이 올바르게 진행되도록 가이드하고 도움을 주면서 앱에서 정말로 중요한 것이 무엇인지를 상기시켜준다. 테스트에 필요한 리소스와 절차서의 작성은 많은 시간을 투자해야 한다. 테스트 전략은 프로젝트에서 해야 할 일을 문서화한 것인데, 한 번 정하고 나면 다시는 변경할 수 없는 것이 아니라 협의를 통해 제품을 변경하거나 현재 상황에 맞춰 계속 수정해가는 과정이 중요하다.

하지만 모든 팀과 제품에 딱 들어맞는 모바일 테스트 전략은 존재하지 않는다. 모바일 앱은 다양한 요구사항과 목표, 대상 그룹이 있으며 플랫폼도 다양한데, 이런 요소들이 하나의 전략으로 모든 프로젝트에 적용하는 것을 어렵게 한다. 물론 재사용 가능한 부분도 일부 존재할 수는 있다.

지금부터 다루는 내용은 이상적인 모습의 모바일 테스트 전략을 세우기 위한 아이디어를 주제로 한다. 여기서 나오는 아이디어를 전략 수립의 시작점으로 삼아서 자신만의 모바일 테스트 전략으로 녹여내보자.

> **중요** 모바일 테스트 전략의 초안 작성이 끝없는 문서 작성의 시작을 의미하는 건 아니다. 모바일 테스트에서 온종일 문서만 붙들고 있는 시간은 주어지지 않는다. 모바일 테스트에서 가장 중요한 것은 유연함이다. 모바일 테스트 전략의 목적은 이해관계자를 가이드하고 테스트 프로세스에서 중요한 부분이 어디인지 파악한 후 진행할 수 있도록 조율하는 것이다.

요구사항 정의

프로젝트 시작 단계에서 첫 번째로 해야 할 일은 요구사항requirements과 기능features 정의다. 기능 목록과 사용자 시나리오를 작성해 사용자에게 더 나은 만족감을 줄 수 있도록 해야 한다. 요구사항과 기능 목록은 개발이 진행되면서 점차 상세화될 것이기 때문에 초기 단계에는 대략적인 내용만 있으면 된다. 요구사항을 작성하면 테스트 전략 도출이 훨씬 쉬워진다.

다음은 요구사항과 기능 목록의 예다.

- 회원 가입 폼을 제공한다.
- 앱에 사용하기 위해 로그인 폼을 제공한다.

- 로그아웃 옵션을 제공한다.
- 검색 기능을 제공한다.
- 사용자는 사용자 프로필을 작성할 수 있다.
- 사용자는 다른 사용자와 콘텐츠를 공유할 수 있다.
- 사용자는 소셜 네트워크로 콘텐츠를 공유할 수 있다.
- 사용자는 사진을 찍을 수 있다.
- 앱에서 다양한 언어를 지원한다(영어, 독일어, 프랑스어 등).

앱을 사용할 대상이 누구인지도 알고 있어야 한다. 3장, '모바일 테스트의 도전 과제들'에서 언급했듯이, 대상 그룹에 속한 사용자가 누구이고 원하는 것이 무엇인지 아는 것은 매우 중요하다. 사용자 시나리오를 파악할 수 있을 만큼의 통찰력을 얻으려면 가능한 한 많은 정보를 수집해야 한다.

대상 그룹을 통해 수집해야 하는 정보에는 어떤 것이 있는지 다시 한 번 알아보자(전체 항목은 3장에 나와 있다).

- 성별
- 월수입
- 학력
- 사는 곳
- 주로 사용하는 앱
- 스마트폰 사용 패턴
- 사용 기기

> **중요** 대상 그룹에 관해 알고 있는 정보가 아무것도 없으면 운영체제와 하드웨어에 특화된 모바일 플랫폼의 기능이 무엇인지 확인하고, 유사한 앱을 통해 정보를 수집한다. 잠재적인 사용자 정보를 모으기 시작하는 데 이만큼 적절한 것도 없다.

앱의 요구사항과 기능 목록, 대상 그룹에 관한 지식에 근거해 테스트와 테스트 범위 설정에 필요한 구체적인 질문을 던질 수 있다.

- 심각한 버그를 먼저 발견하는 것이 우선인가?
- 일반적인 사용자 시나리오만 가지고 테스트하는가?
- 어떤 모바일 플랫폼에서 테스트를 수행해야 하는가?
- 고객이 사용하는 네트워크는 무엇인가?
- 앱에서 정기적으로 변경되는 부분이 있는가?
- 릴리스 날짜(마감일)가 정해져 있는가?
- 릴리스 관련 로드맵이 있는가?

질문할 때는 망설이지 말아야 한다. 위에 나오는 질문은 매우 중요한데, 여기서 나오는 답변이 다음 번 테스트 업무의 우선순위를 정할 때 필요하기 때문이다. 테스트 전략을 세우기 전에 이런 질문을 하지 못했다고 해서 걱정할 필요는 없다. 생각날 때마다 찾아가서 물어볼 수 있다면 그것으로 충분하다.

다음에 할 일은 조직 내 개발 환경 정보를 수집하는 것이다. 개발과 테스트를 하나로 엮는 도구가 무엇인지 알아야 한다. 지속적인 통합 서버를 사용하고 있는가? 빌드는 어떤 도구를 사용하는가? 어떤 백엔드 기술로 모바일 앱에서 보내는 요청을 처리하는가? 이런 정보와 함께 운영 환경의 내부 아키텍처도 반드시 알고 있어야 한다.

다음 질문에 답하면서 필요한 정보를 수집할 수 있다.

- 개발 관련 도구는 무엇이 있는가?
- 반드시 공통으로 사용해야 하는 빌드 파이프라인build pipeline이 있는가?
- 프로젝트에서 사용하는 지속적인 통합 서버는 무엇인가?
- 모바일 앱을 빌드할 때 어떤 도구를 사용하는가?
- 모바일에서 보내는 요청을 처리할 때 어떤 기술을 사용하는가?
- 모바일 팀이 보유하고 있는 기술은 무엇이 있는가(사용할 수 있는 프로그래밍 언어 등)?
- 테스트용 모바일 기기는 몇 대인가?
- 운영 환경에서 사용하고 있는 도구와 기술에는 무엇이 있는가?
- 예상하는 사용자 수는 몇 명인가?

질문에 답하다 보면 테스트 자동화 도구 선정 같은 문제를 팀에서 보유한 능력을 기반으로 쉽게 해결할 수 있고, 테스트 레벨과 기법을 정의할 때도 도움을 받을 수 있다. 즉, 물음에 대한 대답이 프로젝트에 연관된 모든 기술을 개략적으로 정리한 첫 번째 자료가 된다. 개발 환경과 테스트 환경, 운영 환경에 대한 정보는 프로젝트에서 테스트를 조정할 때 매우 중요한 역할을 한다.

> **중요** 요구사항과 기능 목록 수집을 통해 테스트 전략에 유용한 정보를 얻을 수 있으므로 수집 활동은 매우 중요하다. 이런 정보를 활용해 테스트 활동을 계획하고 테스트 범위를 정의할 수 있다.

테스트 범위

요구사항을 정의했으면, 테스트 범위에 대한 구체적인 내용을 테스트 전략에 명시할 수 있다. 모든 조합의 하드웨어와 소프트웨어를 대상으로 앱을 테스트할 수는 없다. 따라서 처음에는 테스트 범위를 줄여 중요한 부분에 집중해야 한다.

테스트 범위를 결정하는 방법에는 다음 네 가지가 있다.

- 한 대의 기기로 범위 제한
- 여러 대의 기기로 범위 제한
- 가능한 한 많은 기기의 사용
- 유스케이스의 범위 제한

한 대의 기기로 범위 제한

이 방법은 하나의 모바일 기기에 집중해 테스트를 수행한다. 이런 접근법은 앱에서 특정 기기 하나만을 지원하거나 프로젝트 기간이 짧을 때 사용하는 방식이다. 시간의 압박을 받고 있으면 고객 그룹에서 가장 많이 사용하는 기기를 선택해 이동통신 사업자의 네트워크와 Wi-Fi 환경에서 테스트할 수 있다. 다른 접근법으로는 하드웨어 명세보다 사양이 한 단계 낮은 기기 그룹에서 하나를 선택하는 방법이 있다. 테스트 차원에서 고의로 문제점을 유발하는 것인데, 이렇게 하면 최신 기기에서 테스트하는 것보다 성능 이슈 등을 비롯해 좀 더 많은 버그와 문제점을 찾을 수 있다.

하지만 모바일 앱에서 한 대의 기기로 범위를 제한하는 방식은 프로젝트, 혹은 회사 전체를 곤경에 처하게 만들 수 있는 위험한 방법이다. 다른 기기에서 발생하는 심각한 버그를 모르고 지나칠 수 있고, 이로 인해 사용자로부터 좋지 않은 앱스토어 평점을 받게 될지도 모른다. 보통은 사내에서 내부 사용을 목적으로 한 종류의 기기만 지원할 때가 이렇게 접근해야 하는 경우다. 그렇지만 전체 테스트 프로세스를 건너뛰는 것보다 한 대의 기기에서라도 테스트를 수행하는 것이 더 낫다.

여러 대의 기기로 범위 제한

이 방법은 한 대에서 여러 대까지 기기를 늘려 테스트하거나 다수의 모바일 플랫폼을 범위로 한다. 대상 그룹에 따라 플랫폼과 테스트 기기를 선택한 다음, 3장의 '모바일 기기 분류' 절에서 설명한 방법대로 기기 그룹을 나눈다. 대상 그룹에 관해 알고 있는 정보가 아무것도 없으면 인터넷 검색으로 플랫폼별 사용 현황과 여러 가지 정보를 알아낼 수 있는데, 집중해야 하는 플랫폼과 기기를 고를 때 여러모로 도움이 된다.

유용한 정보가 많은 사이트가 하나 있는데, 구글에서 서비스하는 'Our Mobile Planet'[1]이라는 웹 페이지다. 여기에서 국적, 나이, 성, 사용자 패턴, 연도별 사용 패턴 등 많은 정보를 얻을 수 있다.

가능한 한 많은 기기의 사용

이번에는 가능한 한 많은 수의 기기와 플랫폼에 집중하는 방법이다. 이 접근법은 전 세계 사용자를 대상으로 플랫폼, 기기, 네트워크, 대상 그룹에 제한을 두지 않고 가능한 한 많은 사용자에게 다가갈 수 있는 매스 마켓^{mass market}을 목표로 할 때 사용한다. 매스 마켓을 대상으로 하는 앱 테스트는 매우 힘든데, 앱이 동작하지 않는 하드웨어와 소프트웨어의 조합이 존재하기 마련이고 사전에 찾아내기란

---

1   http://think.withgoogle.com/mobileplanet/en/

거의 불가능하기 때문이다. 위험 요소를 제거하려면 가능한 한 많은 기기에서 테스트하는 방법밖에는 없다.

이런 접근법은 많은 조사 결과와 모바일 기기의 사용 패턴, 플랫폼, 운영체제 버전에 관한 최신 통계 자료가 필요하다. 다양한 이동통신 네트워크와 세계 곳곳의 연결 속도에 관한 정보도 필요하다.

필요한 정보를 수집했으면 자체 테스트와 클라우드 테스트, 크라우드 테스트의 조합으로 매스 마켓 조건에 적합한 테스트 방법을 찾을 차례다. 자체 리소스와 보유 기기로 하는 테스트는 범위도 제한적이고 비용도 높다는 점을 유념해야 한다.

유스케이스의 범위 제한

하드웨어의 범위를 제한해 업무의 양을 줄이는 것과 함께 유스케이스$^{use\text{-}case}$도 선택적으로 사용하면 업무 부담을 덜 수 있다. 이런 방식으로 앱의 특정 부분이나 기능에 집중해 도움말 확인 같은 사소한 부분, 또는 극단적인 테스트 등 상대적으로 중요도 낮은 부분에 쏟는 시간을 아낄 수 있다. 대부분의 프로젝트가 기간의 압박을 받고 있다. 따라서 반드시 테스트해야 하는 부분과 하지 않을 부분을 구분해 테스트 범위를 정하는 것이 매우 중요하다. 테스트 범위를 테스트 전략에 명시하고, 이렇게 선택한 근거와 해당 유스케이스를 기술한다. 시간이 충분하면, 덜 중요한 부분도 당연히 테스트해야 한다.

다음과 같은 테스트 범위 설정이 테스트 전략 수립에 필요할 것이다.

- 프로젝트에서 사용하는 테스트 접근법은 무엇인가?
- 여러 접근법을 조합해 앱의 특정 부분에 적용할 수 있는가?
- 해당 접근법을 선택한 이유는?
- 요구사항과 핵심 유스케이스는 무엇인가?

테스트 레벨과 테스트 기법 정의

요구사항과 범위를 정했으면, 프로젝트에서 사용할 테스트 레벨과 테스트 기법을 생각해봐야 한다. 4장, '모바일 앱 테스트'에서 전통적인 테스트 방법으로 살펴본 품질 보증 방안을 통해 모바일 앱의 테스트 레벨과 기법 도출에 많은 도움을 받을 수 있다.

테스트 레벨

5장, '모바일 테스트 자동화와 관련 도구'에서 확인할 수 있듯이, 개발 프로세스의 화두가 일반 소프트웨어에서 모바일로 점차 이동하고 있다. 5장에 나오는 '모바일 테스트 피라미드'를 보면 단위 테스트 레벨이 차지하는 면적은 E2E$^{end-to-end}$ 테스트, 베타 테스트, 수동 테스트 중에서 가장 작다.

대부분의 소프트웨어 개발 프로젝트에서 단위 테스트에 대한 책임은 개발자에게 있는데, 모바일 앱 프로젝트도 예외는 아니다. 모바일 테스터는 통합 테스트를 포함해 E2E 테스트 자동화를 수행한다. 하지만 품질에 대한 책임은 팀 구성원 모두에게 있다는 공감대를 가지고 테스터를 적극적으로 지원해야 한다.

몇 차례 언급했듯이, 수동 테스트는 모바일 프로젝트에서 매우 중요한 부분이며 테스트 레벨에서도 자신만의 영역을 분명히 하고 있다. 수동 테스트를 중요하게 취급하는 레벨이 더 있는데 인수 테스트$^{acceptance\ test}$, 알파 테스트, 베타 테스트가 그렇다. 사용자 인수 테스트는 모바일 앱이 요구사항을 모두 만족하는지 확인하는 과정으로 진행된다. 인수 테스트는 주로 테스터나 프로덕트 매니저, 고객이 수행한다.

대부분의 개발 프로젝트에서 알파 테스트와 베타 테스트는 테스트 전략의 일부로 반드시 들어가야 할 테스트 레벨이다. 기능이 구현될 때마다 테스터는 테스트를 통해 초기 피드백을 수집해야 한다. 알파 테스트가 불가능해서 고객의 피드백을 받을 수 없는 상황에서는 사내 테스트를 통해서라도 개발 팀이 아닌 외부의 조언을 얻을 기회를 마련해야 한다.

모바일 앱의 성숙도가 어느 정도 수준에 도달하면, 예를 들어 모든 기능이 구현되었거나 한두 개의 버그만 발견되었을 때가 베타 버전 배포 도구나 크라우드 테스트를 사용한 베타 테스트를 고려해볼 시점이라 할 수 있다. 테스트 기간을 끝내고 다음 단계로 넘어가는 기준 역시 테스트 전략에서 문서화해야 한다.

모바일 개발 프로젝트에서 사용하는 일반적인 소프트웨어 테스트 레벨은 다음과 같다.

- 자동화 테스트
  - 단위 테스트
  - E2E 테스트(통합 테스트 포함)
- 수동 테스트
  - 인수 테스트
  - 알파 테스트
  - 베타 테스트
- 리그레션 테스트

테스트 레벨을 정의했으면, 기능적인^{functional} 관점과 비기능적인^{nonfunctional} 관점으로 각 레벨에서 강도 높게 수행할 테스트를 정의해야 한다. 한 가지 유념할 점은 모든 종류의 테스트를 각 레벨에 전부 집어넣을 필요는 없다는 것이다.

애플리케이션의 현재 상태를 측정하는 메트릭^{metric}을 정의하면 여러모로 도움이 되는데, 다음과 같은 지표를 고려해볼 수 있다.

- 기능에 해당하는 단위 테스트가 적어도 하나는 있어야 한다.
- 기능에 해당하는 E2E 테스트가 적어도 하나는 있어야 한다.
- 정적 분석을 했을 때 경고나 에러가 없어야 한다.

기능 테스트는 다음을 포함해야 한다.

- 모바일 앱의 기능을 식별한다.
- 기능 요구사항을 넘어 다양한 부분을 테스트한다.
- 테스트 케이스를 만들고 테스트를 수행한다.
- 명세^{specifications}에 근거해 테스트 입력 값을 만든다.
- 실제 결과와 기대 결과를 비교한다.

비기능 테스트는 다음을 포함해야 한다.

- 부하 테스트
- 성능 테스트
- 사용성 테스트
- 보안 테스트
- 이식성^{portability} 테스트
- 접근성^{accessibility} 테스트
- 국제화/현지화 테스트

다음에서 얻은 테스트 레벨에 대한 정보는 테스트 전략에서 사용할 수 있다.

- 프로젝트에서 사용할 테스트 레벨은 무엇이고, 선택한 이유는 무엇인가?
- 기능 테스트와 비기능 테스트에서 사용하는 테스트 레벨은 무엇인가?
- 자동화 테스트 레벨을 정의하고 기술한다. 단위 테스트가 필요한 부분과 E2E 테스트 자동화 도구를 적용할 부분은 어디인가?
- 기능 구현이 특정 수준에 도달해 알파 테스트와 베타 테스트가 가능한 시점을 정의하고 기술한다.
- 프로젝트와 연관된 메트릭을 정의하고 기술한다.

테스트 기법

4장에서 설명한 품질 보증 방안을 이용해 테스트 기법과 방법을 정의할 수 있다. 다양한 관점에서 모바일 앱을 테스트하려면 정적인 접근과 동적인 접근을 모두 고려해야 한다.

앞서 설명했듯이 정적 테스트는 정적 분석 도구를 사용해 코드의 버그와 문제점을 발견하는데, 여기서 기억할 점은 코드를 실행하지 않는다는 것이다. 덧붙여서 모든 프로젝트 문서는 리뷰를 통해 완벽함을 추구해야 한다.

동적 테스트 접근법과 함께 화이트박스와 블랙박스 테스트 기법을 사용해 앱 테스트를 해야 한다. 화이트박스 테스트는 개발자가 수행하며 다음 내용을 포함한다.

- 구분 커버리지^{Statement coverage}
- 경로 커버리지^{Path coverage}
- 브랜치 커버리지^{Branch coverage}
- 결정 커버리지^{Decision coverage}
- 제어 흐름 테스트^{Control flow testing}
- 데이터 플로우 테스트^{Data flow testing}

블랙박스 테스트는 다음 내용으로 테스터가 수행한다.

- 동등 분할 클래스^{Equivalence classes}
- 경계 값 분석^{Boundary value analysis}
- 결정 테이블^{Decision tables}
- 상태 전이^{State transitions}
- 원인 결과 그래프^{Cause-effect graph}

개발자도 단위 테스트 레벨에서 경계 값과 상태 전이를 적용해 단위 테스트가 각기 상황을 올바르게 처리하고 있는지 확인할 수 있다.

테스트 전략은 누가 어떤 테스트 기법을 사용하는지도 포함한다.

여기서 언급한 기법 외에도 탐색적 테스트^{exploratory testing}나 리스크 기반 테스트^{risk-based testing}를 사용해 테스트를 조직화하고 업무를 줄일 수 있다.

> **중요** 기능과 요구사항을 기반으로 모바일 앱의 테스트 레벨을 정의한다. 테스트 방법과 기법 정의는 품질 보증 방안을 참고한다.

다음에 나오는 테스트 기법에 관한 내용이 테스트 전략을 채워줄 것이다.

- 프로젝트에서 사용할 테스트 기법은 무엇이고, 선택한 이유는 무엇인가?
- 테스트 기법의 사용 순서를 정의하고 설명한다. 예를 들어, '정적 분석과 문서 리뷰 이후에는 화이트박스 테스트, 블랙박스 테스트, 전체 팀을 수반하는 탐색적 테스트 세션이 뒤따른다.'라는 식이다.
- 다양한 테스트 기법을 사용할 팀 구성원은 누구인가?
- 인수 테스트, 탐색적 테스트, 알파 테스트, 베타 테스트 등의 테스트 프로세스

를 정의하고 설명한다.

- 화이트박스 테스트와 블랙박스 테스트에서 사용할 테스트 종료 조건^{exit criteria}을 정의하고 설명한다. 예를 들어, '화이트박스 테스트는 80%의 브랜치 커버리지를 만족하는 것을 종료 조건으로 한다.'라는 식이다.

테스트 데이터

대부분의 앱이 데이터를 처리하고 생성하는 과정을 거쳐 네트워크를 통해 백엔드 시스템으로 보내는데, 이렇게 전송된 데이터는 모바일 앱마다 그 특성도 다르고 요구사항과 복잡도가 제각각이다. 모바일 테스트 전략에는 이런 테스트 데이터에 관한 내용이 담겨야 한다. 테스트 데이터는 앱 기능과 요구사항에 따라 가능한 한 현실적으로 정의하는 것이 중요하다.

다양한 종류의 테스트 데이터를 세 가지로 분류해봤다.

- 설정 값 데이터
  모바일 앱이나 백엔드 시스템에서 사용하는 설정 값을 의미한다. 예를 들어, 룰 엔진에서 의사결정 규칙이나 데이터베이스, 방화벽 설정 값이 될 수 있다.
- 안정된 데이터
  변경 빈도가 낮거나 변경 주기가 긴 데이터를 의미한다. 일반적으로 사용자 이름과 비밀번호 같은 고객 정보나 제품 정보가 여기 해당한다.
- 임시 데이터
  이런 종류의 데이터는 계속해서 변경된다. 즉, 일회성으로 사용할 수 있거나 앱이 동작하고 있을 때 생성되는 것들인데, 예를 들어 결제 정보나 상품권 정보가 여기에 해당한다.

테스트 데이터에 관한 요구사항이 명확하면, 데이터 관리 방안을 찾아 필요할 때 꺼내 쓰면서 데이터 초기 상태로 되돌릴 수 있다. 데이터 관리 방안의 하나로 데이터베이스를 활용하는 방법이 있는데, 개발과 테스트에서 저장된 정보를 사용할 수 있도록 하는 것이다. 이렇게 하면 수동 테스트나 자동화 테스트에도 데이터베이스에 있는 정보를 사용할 수 있는 장점이 있다. 아니면 테스트 데이터 관리 도구로 데이터를 조직화할 수 있다.

데이터 초기화와 재생성 과정이 끝났으면, 가능한 한 빨리 새로운 데이터를 만들어 개발자와 동료가 데이터를 사용할 수 있도록 한다.

앱의 종류에 따라 테스트 데이터가 많이 필요할 수 있다. 이런 경우에는 데이터를 자동으로 만들어주는 데이터 생성기generator가 제격이다. 데이터 생성기를 사용한다면, 생성기의 기능과 필수 파라미터 사용법을 문서화해야 한다.

테스트 데이터를 프로젝트에서 활용하고 있으면, 새로운 기능이나 변경이 발생한 부분에도 계속 같은 데이터를 적용할 수 있는지 주기적으로 확인해야 한다. 오래된 기능은 개선되고 테스트 데이터의 요구사항도 따라 변한다. 결국, 테스트 전략은 테스트 데이터 업데이트 과정에서 해야 할 일, 작업의 시작 등이 담긴 업데이트 프로세스로 전략을 구체화해야 한다. 최근에 발생한 버그가 예전 버전에서 어떻게 나타나는지 확인하기 위해서는 테스트 데이터 관리에 관한 전략을 정의하면 좋다.

다음의 테스트 데이터 정보는 테스트 전략의 일부로 녹아들어야 한다.

- 테스트 데이터는 어떻게 만드는가?
- 테스트 데이터를 어디에 저장하고 관리하는가?
- 문서는 어떻게 관리하는가? 테스트 결과와 테스트 데이터를 함께 관리하는가?
- 얼마나 자주 테스트 데이터를 업데이트하는가?
- 테스트 데이터 관리자는 누구인가?

대상 기기와 테스트 환경의 선택

기능 목록과 요구사항, 테스트 레벨, 테스트 기법, 테스트 데이터까지 테스트 전략에 관해 설명했으니, 이제는 테스트 환경과 대상 기기를 이야기할 차례다. 테스트 기기나 모바일 웹 브라우저를 그룹으로 묶는 것이 제일 나은 선택이라고 3장에서 이미 설명했다. 모바일 기기 그룹을 만들기 위해서는 대상 고객 그룹과 사용자 시나리오에 관한 정보가 필요하다. 정보를 수집할 때는 이번 장에서 설명하고 있는 테스트 범위를 염두에 둬야 한다.

기기 그룹을 정했으면 테스트에 사용할 기기를 그룹에서 선택해야 하는데, 적어도 한 개 이상의 기기를 선택하는 것이 좋다. 권장하는 기기의 수는 그룹당 최소 다섯 개 이상을 선택해 다양한 규격form factors과 화면 크기로 폭넓은 하드웨어와 소프트웨어의 조합을 만드는 것이다. 이렇게 테스트 기기를 선택한 이유도 기록으로 남겨야 한다.

테스트에 사용할 기기를 결정했으면, 기기를 구매하거나 대여해야 한다. 기기를 전부 구매하는 건 비용이 많이 들기 때문에 현명한 선택이 아니다. 비용을 아낄 적절한 방법으로 온라인 경매auctions를 통한 조달 방법이 있는데, 대부분이 테스트에 부족함이 없을 정도로 외관 상태가 괜찮다.

구매하는 방법이 여의치 않으면, 기기를 대여하면 된다. 3장에서 이미 설명했는데, 일정 기간 필요한 기기를 대여해주는 모바일 디바이스 랩 업체가 여럿 있다. 업체를 통해 기기의 원래 가격과 기기 대여료를 확인한다. 장기 임대를 해야할 상황이면 오히려 기기 대여가 구매하는 것보다 더 비쌀 수 있다.

다른 대안으로는 무료로 기기를 빌릴 수 있는 오픈 디바이스 랩Open Device Labs2을 고려할 수 있다. 주위에 오픈 디바이스 랩이 있는지 찾아보기를 권한다. 좀 더 융통성 있게 기기를 사용하려면 사내에서 수소문하거나 필요한 기기를 사용하고 있는 지인을 통해 잠깐 빌려 쓴다.

테스트 기기에 관한 전략을 구체화했으면, 테스트 환경을 고려해야 한다. 데이터베이스, 결제 시스템, API, 모바일 프로젝트와 관련된 기타 시스템의 아키텍처를 알고 있어야 한다. 시스템 정보가 있으면, 테스트 환경에서 사용할 수 있는지 확인한 후 운영 환경인 것처럼 테스트를 수행할 수 있다. 테스트 전략에 강도 높은 테스트나 이동 중에 하는 테스트가 있으면, 여기에 맞는 추가 요구사항이 필요하다. 이때 테스트 환경은 회사 네트워크 외부에서 접근이 가능해야 한다.

다음은 대상 기기와 테스트 환경에 관한 내용으로, 테스트 전략의 일부를 이루는 것들이다.

---

2 http://opendevicelab.com/

- 테스트에 사용할 기기는 무엇인가?
- 테스트 기기가 필요한 이유는 무엇인가?
- 사내에서 사용할 수 있는 기기가 준비되어 있는가?
- 테스트 기기를 선택한 이유는 무엇인가?
- 테스트 기기와 테스트 환경에 관한 요구사항은 무엇인가?
- 모바일 기기의 업데이트 정책이 있는가?
- 새로운 기기는 어느 시점에 개발 프로세스와 테스트 프로세스에 통합되는가?
- 시스템의 사용자 시나리오는 무엇인가?
- 백엔드 시스템은 어떻게 구성되어 있는가?
- 테스트 환경이 실제 운영 환경과 유사한가?
- 외부 네트워크에서 테스트 목적으로 테스트 환경에 접근이 가능한가?

수동 테스트와 와일드 테스트

앞에서 살펴봤듯이, 모바일 테스트는 실제 환경에서 하는 수동 테스트가 매우 많다. 1장, '모바일 테스트만의 특별함'에서 언급했던, 스키 마니아를 대상으로 만든 앱의 경우를 생각해보자. 이 앱의 테스트는 산 정상으로 올라가 실제 기후 조건에서의 동작을 확인해야 하는 수고가 필요했다.

수동 테스트는 모바일 앱에서 반드시 필요하며, 이동이 필요한 테스트에서 불필요하게 시간을 빼앗기지 않으려면 미리 계획을 세워야 한다. 공통으로 수행하는 사용자 시나리오는 따로 분리해놓는 것도 필요하다. 공통 시나리오는 테스트 전략에 기술하고 프로젝트 우선순위와 중요도에 따라 등급을 매긴다.

테스트 경로route는 버스 안이나 기차, 자동차, 비행기, 걷는 중 등으로 나눌 수 있는데, 테스트로 확인할 수 있도록 시나리오를 기술한다. 테스트 경로를 통해 실제 모바일 사용자가 출근하거나 여행지에서 돌아다니는 경로를 가정하고 테스트를 수행할 수 있다.

마지막으로 중요한 내용은 대상 그룹에 근거한 데이터 네트워크 시나리오다. 대상 그룹에 관한 정보를 수집했으면 거주지 정보와 4G, 3G 같은 사용하는 네트워크를 알아낼 수 있다. 이런 정보를 기반으로 테스트에 제한을 둘 수 있지만, 다양한 통신망에서 테스트가 필요함을 잊어서는 안 된다.

다음은 사용자 시나리오로 사용할 수 있는 몇 가지 예시다.

- 해가 드는 야외나 실내에서 기능별 테스트를 수행한다.
- 다양한 기후 조건에서 앱을 사용할 수 있는지 테스트한다.
- 앱이 백그라운드에서 동작하고 있을 때, 이메일, 채팅, 뉴스 앱 등 여러 개의 앱을 실행해 어떤 영향을 미치는지 확인한다.

다음은 경로 시나리오로 사용할 수 있는 예시다.

- 기차나 버스, 자동차로 이동 중일 때 앱을 사용한다.
- 달리는 중에 앱을 사용하면서 센서의 반응을 확인한다.
- 도심지나 교외에서 걸어 다니며 앱을 사용하고, GPS 등의 센서를 확인한다.

데이터 네트워크 시나리오는 다음과 같다.

- 4G나 3G 같은 네트워크에서 앱의 동작을 확인한다.
- 4G에서 3G나 2G로 넘어갔을 때 앱의 반응을 확인한다.
- 패킷packet 손실이나 네트워크 신호를 잡지 못할 때 앱의 반응을 확인한다.

와일드 테스트in-the-wild testing는 매우 활발한 움직임이 필요한, 앱 개발에서 피할 수 없는 도전 과제다. 테스트할 시간이나 실제 환경을 가정한 시나리오가 없다면 자체적인 테스트와 함께 크라우드 테스트를 고려해보는데, 6장, '크라우드 테스트와 클라우드 테스트'에서 확인한 크라우드 테스트의 장단점은 확실히 숙지하고 있어야 한다. 크라우드 테스트의 도입으로 프로젝트 계획과 조율, 예산 문제 등이 영향을 받을 수 있다.

와일드 테스트에서 테스트 케이스와 시나리오는 절차를 세밀하게 작성하되, 복잡하게 만들지는 않는다. 이동 중에는 테스트 케이스를 들여다볼 노트북이 없고, 실제를 가정한 테스트 시나리오와 사용자 시뮬레이션도 아무런 소용이 없으므로 비효율적이다. 와일드 테스트를 수행할 때는 수많은 기기를 담은 가방을 메고 다닐 수도 있다. 이런 상황에서 시나리오를 사용해야 한다면, 짧고 효과적인 내용으로 준비해 이동 중에도 사용할 수 있도록 한다. 추천하는 방법은 출력물을 사용하거나 문서 한 장으로 만들어 단번에 읽고 기억하는 것이다.

다음은 테스트 전략으로 사용할 수 있는 와일드 테스트의 예다.

- 사용자 시나리오를 정의하고 설명한다.
- 와일드 테스트 시나리오를 정의하고 설명한다.
- 테스트에 사용할 다양한 네트워크를 정의하고 설명한다.

모바일 체크리스트와 투어

테스트 전략에는 모바일 체크리스트와 모바일 투어^{tours}를 추가할 수 있다. 4장에서 설명했듯이, 체크리스트는 자동화할 수 없거나 수시로 변경되는 부분을 기억하기 위해 매우 중요하다. 앱의 요구사항과 기능을 알고 있다면 테스트가 필요한 부분도 알고 있을 것이다. 이럴 때는 해당 기능을 테스트 전략의 일부로 체크리스트에 추가해두는 것이 적절하다.

특별한 기능에 집중하기 위해서는 테스트 투어를 정의하는 것이 유용할 수 있다. 셈 카너$^{Cem Kaner}$[3]는 투어에 대해 '제품의 탐험'이라고 설명한다.

모바일 테스트에서 투어를 통해 앱을 탐험하듯 살펴보며 동작하는 방식을 이해할 수 있는데, 이렇게 테스트하는 동안 새로운 테스트 아이디어가 갑자기 떠오르기도 한다. 4장으로 돌아가 기억법과 함께 투어에 대한 내용을 상기해보자.

다음은 테스트 투어의 예시다.

- 기능 투어$^{Feature tour}$: 가능한 모든 기능을 탐험하고 테스트한다.
- 설정 투어$^{Configuration tour}$: 설정할 수 있는 모든 부분을 탐험하고 테스트한다.
- 제스처 투어$^{Gesture tour}$: 할 수 있는 모든 제스처를 사용해 화면 위에서 일어나는 다양한 입력 처리를 확인한다.
- 화면 모드 투어$^{Orientation tour}$: 가로 모드에서 세로 모드로 전환하거나 그 반대로 하면서 문제가 발생하지 않는지 확인한다.

나는 실제 프로젝트에 다음과 같은 모바일 연상 기호를 사용한다.

3　http://kaner.com/?p=96

- FCC CUTS VIDS (http://michaeldkelly.com/blog/2005/9/20/touringheuristic.html)

- I SLICED UP FUN (www.kohl.ca/articles/ISLICEDUPFUN.pdf)

다음의 모바일 체크리스트와 투어 정보가 테스트 전략의 일부로 들어갈 수 있다.

- 프로젝트에서 사용할 체크리스트는 무엇이고, 선택한 이유는 무엇인가?
- 사용하고 있는 체크리스트와 투어를 기술한다.
- 체크리스트와 투어를 사용할 시점과 담당자를 기술한다.

테스트 자동화

테스트 자동화도 모바일 테스트 전략의 일부다. 모바일 앱과 라이프 사이클에 따라 테스트 자동화가 필요 없을 수 있는데, 이런 경우 자동화가 불필요한 이유를 문서에 기록해야 한다.

반대로 테스트 자동화를 적용해야 하는 경우에는 가능한 한 빨리 자동화 방법과 도구 선정에 관한 고민을 시작해야 한다. 5장에 나왔던 테스트 자동화가 추구하는 다양한 콘셉트와 장단점을 떠올려보자. 도구는 현재 프로젝트 상황에 가장 잘 맞는 것을 고르거나 사용 경험 여부, 프로그래밍 언어의 숙달 정도, 이미 구축된 환경 등을 고려해 선택하면 된다. 이 정도 범위에서 선택하는 것이 시간과 비용을 아끼는 길이다.

테스트 전략에 모바일 테스트 자동화 도구를 설명하고 프로젝트에 도입한 이유를 기술한다. 여기에 기록한 기능과 요구사항을 기반으로 자동화할 부분과 필요 없는 부분을 정의할 수 있다. 다음은 자동화 테스트를 수행하는 기기와 테스트 환경을 기술해야 한다.

모바일 앱 프로젝트는 모든 테스트를 실제 기기에서 수행할 수 없으므로 실제와 가상의 기기 사이에서 적절한 균형점을 찾아야 한다. 실제와 가상 기기의 혼합이 비용적인 측면에서도 더 효율적이다.

기기를 선택하고 자동화 환경을 정의했으면, 테스트 스위트suite도 공통된 기능과 요구사항에 따라 자동화 테스트 케이스 그룹으로 정의하는 것이 좋다. 테스트 스위트의 생성으로 테스트를 수행해야 하는 시점과 수행 빈도도 결정할 수 있다. 예를 들어, 코드 저장소로 커밋한 내용이 전체 시스템을 깨뜨리는지 확인할 목적으로 일부 자동화 테스트를 포함하는 스모크 테스트^smoke test^ 스위트를 정의할 수 있다. 스모크 테스트 스위트는 작게 만들어 코드 변경이 있을 때마다 수행하면서 피드백을 개발자에게 신속히 전달할 수 있어야 한다.

다음은 테스트 스위트 예시다.

- 기본 기능을 확인하고 빠르게 피드백할 수 있을 정도의 테스트 스크립트로 이루어진 스모크 테스트 스위트
- 중간 테스트 스위트나 특별한 기능만 확인하는 테스트 스위트
- 하루 한 번이나 매일 저녁에 수행하는, 전체 테스트 스크립트가 포함된 리그레션 테스트 스위트
- 가입이나 체크아웃 같은 사용자 시나리오만 포함된 테스트 스위트

테스트 스위트는 빠른 피드백과 테스트 커버리지 확장의 기로에서 균형점을 찾을 수 있는 좋은 방법이다.

테스트 스위트가 있다면 사용 시점을 정의해야 한다. 가령 '스모크 테스트 스위트는 개발자 커밋이 끝나고 매번 수행한다.', '일반 테스트 스위트는 2시간에 한 번씩 수행한다.', '전체 리그레션 테스트 스위트는 매일 저녁 수행해야 한다.'라는 식이다.

사용 시점과 함께 테스트 자동화를 수행할 환경도 정의해야 한다. 변경사항을 저장소에 푸시하기 전에 단위 테스트를 수행하는 개발자 로컬 환경이 답이 될 수 있겠다. 단위 테스트와 E2E 테스트는 CI 서버에서 수행할 수 있다.

다음의 테스트 자동화 관련 항목이 테스트 전략의 일부로 들어갈 수 있다.

- 빌드 프로세스에 CI 서버가 사용되고 있는가?
- 사용하고 있는 CI 서버의 종류는 무엇이고, 선택한 이유는 무엇인가?
- 테스트 자동화를 수행하는 데 사용하는 테스트 환경은 무엇인가?
- 프로젝트에서 사용하고 있는 테스트 자동화 도구는 무엇인가?
- 테스트는 실제 기기와 가상의 기기에서 수행되는가?
- CI 서버에 연결된 기기는 무엇이고, 선택한 이유는 무엇인가?

- 클라우드 업체를 통해 테스트 자동화를 수행하고 있는가?
- 테스트 스위트와 그룹을 정의하고 설명한다.
- 다양한 조건의 빌드 트리거와 반복 횟수를 정의하고 설명한다.
- 다양한 테스트 자동화 스위트가 동작하는 환경을 정의하고 기술한다. 예를 들어, 개발자 로컬 환경이나 CI 서버를 사용하는 식으로 정의하면 된다.

프로덕트 리스크

모든 프로젝트는 각기 다른 리스크에 노출되기 마련이다. 프로젝트 리스크와 기능 리스크를 구분하는 것은 매우 중요하고, 이런 과정을 거친 후 비로소 해결책을 정의할 수 있다. 먼저 리스크의 발생 가능성과 영향도를 생각해보자. 프로덕트 리스크product risks가 명확하면 기능 정의와 구현, 테스트에 사용하는 리스크 분석 기법을 적용할 수 있다.

다음의 프로덕트 리스크 정보는 테스트 전략의 일부로 포함될 수 있다.

- 비즈니스 영역에서 중요한 부분은 어디인가?
- 프로덕트 리스크의 발생 가능성은 어느 정도인가?
- 비즈니스 크리티컬business-critical한 부분은 어떤 방법으로 테스트하는가?
- 크리티컬한 문제가 발생했을 때 잠재적으로 영향받을 수 있는 것은 무엇인가?
- 기능 리스크 분석은 어떻게 수행하는가?
- 재난 대비 계획이 준비되어 있는가?

> **중요** 모바일 테스트 전략 수립은 대단히 많은 정보를 다뤄야 하는 일이라 결코 쉽지 않다. 개발 과정에서 프로덕트의 기능이나 우선순위의 변경으로 전략이 수정될 필요도 있다.

모바일 런칭 전략

모바일 테스트 전략이 중요한 것과 마찬가지로 모바일 런칭 전략을 기술하는 것도 매우 중요하다. 앱을 런칭하는 일은 결코 쉬운 과정이 아니며 런칭 시점을 전후로 여러 문제가 튀어나올 수 있다. 이번 절은 모바일 앱 런칭 전후의 활동에 관한 내용이다.

런칭 전: 릴리스 관련 자료 확인

앞서 4장에서 언급했듯이, 릴리스용 체크리스트를 만들어 검토 항목이 모두 올바른지 확인해야 한다. 앱스토어에 앱을 등록하기 전에는 업데이트 테스트와 설치 테스트도 필요하다.

앱스토어에 앱을 올리기 전에 수행하는 테스트는 앱 자체에만 한정 지어서는 안 된다. 런칭 전략은 새로운 릴리스에 앞서, 백엔드 서비스 테스트를 어떻게 수행할 것인지 대략적인 내용을 담고 있어야 한다.

다음과 같은 질문을 스스로에게 해보자. "새 버전은 새로운 백엔드 서비스나 API 호출이 필요한가?" 그렇다고 답하는 경우, 새로운 서비스나 API 호출이 이미 백엔드 시스템에서 동작하고 있는지 확인해야 한다. 그렇지 않으면, 앱스토어 등록이 거절될 수도 있다. 백엔드 서비스를 사용할 수 있으면, 새 기능과 기존 기능을 운영 환경에서 최종 확인한다.

앱을 런칭할 준비가 되었으면 릴리스 노트와 앱스토어의 소개란에 추가할 기능 설명서를 검토한다. 새로운 기능과 기존 기능을 비교해가며 처음부터 끝까지 설명서를 읽어본다. 릴리스 노트는 새로운 기능에 관한 내용을 적는 것이 중요한데, 무엇보다 사용자에게 내용을 잘 전달할 수 있도록 기술해야 한다. 릴리스 노트와 앱 소개에서 지원하는 언어만큼은 반드시 제공해야 한다.

스크린샷을 확인하는 것도 잊어서는 안 된다. 스크린샷에 나와 있는 언어는 릴리스 노트에서 사용하는 언어와 같아야 하고 이전 스크린샷의 크기와 같아야 하며 시간, 배터리, 네트워크 아이콘의 상태가 표시된 상태바의 것과 같아야 한다.

그림 7.1과 그림 7.2는 올바르지 않은 스크린샷의 예다. 같은 앱이지만, 상태바에 있는 아이콘이 각기 다르다.

앱스토어에 올리는 스크린샷은 상태바의 모습까지 신경 쓰면서 일관된 룩앤필로 전문성 있는 기업의 이미지를 심어줘야 한다.

새로운 기능을 비디오로 설명하고 있다면 비디오를 재생해 기능 설명과 정보가 올바른지 확인하고 검토가 필요한 마케팅 자료가 더 있는지 알아본다.

마지막으로 정말 중요한 한 가지는 퇴근하는 금요일 저녁이나 사무실을 오래 비워야 할 때는 앱을 릴리스하지 않는 것이다. 대부분의 앱스토어는 앱이 등록되어 다운로드할 수 있기까지 얼마간의 시간을 필요로 한다. 사무실을 비워두면 크리티컬한 버그나 릴리스가 끝나고 발생하는 문제에 대응할 수 없다.

일부 앱스토어는 승인 과정이 없어서 핫픽스 버전을 곧바로 릴리스하는 것으로 문제에 대응할 수 있지만, 가능하다면 이른 아침이나 주중에 릴리스해 긴급한 이슈에 대응할 수 있는 시간을 확보한다.

그림 7.1 앱스토어의 스크린샷

그림 7.2 같은 앱이지만, 상태바 정보도 다르고 스크린샷의 크기도 다르다.

다음의 릴리스 문서에 관한 내용이 런칭 전략의 일부로 포함될 수 있다.

- 릴리스 체크리스트를 만들어 사용한다.
- 업데이트 테스트와 설치 테스트를 다시 수행한다.
- 백엔드 서비스와 API를 운영 환경에서 사용할 수 있는지 확인한다.
- 실제 환경에서 다시 확인해야 하는 새로운 기능과 기존 기능을 정의한다.
- 릴리스 노트와 스크린샷, 비디오를 포함한 앱스토어 등록 준비 자료의 확인 방법을 정의하고 설명한다.
- 앱스토어에 앱을 제출하는 시점을 정의하고 설명한다.

런칭 후: 런칭 이후에 벌어지는 일

앱을 릴리스했으면 런칭 이후의 단계로 넘어간 것이다. 이제부터는 고객에게서 나오는 피드백과 문의사항, 문제점 대응에 집중해야 한다.

릴리스 후 가장 먼저 해야 할 일은 앱스토어에서 직접 앱을 다운로드해 설치하고 정상적으로 동작하는지 확인하는 것이다. 아무런 문제가 없다면, 해당 버전을 파일 서버에 보관했다가 문제점 확인이나 보고된 버그 재현을 위해 다시 설치할 수 있어야 한다. 이런 작업이 지속적인 통합 시스템에서 빌드 과정의 연장선으로 함께 이뤄져야 한다.

이 밖에도 팀과 회사 레벨에서 다뤄야 하는 이슈가 몇 가지 더 있다. 다음 절에서 나오는 내용은 릴리스가 끝난 다음에 고객과 관련된 정보나 숨어있는 문제점을 더 알아내기 위한 후속 활동에 관한 설명이다. 이런 이슈거리를 런칭 전략에서 정의하고 기록하는 것은 매우 중요하다.

커뮤니티 지원

출시한 제품을 위한 후속 활동으로 커뮤니티 지원이나 고객 지원이 필수인데, 유료 앱인 경우에는 특히 그렇다. 불편을 겪고 있는 사용자는 언제든지 담당 부서에 연락해 문제를 해결하거나 질문에 대한 답변을 들을 수 있어야 한다. 고객 응대나 사용자 커뮤니티 관리자가 없으면 사용자는 앱스토어에서 나쁜 평점을 주거나 더 이상 앱을 사용하지 않는다.

따라서 소셜 미디어를 통해 고객의 피드백이나 문제점을 살펴볼 수 있도록 채널을 확보해야 한다. 문의사항에 답하면서 고객의 말에 귀 기울이는 누군가가 있다는 것을 알려야 한다. 사용자를 몇 명 선별해 새로운 버전에 관해 의견을 구하는 방법도 나쁘지 않다. 수집한 피드백은 다음 번 릴리스의 개선사항에 반영할 수 있다.

> **중요**　고객 지원 부서와 함께 고객의 니즈와 그들이 겪고 있는 문제점을 한번 들어보는 시간을 가져보길 권한다.

고객 리뷰

릴리스 후 모니터링이 필요한 다음 항목은 앱스토어의 고객 리뷰다. 특히 피드백과 버그 리포트 내용을 주의 깊게 읽어본다. 고객 리뷰는 신중하게 살펴봐야 하는데, 거짓으로 부정적인 댓글을 적는 사람들이 더러 있기 때문이다. 사용자 불만 글이 올라오면 반드시 문제를 재현해 버그 리포트를 만들고, 다음 릴리스에서 수정될 수 있도록 한다. 이슈 재현이 힘들면, 문제를 제기한 사용자에게 좀 더 구체적으로 설명해 달라고 요청한다.

하지만 모든 앱스토어가 고객과 소통할 수 있는 리뷰 기능을 갖추고 있는 건 아니다. 앱스토어에 이런 기능이 없는 경우에는 직접 댓글을 달아 자신의 신분을 밝힌 후 상세 정보를 요청하거나 문제 해결 방법을 알려준다. 우선은 리뷰에 댓글을 달 수 있는 기능이 있는지 앱스토어에서 확인한다. 이때 앱스토어에서 제공하는 리뷰 가이드라인을 참고해 규정을 위반하는 일이 없도록 한다. 고객이 쓴 리뷰 밑에 댓글로 답할 수 있으면, 이 방식대로 고객과 소통한다.

부정적인 피드백의 대부분이 기능 오해에서 발생하는 문제라면, 앱 설명란에 트러블슈팅 가이드나 튜토리얼을 넣어 해결할 수 있다. 그럼에도 불구하고 부정적인 피드백을 계속 받는다면 전체적으로 문제점을 살펴보고, 사용성 테스트를 수행한 후 가능한 한 빨리 업데이트한다.

충돌 리포트

다음으로 중요한 것은 충돌 리포트다. HockeyApp[4]이나 crashlytics[5], TestFlight[6] 같은 도구를 사용하면 릴리스 후에 앱에서 발생하는 문제를 확인할 수 있다. 실행 중 발생하는 문제가 모두 앱 충돌로 이어지는 건 아니다. 예외 처리를 적절히 하고 있다면 사용자의 눈에는 에러가 나타나지 않겠지만, 충돌 리포트 도구는 이것을 발견해 캡처할 수 있다. 이런 정보는 다음 릴리스 때 앱이 개선되어 배포될 수 있도록 하는 매우 중요한 단서가 된다.

4　http://hockeyapp.net/features/

5　http://try.crashlytics.com/

6　www.testflightapp.com

도구에서 제공하는 웹 페이지를 통해서는 앱 충돌에 대해 순위별로 확인하거나 그룹, 분류별로 확인할 수도 있고, 전체 충돌 건수와 이 문제로 영향받는 사용자 수도 확인할 수 있다. 대부분의 충돌 리포트 도구가 그래프 형식의 보고 기능을 제공하는데, 배포한 앱 대비 충돌 추이 그래프도 이렇게 제공하는 그래프 중하나다. 어떤 충돌 리포트 도구는 앱 자체에서 백엔드로 피드백을 보내는 기능이 있다. 일부는 써드파티를 통해 버그 트래킹 시스템과 통합해 사용한다.

충돌 리포팅 도구를 아직 사용하고 있지 않으면, 앱스토어에서 자체적으로 제공하는 기본적인 충돌 리포팅 기능으로 시작해볼 수 있다.

> **중요** 충돌 리포팅 도구를 꼭 사용해보자. 이런 도구가 앱에서 발생하는 여러 문제점과 충돌
> 이슈를 좀 더 깊이 살펴볼 수 있도록 도와준다.

트래킹과 통계

사용자와 사용자의 앱 사용 패턴에 관한 정보를 수집하려면 일종의 트래킹 메커니즘을 적용해 중요 정보를 모아야 한다. 이런 정보는 트래킹 도구를 이용해 앱과 기능 사용에 관한 통계로 집계하는데, 앱에서 트래킹 메커니즘을 사용한다면 릴리스 후에 만들어지는 통계를 확인하면 된다.

트래킹 구현에 따라 다음과 같은 정보를 얻을 수 있다.

- 모바일 운영체제 버전
- 모바일 기기 제조사
- 기기 모델
- 화면 크기
- 모바일 브라우저 버전
- 페이지 뷰의 수
- 특정 기능의 사용 빈도
- 등록 과정의 취소 빈도

통계와 수치 자료를 바탕으로 사용자의 행동을 이해하면서 앱 기능을 조금씩 수정할 수 있다. 다음은 모바일 트래킹 도구 목록이다.

- adjust (www.adjust.com/)
- appsfire (http://appsfire.com/)
- AppsFlyer (www.appsflyer.com/)
- Clicktale (www.clicktale.com/)
- iMobiTrax (www.imobitrax.com/)
- MobileAppTracking (www.mobileapptracking.com/)

지금까지 봐왔듯이, 모바일 테스트 전략과 런칭 전략 수립은 테스트와 런칭 전후의 활동에 관해 수많은 정보가 필요한, 결코 쉬운 일이 아니다. 전략은 고정불변이 아니라는 점만 기억하자. 모바일 전략과 런칭 전략은 제품 측면이나 리스크적인 측면, 기타 우선순위에 따른 관점에서 변경이 발생할 때마다 상황에 맞게 조정하는 노력이 필요하다. 전략 문서는 현재 진행형이 되어야 하고, 모든 팀 구성원에게 업데이트와 확장에 관한 책임이 있다.

요약

7장의 핵심 주제는 모바일 테스트와 런칭 전략이다. 테스트 전략과 런칭 전략은 릴리스 전과 후에 수행하는 중요한 절차를 기억하기 위해 존재하는, 모든 모바일 팀에서 필요한 전략이다.

모바일 테스트 전략을 수립할 때는 다음 주제를 정의해 함께 추가해야 한다.

- 요구사항 정의
- 테스트 범위
- 테스트 레벨
- 테스트 기법
- 테스트 데이터
- 대상 기기와 환경

- 테스트 자동화

7장의 질문에 답하면서 이제 자신만의 모바일 테스트 전략을 세울 수 있다.

나머지는 모바일 런칭 전략에 관한 내용이며 기능 설명과 스크린샷, 기타 마케팅 자료를 포함한 릴리스 자료의 중요성을 설명했다. 질의응답을 통해 릴리스에 필요한 준비사항을 간편하게 확인할 수 있으리라 생각한다.

앱을 릴리스한 다음에는 커뮤니티 지원이 반드시 뒤따라서 앱 사용 중에 문의사항이 있으면 커뮤니티로부터 도움을 받을 수 있어야 한다. 마지막으로, 충돌 리포트와 트래킹, 사용자 통계의 중요성도 확인했다.

8장
모바일 테스터의 필수 역량

모바일 앱의 복잡도가 빠른 속도로 증가하고 신제품의 출시 주기도 짧아진 상황에서 소프트웨어 테스터, 특히 모바일 테스터는 점점 더 많은 능력을 요구받는다. 모바일 테스터는 여러 기술이 집약된 모바일 애플리케이션을 짧은 기간 내에 효과적으로 테스트해서 고객에게 전달할 책임이 있으므로, 테스트 지식 외에도 시스템을 다루거나 수많은 시나리오를 관리하는 능력 또한 중요한 자질로서 갖춰야 한다.

8장은 소프트웨어 테스트 역량에 관한 내용으로, 모바일 테스트 기술을 향상해 더 나은 모바일 테스터가 될 수 있도록 가이드한다.

모바일 테스터의 역량

모바일 분야에서 성공적인 커리어를 쌓으려면 소프트웨어 테스트 방법론과 접근법, 모바일 앱, 모바일 기기 등에 대한 지식과 함께, 소프트 스킬도 기본기를 탄탄하게 다져야 한다. 지금부터 나오는 내용은 소프트웨어 테스터라면 꼭 필요한 다양한 역량에 관한 이야기다.

커뮤니케이션

커뮤니케이션 스킬은 소프트웨어 테스터가 가져야 할 가장 중요한 능력이다. 소프트웨어 테스터는 자신이 맡은 테스트 업무를 다양한 계층의 이해관계자에게 설명할 수 있어야 한다. 테스터는 개발자와 디자이너, 프로덕트 매니저, 프로젝트 매니저 외에 고객이나 경영진과도 대화해야 할 수 있으며, 다른 테스터나 개발자와 이야기할 때는 전문성과 깊이 있는 지식이 필요하다. 버그 리포팅으로 개발자의 실수를 알려줄 때는 상대방의 감정이 상하기도 하는데, 이런 상황을 예방하려면 버그 리포트에 감정을 담지 말고 팩트를 중심으로 작성해야 한다.

프로덕트 매니저나 프로젝트 매니저, 디자이너 같은 비기술직과 이야기할 때는 상위 레벨에서 현재 상황과 버그로 인한 문제점을 명확하고 이해하기 쉽게 풀어내는 능력이 필요하다. 구두로 전하는 커뮤니케이션 말고 문서를 통한 커뮤니케이션 역량도 테스터에게 필요한데, 모든 이해관계자가 이해할 수 있는 방법으로 이슈를 전달할 수 있어야 한다.

상대방의 말을 경청하는 것도 커뮤니케이션의 일부다. 소프트웨어 테스터는 상대방이 그들의 생각이나 애로점을 이야기할 때 주의 깊게 들을 수 있어야 하고, 대화 중에는 절대로 상대방의 말을 끊지 말아야 한다. 질문이 있으면 메모해 뒀다가 말이 끝나면 한 번에 물어보는 것이 좋다.

커뮤니케이션 역량을 키우기 위해서는 꾸준히 글을 읽는 습관을 들여야 한다. 책뿐만 아니라 블로그나 신문 등 어휘력을 늘릴 수 있는 그 어떤 것이라도 좋다. 특히 다른 나라에서 일한다면 더욱 그래야 한다.

어휘를 늘리는 방법으로는 외국어 자막의 영화나 TV 시리즈물의 시청을 권한다. 시간적인 여유가 있고 비용을 지불할 의향이 있다면 외국어학원에 등록해서 회화 역량을 키울 수도 있다.

마지막으로 추천하는 방법은 콘퍼런스나 동호회, 또는 회사 내에서 발표 기회를 얻는 것이다. 청중에게 피드백을 받는 이런 경험이 커뮤니케이션 역량 강화에 큰 도움이 된다.

불충분한 커뮤니케이션은 의견 충돌과 오해를 불러일으키는데, 다음과 같은 간단한 원칙으로 어느 정도 줄일 수 있다.

- 주의 깊게 듣는다.
- 다른 사람이 이야기할 때는 중간에 끼어들지 않는다.
- 너무 강한 어조로 말하지 않는다.
- 너무 빠르게 말하지 않는다.
- 분명하고 정확하게 이야기한다.
- 청중과 시선을 마주한다.
- 상대방의 사생활에 관한 이야기는 하지 않는다.
- 전문적인 지식이 있는 청중과 그렇지 않은 청중까지 대상에 따라 대화의 수준을 조절할 수 있어야 한다.
- 독서, 블로그, 신문을 통해 어휘력을 늘린다.

> **중요**   소프트웨어 테스터는 외교관, 기술자, 정치가가 되어 다양한 이해관계자들의 이야기를 듣고 토론하면서 문제를 해결해나가야 한다.

호기심

호기심이 인간의 본성이라면, 테스터는 이런 호기심으로 제품 도메인에 관해 새로운 무언가를 찾아 탐구하며 배워야 한다. 호기심 많은 테스터는 소프트웨어 구석구석을 탐험하며 가능한 한 많은 정보를 끌어모아 시스템에 한정하지 않는 잠재적인 문제점을 찾고 흥미로운 질문을 던진다. 평범한 소프트웨어 테스트 접근법과 방법론을 넘어 새로운 무언가를 찾아내는 것은 매우 중요하다.

새로운 것을 발견하기 위해서는 열린 마음으로 신기술을 받아들이고 기꺼이 새로운 시도를 해보려는 도전 자세가 중요하다. 궁금증이 많은 테스터는 다른 사람의 말을 곧이곧대로 받아들이지 않고, 더 많은 정보를 얻기 위해 계속해서 질문한다.

호기심을 자극하는 훈련을 하고 싶다면, 처음 보는 모바일 앱이나 소프트웨어를 다운로드해 기능을 탐험해보는 방법을 추천한다. 탐험하는 동안 새로운 방식의 접근 방법을 시도해보는데, 시스템을 파괴하려는 시도도 해보고 기능에 관해 이것저것 물어본다. 이상한 부분이나 어색하다고 느껴지는 것이 있으면, 메모해 뒀다가 질문하거나 문제의 소지가 될 만한 부분을 알려주면 된다.

> **중요** 호기심 넘치는 테스터가 되자. 소프트웨어를 탐험하면서 문제점이나 질문거리가 있으면 주저하지 말고 물어보자. 다른 사람이 말하는 내용을 그대로 받아들이기보다 의문점에 대해 질문해보자.

비판적 사고력

소프트웨어 테스터가 갖춰야 할 다른 필수 요소는 비판적 사고력critical thinking이다. 비판적 사고력을 갖춘 좋은 테스터는 소프트웨어의 큰 맥락을 이해할 수 있다. 이런 테스터는 분석과 결과를 통해 소프트웨어나 요구사항을 철저하게 파헤칠 수 있는 능력이 있다. 프로덕트에 대한 깊은 이해와 올바른 방향으로 나아가려는 노력은 매우 중요한 요소다.

다음 인용구는 마이클 볼튼Michael Bolton이 말하는 비판적 사고력의 정의다. '비판적 사고력이란 점점 더 나아지기 위한 방향을 생각하는 것이다Critical thinking is thinking about thinking with the aim of not getting fooled '[1]

자신이 내린 판단뿐 아니라 자신의 생각, 테스트 방법론, 접근법, 테스트가 필요한 소프트웨어 모두를 대상으로 재차 질문하는 사고 방식이 매우 중요하다.

스스로 다음과 같은 질문을 해보자.

- 이런 기능/소프트웨어의 문제점은 무엇인가?
- 문제점이 확실한가?
- 이런 방식으로 테스트한 이유는 무엇인가?
- 대상에 대해 깊이 생각해본 적이 있는가?
- 이렇게 처리하는 것이 올바른가?

---

1 www.developsense.com/presentations/2010-04-QuestioningBestPracticeMyths.pdf

제임스 바흐[James Bach2]의 휴리스틱 비판적 사고법을 세 단어로 함축하면 Huh?, Really?, So?다. 각 단어가 의미하는 바는 가정과 엉성한 추론, 오해에서 비롯되는 잘못된 방식에 대한 성찰이다.

- Huh?
  - 다른 사람이 이야기하는 것을 이해했는가?
  - 헷갈리거나 혼란스럽지는 않은가?
  - 애매모호하다고 느껴지는가?
- Really?
  - 정말로 사실인가?
  - 제시할 만한 증거가 있는가?
- So?
  - 이것이 중요한 이유는 무엇인가?
  - 누구에게 이 문제가 중요한가?
  - 얼마나 큰 문제인가?

휴리스틱 비판적 사고를 프로젝트에 적용해 평소 업무나 모바일 앱을 대상으로 질문을 던져보자. 비판적 사고에 관해서는 마이클 볼튼의 슬라이드 강의 '테스터를 위한 비판적 사고'[3]에서 더 많은 정보를 얻을 수 있다.

끈기

버그를 리포팅하거나 이슈를 제기하는 일은 무척 피곤하고 때로는 어렵기도 하다. 발견한 모든 이슈가 수정되는 건 아닌데, 중요하다고 판단하는 기준이 사람마다 다르거나 수정에 필요한 시간이 넉넉하지 않아서 그럴 수 있다. 하지만 이슈를 집요하게 물고 늘어져 버그가 수정되도록 하는 것도 소프트웨어 테스터의 역할 중 하나다. 버그가 고객이나 시스템에 심각한 해를 입힌다고 판단되면 회의를 소집해 이슈가 다음 릴리스에 꼭 해결되어야 하는 이유를 설명하고 이해시킨다.

---

2 www.satisfice.com/

3 www.developsense.com/presentations/2012-11-EuroSTAR-CriticalThinkingForTesters.pdf

이런 행위를 '버그의 변호Bug Advocacy'라고 하는데, 소프트웨어 테스트 협회에서 이러한 주제로 진행하는 교육 과정이 있다.[4] 버그의 변호라는 주제에서 어떤 영감을 얻고자 한다면 셈 카너의 슬라이드[5]를 추천한다.

릴리스를 앞두고 밀려오는 지나친 압박감은 이미 합의된 품질 기준을 유명무실하게 만든다. 이런 상황에서 테스터가 해야 할 일은 품질 기준에 부합하도록 계속해서 이슈를 제기하고 끈질기게 설득하는 것이다. 하지만 성가신 사람으로 오인되는 수준까지 가면 곤란하다. 원활한 커뮤니케이션 능력이 여기서 빛을 발한다.

테스터는 모바일 앱 등의 소프트웨어를 테스트하는 동안 끈기를 발휘해야 한다. 게임 앱을 예로 들면, 테스트 레벨별로 각 단계에서 허용된 동작이 기대 결과와 같은지 수백 번 반복 확인해야 한다. 이런 과정은 매우 고되므로 끈기와 함께 테스트 자동화가 필요하다.

> **중요**   테스트 중이거나 버그와 에러에 관한 회의를 할 때도 끈기가 있어야 한다.

끊임없는 학구열

모바일 세상은 매일매일 급변하고 있다. 이런 흐름에 뒤처지지 않으려면 소프트웨어 테스터, 특히 모바일 테스터에게는 새로운 기술을 빨리 습득하는 능력이 필수다. 테스터는 항시 모바일 시장의 변화를 주시하면서 새로운 접근법과 방법론, 기술을 받아들여야 한다.

테스트 감각을 유지하고 새로운 기술과 도구를 배우기 위해서는 유명 블로그 글이나 관련 서적 읽기, 콘퍼런스 참가, 교육 과정 참여도 좋은 방법이다. 다른 한편으로 소프트웨어 테스터는 일상 업무 속에서나 테스트를 수행하는 중에, 테스트 자동화 도구 같은 것을 다룰 때에도 배움을 멈춰서는 안 된다. 소프트웨어 테

---

4 www.associationforsoftwaretesting.org/training/courses/bug-advocacy/

5 www.kaner.com/pdfs/BugAdvocacy.pdf

스터라면 새로운 도구나 기술이 시장에 들어왔을 때 관련 정보를 수집해 배워보고자 하는 의욕으로 가득 차 있어야 한다.

> **중요** 자기 계발을 평생 습관으로 만들어야 한다.

창의성

다른 필수 역량 중 하나는 창의성이다. 창의적인 생각으로 테스트 방법을 다변화해 더 많은 버그를 찾아 유용한 정보를 전달할 수 있는 능력은 테스터에게 있어서 매우 중요하다. 창의성은 테스트 데이터와 테스트 케이스 설계에서 발휘된다. 테스터는 소프트웨어를 테스트하기 위한 온갖 방법을 찾아 다방면으로 고민해야 한다.

기본적인 테스트 접근법으로 모든 테스트를 끝낸 후 약간의 여유 시간이 있다면, 완전히 다른 시각으로 다시 한 번 테스트 대상을 바라본다. 예를 들어 버그를 재현하면서 새로운 테스트 아이디어를 얻거나, 동료 또는 베타 테스터와 이야기하면서 테스트 업무에 대한 새로운 영감을 떠올릴 수 있다. 이리저리 만져보면서 상식 밖의 입력 값을 사용하거나 갑자기 떠오르는 테스트 방법을 적용해본다. 아마도 이런 테스트 방식에 깊은 인상을 받을 텐데, 발견할 수 없었던 버그가 분명히 몇 개는 더 나오기 때문이다.

> **중요** 모바일 테스트는 모바일 기기를 다양한 방식으로 사용하기 위해 인터페이스와 센서, 장소를 키워드로 창의성을 발휘해야 한다.

고객 지향적인 마인드

소프트웨어 테스터라면 고객 관점에서 바라보는 강한 통찰력을 지녀야 한다. 고객처럼 생각하고 소프트웨어가 고객의 요구사항에 부합하는지 알아내는 것은 테스터에게 매우 중요하므로, 테스터는 무한한 열정과 결단력을 가지고 있으면서 고객과 혼연일체를 이룰 수도 있어야 한다.

고객 지향적인 마인드는 프로덕트와 필드 전문가 역할을 기꺼이 수행하고자 하는 마음에서 시작한다. 릴리스된 기능을 한눈에 꿰뚫어보면서 다음 릴리스까지 생각하는 폭넓은 시야도 필요하다. 중요한 것은 고객의 행동을 유심히 주시하며 그들이 사용하는 기능과 특징을 알아내는 일이다. 가능하다면, 고객과의 대화를 통해 니즈와 문제점을 파악하는 것이 좋다. 이런 과정이 도전적인 일로 생각될 수도 있으므로 테스터에게 인내심이 요구되는 것이다.

테스터가 고객 지향적인 마인드를 갖추고 있을 때, 비로소 자신이 가지고 있는 지식을 소프트웨어 개발에 쏟아낼 수 있고 더 좋은 제품이 만들어진다. 고객 지향적인 마인드로 바꾸기 위해 추천하는 방법은 고객 지원 부서와 몇 주간 같이 일해보는 것인데, 고객의 니즈가 무엇인지 몸으로 느낄 수 있을 것이다.

프로그래밍 능력과 전문 기술

소프트웨어 제품과 모바일 앱이 점점 더 복잡해짐에 따라 모바일 테스터도 프로그래밍 능력을 요구받는 시대가 되었다. 프로그래밍 스킬은 테스터가 시스템을 이해할 수 있도록 도우며 개발자와 코드 레벨에서 이야기할 수 있게 해준다. 또한 코드 리뷰, 테스트 자동화 코드 작성도 가능하므로, 최근 트렌드의 프로젝트에서 필수적으로 갖춰야 할 역량이라 할 수 있다.

프로그래밍을 하지 못하는 모바일 테스터는 프로그래밍 언어나 패턴에 관한 책을 읽거나 인터넷에 올라와 있는 프로그래밍 튜토리얼, 강좌 등을 이용해 스스로 역량을 키워나가야 한다. 가능하다면 프로젝트나 사내에서 개발자에게 요청해 테스터를 훈련시키는 것도 좋은 방법이다.

프로그래밍을 하면 단위 테스트부터 E2E 테스트까지 테스트 자동화 코드를 작성할 수 있다. 또한 코드 리뷰에 참여해 기술적인 질문을 할 수도 있고, 셸 스크립트를 작성하며 자동화가 필요한 빌드나 기타 업무를 일부분 분담할 수 있다.

코딩 능력 외에도, 모바일 테스터는 핵심적인 질문을 던지거나 테스트 방향을 수립하기 위해 시스템 아키텍처를 기술적으로 이해할 수 있어야 한다.

> **중요**   테스트 자동화 코드를 작성하고 코드 리뷰와 기술적인 논의에 참여하려면 프로그래밍 능력이 필요하다.

모바일 테스트 역량을 키우는 방법

앞에서도 자주 언급했지만, 모바일 세상은 급속도로 변화하고 있으므로 매일 지식을 확장해 흐름에 뒤처지지 않아야 한다. 꾸준히 새로운 것을 배워 새로운 테스트 아이디어로 발전시키면서 프로그래밍 기술을 토대로 개발자와 협업하며 고객의 니즈를 이해할 수 있어야 한다.

모바일 테스트 역량을 강화하기 위해서는 적어도 하나 이상의 모바일 기기를 직접 사용하고 있어야 한다. 대부분의 경우 개인 소유의 기기 하나만을 가지고 있겠지만, 가능하다면 다양한 플랫폼의 기기를 사용해보는 것이 좋다. 그렇다고 항상 최신 기기를 구매할 필요는 없다. 플랫폼을 이해하기 위한 목적이니 중고폰이나 예전 버전도 괜찮다. 많은 기기를 구매할 상황이 아니면, 다양한 기기를 무료로 대여할 수 있는 오픈 디바이스 랩^{Open Device Labs}을 고려해본다.

다른 앱 참고하기

모바일 테스트 역량을 키우는 가장 쉬운 방법은 다른 앱을 통한 배움이다. 앱스토어에서 다양한 종류의 앱을 가능한 한 많이 설치해보며 결과나 반응을 살펴보는 방법을 추천한다. 다른 앱의 내비게이션 구조와 업데이트 메커니즘은 어떤지, 카메라나 센서 같은 모바일 특화 기능을 어떻게 사용하고 있는지 확인해본다.

이것 외에 업데이트의 내용도 확인해본다. 확인을 위해서는 자동 업데이트 기능을 해제하고 직접 업데이트를 수행한다. 앱스토어에서 업데이트 버튼을 누르기 전에 업데이트 내용을 잘 읽어보자. 대부분의 회사나 개발자는 새로운 버전의 변경 내용을 자세히 기술하는데, 주로 어떤 버그를 수정했고 추가된 기능은 무엇인지 설명되어 있다.

업데이트 내용에 버그와 관련된 항목이 있으면 버그를 직접 재현해보자. 재미있는 일이 될 수도 있지만, 재현하기까지 다소 시간이 걸리기도 한다. 그렇더라도 이런 시도 자체로 많은 것을 배울 수 있다.

버그 상황을 재현하기 위해 앱을 다양한 방식으로 다루다 보면, 새로운 테스트 아이디어가 떠오를 수 있고 전에는 알지 못했던 뜻밖의 사실도 알아낼 수 있다. 지금부터는 버그를 수정하고 업데이트되었을 때 앱스토어의 앱 설명란에 적힌 내용을 바탕으로 진행한다.

> 중요 '특정 기기에서 발생하는 충돌 이슈' 절에 나오는 스크린샷은 앱 이름을 익명 처리한다. 모든 예제는 구글 플레이 스토어를 기준으로 설명하지만, 앱스토어가 달라도 버그와 기능 설명은 내용이 같다.

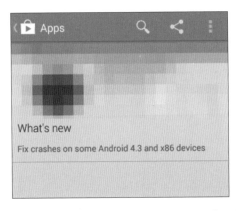

그림 8.1 x86 환경의 안드로이드 4.3 버전에서 발생하는 충돌 이슈

특정 기기에서 발생하는 충돌 이슈

그림 8.1은 일부 x86 기기에서 안드로이드 4.3 버전을 사용했을 때 발생하는 충돌 이슈를 보여준다. 이슈를 재현하려면 안드로이드 4.3이 설치된 기기가 필요하다. 기기를 구할 수 있으면 충돌이 발생하는 앱을 찾아 설치한다. 재현이 다소 어렵게 느껴질 수 있는데, 안드로이드 4.3 버전을 설치할 수 있는 기기도 많고 기기마다 결과도 다르기 때문이다. 충돌이 일어나는 것을 계속해서 재현할 수 있으면 원인을 찾아 분석해본다. 보통은 인터넷 연결이나 구현상의 오류가 원인이다.

그림 8.2는 특정 버전에서만 발생하는 이슈인데, 이런 이유로 여러 운영체제에서 테스트하는 것이 매우 중요하다.

키보드

3장, '모바일 테스트의 도전 과제들'에서 언급했듯이, 사용자는 키보드 앱 같은 시스템 앱도 써드파티 앱으로 바꿀 수 있다. 앱 교체가 가능함에 따라 그림 8.3의 내용처럼 다양한 이슈가 발생할 수 있다. 변경사항의 내용에는 버그 리포트가 포함되어 있다. 이슈를 재현하기 위해서는 써드파티 키보드 앱을 설치하고 버그 사냥을 시작한다.

위젯

일부 모바일 플랫폼은 위젯을 지원한다. 위젯을 사용하면 프리징이나 충돌 이슈가 발생하지 않는지 확인해야 하는데, 그림 8.4는 위젯이 배터리를 너무 많이 사용해서 발생한 문제다.

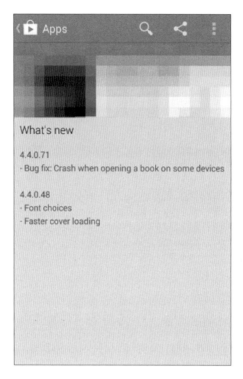

그림 8.2 일부 기기에서 발생하는 앱 충돌 이슈

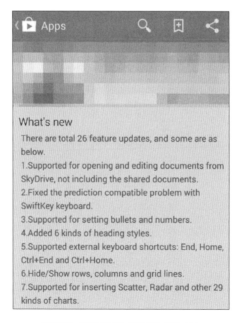

그림 8.3 대체 키보드 사용으로 인한 이슈

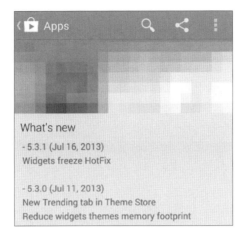

그림 8.4 위젯이 너무 많은 배터리를 사용해서 발생한 프리징 이슈

성능

이 책 전반에 걸쳐 언급했듯이, 로딩 시간과 성능은 성공적인 앱 출시를 위해 매우 중요하다. 그림 8.5의 앱 설명란에는 통계 페이지에서 발생하는 성능 이슈에 관한 내용이 일부 포함되어 있다. 성능 문제를 재현하려면 유사한 모델을 두 대 준비한 후 첫 번째 기기에는 이전 버전을, 나머지 기기에는 업데이트 버전을 설치한다. 이제 로딩 시간과 성능 개선사항을 서로 비교해볼 수 있다(그림 8.6을 확인한다).

그림 8.5 일부 기능에서 발생하는 성능 이슈

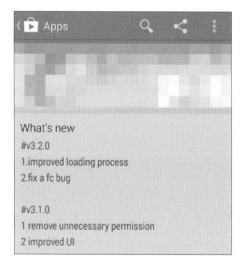

그림 8.6 로딩 성능 이슈

로그인 기능과 모바일 결제

앱에 로그인 기능이 있거나 모바일 결제가 연동되어 있으면, 기능 동작 여부는 그 자체로 크리티컬하다. 사용자가 로그인할 수 없거나 앱에서 아무것도 구매할 수 없다면, 금전적 손실이 발생할 뿐 아니라 기업 이미지도 훼손된다. 크리티컬한 기능은 높은 신뢰도로 동작해야 하는데, 그러기 위해서는 치밀한 검증과 함께 자동화 테스트로 커버리지를 넓혀야 한다. 그림 8.7의 스크린샷은 유료 구독 기능에서 발행한 이슈의 한 예를 보여준다.

앱 권한

4장, '모바일 앱 테스트'에서 살펴봤듯이, 앱은 기능에 필요한 권한[permissions]만 요청해야 한다. 사용자가 이해할 수 없거나 불필요한 권한을 요청하면 앱스토어 평점도 떨어지고, 심지어 보안 측면에서도 바람직하지 않다. 앱을 릴리스하기 전에 앱 권한을 다시 한 번 확인한다.

그림 8.7 프리미엄 구독 결제 이슈

234

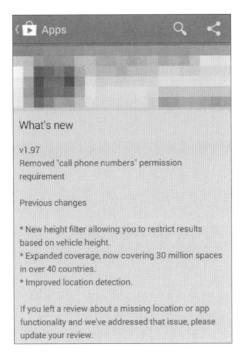

그림 8.8 불필요한 앱 권한

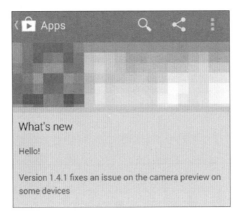

그림 8.9 오동작하는 카메라 미리 보기

모바일 기기의 하드웨어 사용

앱에서 카메라 같은 모바일 기기에 특화된 하드웨어를 사용하고 있으면, 가능한 한 많은 기기에서 해당 기능의 동작을 테스트해야 한다. 그림 8.9는 카메라 미리보기와 관련해 일부 기기에서 발생하는 이슈를 보여준다. 다양한 기기에서 확인이 필요한 하드웨어 지원 테스트는 크라우드 테스트가 적합하다.

업데이트 내용을 참고해 테스트하는 방법을 생각한 이래로 매번 새로운 버전이 나올 때마다 수정된 내용을 확인했다. 때로는 시간도 오래 걸리고 버그 재현에 애를 먹었지만, 테스트 역량을 끌어올리는 데 정말 많은 도움이 되었다. 앱 설명란의 내용을 읽으면서 버그를 재현해낼 수많은 경우의 수와 테스트 방법을 생각할 수 있었다.

관찰

모바일 역량을 키우는 다른 방법은 다른 사람의 사용 패턴을 관찰하는 것이다. 모바일 기기를 사용하는 사람들을 유심히 지켜보자. 사람들 사이에 있을 때, 예를 들어 지하철 안이나 매장 안, 앱을 사용하고 있는 곳이면 어디든 상관없이 관찰할 수 있다. 자신만의 방식으로 앱을 다루는 사람들을 보고 있으면 그 다양함으로 인해 무척 흥미로울 수 있는데, 관찰한 결과를 테스트에 적용할 수도 있고 새로운 기능 개발 계획에 참고할 수도 있다. 새로운 테스트 아이디어도 떠오를 수 있으니 다른 사람들이 사용하는 방식을 잘 기억해두자.

> **중요** 사람들의 행동을 관찰할 때는 너무 노골적으로 쳐다보거나 스토킹 수준으로 따라다녀서는 안 된다.

관찰을 통해 한 가지 알게 된 사실은 내비게이션 메뉴^{navigation drawer}는 왼쪽에서 오른쪽으로 스와이프하면 열린다는 것을 많은 사람이 모르고 있었다는 점이다. 대부분이 왼쪽 위 구석에 있는 아이콘으로 메뉴를 열었는데, 이 결과를 통해 모두가 모바일 기기나 앱에서 제공하는 기능을 원활히 사용하는 건 아니라는 점을 깨달았다. 이렇듯 실제 관찰을 통해 사용자의 사용 패턴을 분석하고 결과를 앱 개발에 반영할 수 있어야 한다. 도입부에서 동료나 가족들의 사용 패턴을 관찰해보는 것을 권했는데, 주변 지인은 관찰에 거부감을 나타내지 않을 뿐더러 이렇게 하면서 많은 것을 배울 수 있다.

대회 참가

세계 여러 곳의 테스터들과 실력을 겨루며 그들의 테스트 경험을 배워보고 싶다면 테스트 대회에 참가해보기를 권한다. 한 해에도 수많은 대회가 열리는데, 소프트웨어 테스터라면 누구든지 개인이나 단체로 출전해 다양한 분야의 소프트웨어를 테스트해볼 수 있다. 대회 참가의 가장 큰 매력은 자신의 지식을 공유하고 다른 테스터를 통해 새로운 것을 배울 수 있는 점이다. 다른 사람과 경쟁하며 테스트 스킬을 확인해보는 것도 재미있는 일이다.

나는 보통 배우기 위해 대회에 참가하는데, 최종 순위는 중요하지 않으며 다만 더 배우고 테스트 스킬을 향상할 수 있는 것에 만족한다. 내가 정말 좋아하는 것은 다른 사람이 테스트하는 모습을 지켜보며 새로운 아이디어를 얻는 것이다.

테스트 대회를 몇 개 소개하면 다음과 같다.

- Software Testing World Cup (www.softwaretestingworldcup.com/)
- Testathon (http://testathon.co/)

테스트 역량도 키우고 커뮤니티에 재능 기부도 하는 방법이 있는데, 바로 주말 테스트Weekend Testing6다. 주말 테스트는 커뮤니티를 통해 소프트웨어 테스터들이 협업하며 배울 수 있는 공간이다. 이름에서 알 수 있듯이, 주말 테스트는 주말에 활동하며 다양한 안목으로 바라보는 소프트웨어 테스트의 모든 것을 다룬다. 그리고 결과물을 다른 테스터와 공유한다. 주말 테스트 웹사이트를 방문해 다가오는 테스트 일정을 확인해보자.

6장, '크라우드 테스트와 클라우드 테스트'에서 언급했듯이, 크라우드 테스트는 세계 여러 곳의 테스터를 불러 모아 자체 테스트와 함께 활용하는 테스트 접근법이다. 크라우드 테스트는 다른 목적으로도 활용될 수 있다. 크라우드 테스터

---

6   http://weekendtesting.com/

로 등록한 후 테스트에 참여하고 다른 모바일 앱을 살펴보며 문제점을 발견하는 것도 테스트를 배우는 좋은 방법이다. 작성된 버그 리포트가 크라우드 테스트 업체와 모바일 앱 제공자가 고개를 끄덕일 만큼 충분히 가치 있는지 확인하는 것도 흥미로운 과정이다.

> **중요** 테스트 대회에 참여해 자신이 가지고 있는 지식을 다른 테스터와 공유해보자. 또 크라우드 테스트에 등록해 다른 모바일 앱도 살펴볼 기회를 가져보자. 자신이 작성한 버그 리포트를 크라우드 테스트 업체에서 받아들이는지 지켜보는 것도 흥미롭겠지만, 무엇보다 자신의 모바일 역량이 향상되는 것에 중점을 둬야 한다.

모바일 커뮤니티와 모바일 세상

앞에서 언급했지만, 다른 소프트웨어 테스터와 모바일 테스터를 통한 배움은 자신의 테스트 역량을 향상하는 훌륭한 밑거름이 된다. 이런 이유로 소프트웨어 테스팅 클럽Software Testing Club7 같은 모임에 가입해 커뮤니티의 일원으로 활발하게 활동해보기를 권한다.

소프트웨어 테스트 커뮤니티의 소모임에는 다른 테스터와 정보를 나눌 수 있는 모바일 분야가 하나씩은 있다. 다양한 소셜 미디어의 모바일 테스트 그룹에 가입하는 것도 매우 유익한 방법이다. 그곳에는 핫한 주제를 논하거나 어려운 문제를 함께 해결하려는, 능력 있는 개발자와 테스터로 언제나 북적인다. 어려운 문제에 관한 조언은 커뮤니티에 기여하는 최고의 선물이다. 시시해 보이는 질문이라도 주저하지 말고 자신의 생각을 말해보자. 멍청한 질문이란 세상에 없다.

트위터 계정이 아직 없으면 이번 기회에 하나 만든다. 소프트웨어 테스트 전문가들은 트위터를 통해 새로운 테스트 아이디어와 블로그 포스팅, 정보를 공유한다. 많은 모바일 테스트 전문가들이 자신의 블로그를 운영하고 있는데, 반드시 구독해서 최신 정보를 받아본다. 다음 절에서는 흥미로운 내용으로 가득 차 있는 블로그와 몇 권의 책을 소개한다.

테스트 콘퍼런스와 각종 이벤트는 커뮤니티와 마찬가지로 정보를 교환할 좋은 기회가 된다. 세계 각지에서 다양한 콘퍼런스가 열리고 있는데, 수많은 테스트 전문가들이 대화나 워크숍을 통해 자신의 지식을 공유한다. 이런 기회가 주어지면, 콘퍼런스에 참가해 다른 테스터들과 직접 만나서 토론해보는 경험을 가져본다. 해당 지역에는 어떤 테스트 유저 그룹이 있는지 확인해볼 수 있다. 대부분은 참가비도 없으며 근처에 사는 소프트웨어 테스터를 만날 좋은 기회가 된다.

모바일 테스트 분야에 종사하고 있다면 자신의 경험을 기록하고 커뮤니티에 기여하기 위해 블로그를 시작해보자. 블로그를 통해 모바일 테스터로 성장하는 동안 쌓은 경험을 다른 테스터에게도 나눠줄 수 있다.

다른 테스터에게 배우는 것 외에, 운영체제와 모바일 기기에 관한 기반 기술과 정보를 최신으로 유지하는 것도 중요하다. 모바일 기기 제조사의 신규 모델 출시일이나 운영체제 버전의 업데이트 날짜는 미리 알고 있어야 한다. 이런 소식에 정통하려면 제조사에서 발표하는 키노트 영상을 신경 써서 시청한다.

또 하나 추천하는 것은 다양한 종류의 앱을 가능한 한 많이 사용해보라는 것이다. 그러면서 새로운 구현 방식과 사용자 경험을 알 수 있을 뿐 아니라 새로운 기능을 대략 파악할 수 있다.

테스트 관련 콘퍼런스, 서적, 잡지, 블로그

이번 절에서는 테스트 지식을 확장하는 데 도움이 되는 테스트 커뮤니티와 서적, 잡지, 블로그를 소개한다.

> **중요** 다음에 나오는 목록이 전부는 아니다.

콘퍼런스

다음은 참가해볼 만한 콘퍼런스 목록이다.

- Agile Testing Days (www.agiletestingdays.com/)
- Belgium Testing Days (http://btdconf.com/)
- Dutch Testing Day (www.testdag.nl/)
- EuroSTAR (www.eurostarconferences.com/)
- Google Test Automation Conference (https://developers.google.com/google-test-automation-conference/)
- Iqnite (www.iqnite-conferences.com/index.aspx)
- Let's Test (http://lets-test.com/)
- Mobile App Europe (http://mobileappeurope.com/)
- Øredev (http://oredev.org/)
- STAREAST (http://stareast.techwell.com/)
- STARWEST (http://starwest.techwell.com/)
- TestBash (www.ministryoftesting.com/training-events/testbash/)
- TestExpo (http://testexpo.co.uk/)

커뮤니티

다음은 관심 있게 지켜볼 만한 소프트웨어 테스트 커뮤니티 목록이다.

- Association for Software Testing (www.associationforsoftwaretesting.org/)
- Mobile QA Zone (www.mobileqazone.com/)
- Software Testing Club (www.softwaretestingclub.com)
- Testing Circus (www.testingcircus.com/)
- uTest community (www.utest.com)
- Software Test Engineer Network (http://www.sten.or.kr/index.php)

서적

다음은 읽어볼 만한 서적 목록이다. 일부는 모바일 테스트와 직접적인 관련이 없지만, 소프트웨어 테스터로서 기본 소양을 쌓기에 충분하다.

- 리사 크리스핀 외, 『애자일 테스팅』 (http://lisacrispin.com/agile-testing-book-is-now-out/)
- 팀 라일리 외(편저), 『뷰티풀 테스팅』 (www.amazon.com/gp/product/0596159811?tag=swtesting-books-20)
- 엘리자베스 헨드릭슨, 『Explore It!』 (http://pragprog.com/book/ehxta/explore-it)
- 제임스 휘태커 외, 『구글은 소프트웨어를 어떻게 테스트하는가』 (http://books.google.de/books?id=VrAx1ATf-RoC)
- 셈 카너 외, 『소프트웨어 테스팅 법칙 293가지』 (www.amazon.com/gp/product/0471081124?tag=sw-testing-books-20)
- 고코 아지치, 『Specification by Example』 (http://specificationbyexample.com/)
- 조나단 콜, 『Tap into Mobile Application Testing』 (https://leanpub.com/testmobileapps)

잡지

다음의 잡지들은 다양한 분야의 전문가 기고를 게재하며, 소프트웨어와 모바일 테스트를 중점적으로 다룬다.

- 「Agile Record」 (www.agilerecord.com/)
- 「Professional Tester」 (www.professionaltester.com/magazine/)
- 「Tea-time with Testers」 (www.teatimewithtesters.com/)
- 「Testing Circus」 (www.testingcircus.com/)

블로그

다음은 유명 소프트웨어 테스트 전문가들이 직접 운영하는 블로그다.

- Gojko Adzic (http://gojko.net/)
- James Bach (www.satisfice.com/blog/)
- Michael Bolton (www.developsense.com/blog/)
- Lisa Crispin (http://lisacrispin.com/)
- Martin Fowler (http://martinfowler.com/)
- Markus Gärtner (http://blog.shino.de/)
- Shmuel Gershon (http://testing.gershon.info/)
- Andy Glover (http://cartoontester.blogspot.co.uk/)
- Adam Goucher (http://adam.goucher.ca/)
- Elisabeth Hendrickson (http://testobsessed.com/)
- Jim Holmes (http://frazzleddad.blogspot.com/)
- Lena Houser (http://trancecyberiantester.blogspot.com/)
- Eric Jacobson (www.testthisblog.com/)
- Stephen Janaway (http://stephenjanaway.co.uk/stephenjanaway/blog/)
- Viktor Johansson (http://therollingtester.com/)
- Jonathan Kohl (www.kohl.ca/blog/)
- Rob Lambert (http://thesocialtester.co.uk/)
- Alan Page (http://angryweasel.com/blog/)
- Huib Schoots (www.huibschoots.nl/wordpress/)
- Rosie Sherry (www.rosiesherry.com/)

다음은 다수의 회원이 공동으로 운영하는 블로그다.

- http://blog.inthewildtesting.com/
- http://blog.utest.com/ (uTest employees)
- http://googletesting.blogspot.de/ (Google employees)
- www.ministryoftesting.com/testing-feeds/ (a great testing feed collection)
- http://mobileapptesting.com/

- http://webapptesting.com/

내 블로그도 적어본다.

- www.adventuresinqa.com

요약

8장은 모바일 테스터의 필수 역량에 관한 내용을 다뤘다. 한 명의 모바일 테스터를 채용하는 것이 결코 쉬운 일은 아니다. 다음의 소프트 스킬에 대해서도 반드시 확인이 필요하다.

- 커뮤니케이션
- 호기심
- 비판적 사고
- 끈기
- 끊임없는 학구열
- 창의성
- 고객 지향적인 마인드
- 프로그래밍 능력과 전문 기술

모바일 테스터로서 자신의 테스트 역량을 향상하고자 한다면, 이번 장의 내용이 어느 정도 도움이 되었을 것이다. '다른 앱 참고하기' 절의 많은 예제에서 설명했듯이, 실제 앱에서 버그를 재현해보며 테스트 역량을 키울 수 있다. 여기에 덧붙여, 모바일 테스트 커뮤니티에 가입해 다른 테스터로부터 새로운 것을 배우면서 지식을 공유하는 것은 매우 값진 경험이 될 것이다. 마지막으로는 도움이 되는 콘퍼런스와 서적, 블로그, 잡지를 소개했다.

9장
앞으로 펼쳐질 일들

드디어 이 책의 마지막 장까지 왔다. 9장은 '앞으로 펼쳐질 일들은 무엇인가?'라는 질문을 시작으로 다음과 같은 화두를 던진다. 머지않은 미래에 모바일 테스터가 맞닥뜨릴 도전 과제는 무엇일까? 이미 시장에 나와 있는 기술은 무엇이고, 눈부신 발전 속도에 발맞춰 앞으로 나올 기술은 무엇인가? 어떤 새로운 테스트 방법, 테스트 도구, 테스트 환경이 등장할까?

각 절에서 설명하는 새로운 기술은 이미 시장에 나와 있거나 가까운 미래에 실현될 가능성이 크다. 계속해서 성장하는 시장 흐름에 뒤처지지 않으려면 무엇이 어떻게 진행되고 있는지 알아야 한다.

각 절의 내용을 기반으로 관련 기술에 대해 시장 조사를 좀 더 해볼 수 있다. 미래는 아무도 모르지만, 지금부터 설명하는 기술은 불과 몇 년 후 그 위상이 지금보다 훨씬 높아져 있을 것이라 확신한다.

사물인터넷

사물인터넷IoT, Internet of Things은 기존의 인터넷 인프라에서 독립된 임베디드 기기를 통해 다양한 서비스를 제공하는 것을 의미한다. 사물인터넷에서 사물은, 사람을 대상으로 하는 의료용과 동물에게 삽입하는 바이오칩을 포함해 자동차끼리 통신하며 현재의 교통 상황을 알려주고 각종 정보를 운전자에게 제공해주는 센서까지 광범위한 분야의 기기를 모두 포함한다. 세탁기나 커피머신 등의 기기도 인터넷에 연결되어 원격에서 모니터링할 수 있다. IP를 부여해 무엇이든지 네트워크를 타고 데이터를 제공할 수 있는 것이 사물인터넷에서 말하는 사물이다.

가트너Gartner의 조사[1]에 따르면, 2020년에 사물인터넷의 기기는 260억 개에 이를 전망이다. 이 수치는 컴퓨터나 태블릿, 스마트폰을 제외한 결과인데, 이것들은 합해도 2020년에 7.3억 개에 불과할 것이다. 수치만으로 비교해볼 때 사물인터넷은 현재의 스마트 기기를 완전히 압도한다고 말할 수 있다. 모든 사물을 인터넷에 연결하려는 최근의 이런 움직임은 새로운 산업을 창출하는 큰 기회가 될 것이다.

다음은 사물인터넷과 관련된 몇 가지 가능한 시나리오다.

- 환경 감시: 각종 센서를 통해 수질이나 토양 상태, 기후를 감시할 수 있다.
- 인프라 관리: 다리, 철로, 풍력 발전기의 상태를 확인할 수 있다.
- 에너지 관리: 제조업에서 실시간으로 최적화된 양의 에너지를 사용할 수 있다.
- 의료와 건강 관리 시스템: 원격으로 상대방의 건강 상태를 확인할 수 있다.
- 빌딩 관리와 홈 오토메이션: 경보나 난방 시스템을 모니터링하고 관리할 수 있다.
- 운송 시스템: 자동차 간 통신으로 교통 혼잡을 피할 수 있다.

사물인터넷 표준을 만들기 위해 일부 회사를 중심으로 컨소시엄[2]이 구성되어 커뮤니케이션 전략과 인터페이스, 프로토콜 개발에 박차를 가하고 있다. 이어지는 절에서는 현재 나와 있는 사물인터넷 몇 가지와 다양한 제조사들이 목표로 하는 사물인터넷의 시나리오를 소개한다.

---

1 www.gartner.com/newsroom/id/2636073
2 www.openinterconnect.org/

스마트홈

모바일 기기 제조사인 구글과 애플은 장차 사물인터넷 제품군의 하나가 될 자신들의 첫 번째 사물인터넷 서비스와 제품을 만들고 있다. 2014년 구글은 네스트랩^{Nest Labs}3을 인수했는데, 네스트랩은 스마트홈^{connected home}에 설치하는 지능형 온도 조절기와 화재경보기를 만드는 회사다. 두 기기는 Wi-Fi 네트워크로 연결되어 장소에 구애받지 않고 PC와 태블릿, 스마트폰으로 제어할 수 있다.

구글은 집 안의 모든 기기에 접근 권한이 있는, 다양한 모바일 플랫폼에서 동작하는 모바일 앱을 개발하고 있다. 이 제품은 사용자의 생활 방식을 학습할 수 있는데, 1년 중 오늘의 데이터에 따라, 또는 외출 여부로 난방 시스템을 제어한다. 여기에 사용자의 다양한 생활 방식 정보를 추가하면서 전체 난방 시스템을 사용자의 요구사항에 맞게 제어할 수 있다. 사물이 인터넷에 연결되어 있으므로, 새로운 기능이 추가된 새로운 소프트웨어 버전으로 업그레이드가 쉽게 이뤄진다.

애플은 iOS 8에서 홈키트^{HomeKit}4라는 프레임워크를 소개했다. 홈키트 사용자는 시리^{Siri}를 사용해 음성으로 사물인터넷 기기를 제어할 수 있다. 홈키트는 온도 조절 장치와 전등, 현관문을 비롯해 인터넷에 연결할 수 있는 모든 것을 제어하게 된다. 애플은 홈키트를 위한 개발 프레임워크를 제공하고 있고, 홈키트 앱에서 제어하는 액세서리 프로토콜^{HomeKit accessory protocol}을 만들 파트너십을 물색하는 중이다.

이미 알고 있는 것처럼 스마트홈은 이미 시장에 나와 있고, 실생활 속에서 완전히 새로운 방식으로 기기와 상호작용하는 시대가 열린 것이다. 이제는 전통적인 테스트 기법이나 모바일 테스트와는 다른 새로운 테스트 시나리오와 테스트 환경, 무한한 도전이 여러분을 기다리고 있다.

> **중요** 구글과 애플 외에도 스마트홈 연구 개발을 시작했거나 이미 솔루션을 가지고 있는 회사들이 다수 있다. 여기서 두 회사를 예로 든 이유는 스마트홈 기술과 관련한 모바일 애플리케이션 개발에 사용되는 API까지 제공하기 때문이다.

---

3 https://nest.com/

4 https://developer.apple.com/homekit/

스마트카

사물인터넷의 또 하나의 주제는 스마트카^{connected cars}다. 구글과 애플은 이미 안드로이드와 iOS 모바일 운영체제를 자동차로 옮겨 그들만의 방식으로 지능형 자동차를 기획하고 있다. 구글의 안드로이드 오토^{Android Auto5}와 애플의 카플레이^{CarPlay6}가 그것이다. 구글과 애플은 내비게이션, 음악, 연락처, 전화, 메시지 기능 같은 운전 중에 필요한 기능 위주로 경량화된 버전의 운영체제를 제공할 예정이다.

모바일 앱을 제공할 뿐만 아니라, 추가로 두 회사 모두 써드파티 앱을 설치할 수 있는 옵션도 제공한다. 이미 많은 자동차 제조사가 두 시스템을 지원하고 있으며 소비자의 선호도에 따라 선택할 수 있도록 하고 있다.

하지만 자동차 안에 설치된 화면으로 모바일 앱을 사용하는 것은 약간의 도전 과제를 동반한다. 한 가지 예를 들면, 자동차에 설치된 앱은 운전자의 시선을 사로잡으면 안 되고 모바일 앱이나 웹앱보다 훨씬 단순한 인터페이스로 필요한 정보만 제공해야 한다.

다음은 스마트카에서 사용하는 모바일 앱이나 기타 애플리케이션을 개발하고 테스트할 때 알아둬야 할 내용이다.

- 단순한 인터페이스: 자동차에서 사용하는 애플리케이션과 인터페이스는 운전자의 시선을 끌지 않아야 한다. UI 요소는 운전 중에도 사용이 편해야 한다. 전통적인 입력 방식보다 음성 인식 제어를 먼저 고려한다.

- 불필요한 기능 제거: 운전 중에는 스마트폰에서 사용하는 앱만큼 많은 기능이 필요치 않다. 몇 개의 필수 기능만 제공해 운전자가 당황하는 상황을 방지하고 기능의 광범위함으로 인해 압도당하지 않게 해야 한다.

- 써드파티 앱 가이드라인: 자동차 제조사는 써드파티 개발자에게 필요한 API를 제공해야 한다. 단, 가능한 접근이 명시된 엄격한 기준의 가이드라인도 함께 만들어야 한다.

- 스마트카 테스트: 앱 개발 자체가 하나의 큰 도전이지만, 테스트 이슈는 더 크고 복잡하다. 자동차는 보통 멈춰 있지 않고 이동하며 다양한 연식과 모델이

---

5 www.android.com/auto/

6 www.apple.com/ios/carplay/

있다. 다른 시스템과 연계되는 부분도 많으므로 단순히 실내에서 앱을 테스트하는 수준으로 할 수 있는 것이 아니다. 차에 설치된 전자 장치는 앱과 전체 시스템에도 큰 영향을 미칠 수 있다. 앱은 운전자의 안전을 고려해 만들어야 하며, 운전 중 심각한 버그를 막기 위해 충분히 테스트도 이뤄져야 한다.

스마트카의 좋은 예는 테슬라Tesla[7]다. 테슬라는 인터넷과 연결되어 모바일 앱으로 일부 기능을 제어할 수 있는 자동차를 만들어 생산하고 있다. 테슬라에서 만든 자동차는 자동으로 소프트웨어를 업데이트하며 기능을 추가하거나 버그를 수정하고, 심지어 엔진 각 부위의 문제점도 스스로 해결한다. 사물인터넷의 하나로 테슬라를 소개하는 흥미로운 잡지 기사도 있다.[8]

스마트홈과 스마트카는 소프트웨어 개발의 전체적인 측면에서 봤을 때 새로운 도전이자 기회다. 특히 테스트 관점에서 이런 기술은 새로운 테스트 환경이나 테스트 장비, 전혀 다른 시나리오와 함께 다양한 테스트 방법이 필요하다.

웨어러블 기기

웨어러블 기술wearable technology은 지난 몇 년에 걸쳐 현재까지 급격히 성장하고 있는 분야다. 이에 따라 신체 각종 부위에 장착할 수 있는 새로운 기기를 위한 혁신적인 형태의 폼 팩터form factor들이 다수 등장했다. 새로운 폼 팩터들로 인해 각 제조사는 제품을 더 기능적이고 실용성 있게 만드는 방법을 고민하고 있으며, 동시에 고객을 만족시킬 디자인의 제품을 개발하는 것을 숙제로 안고 있다. 마찬가지로 같은 도전을 개발자와 테스터도 받고 있는데, 그동안의 경험으로부터 벗어나 원점에서 다시 시작해야 한다. 웨어러블 기기라 하면 일반적으로 스마트워치, 스마트 안경, 피트니스 밴드를 의미한다.

7　www.teslamotors.com/

8　www.wired.com/2014/02/teslas-air-fix-best-example-yet-internet-things/

스마트워치와 피트니스 밴드

스마트워치Smart Watches와 피트니스 밴드Fitness Wristbands는 모바일 기기의 확장판으로, 메시지와 뉴스, 전화, 건강 상태 같은 정보를 모바일 기기와 주고받는다. 이제 사용자는 정보를 확인하기 위해 주머니에서 스마트폰을 꺼내지 않아도 된다. 대부분의 기기는 사용자의 목소리나 터치스크린으로 제어할 수 있지만, 스마트워치나 피트니스 밴드는 데이터를 주고받는 모바일 기기가 없으면 기능에 제한을 받는다.

스마트워치와 피트니스 밴드의 사용성 테스트는 철저하게 이뤄져야 한다. 작은 화면에서 사용이 편리하게 하는 것은 결코 쉬운 일이 아니다. 디자이너와 UX 전문가가 고객의 사랑을 독차지할 기기를 만들기 위해 고민에 고민을 반복하는 이유가 여기에 있다. 스마트워치와 웨어러블 기기 디자인 지침에 관해 조나단 콜Jonathan Kohl이 포스팅한 글에는 사용성과 관련된 좋은 내용이 많이 들어있다.[9]

스마트워치나 피트니스 밴드 같은 웨어러블 기기를 테스트할 기회가 생기면, 소프트웨어 검증과 함께 룩앤필도 신경 써야 한다. 디자인과 사용성 테스트 역시 함께 확인해야 하는 항목인데, 자신에게 다음과 같이 질문하며 제품에 대한 피드백을 얻을 수 있다.

- 착용감이 좋은가?
- 적절한 앱 조작으로 웨어러블 기기를 사용할 수 있는가?
- 기능 조작이 쉬운가?
- 이동 중이나 소프트웨어를 사용하고 있을 때 방해되는 부분은 없는가?
- 사용자는 어떻게 스마트워치나 피트니스 밴드와 상호작용하는가?

외형과 느낌, 디자인, 사용성이 웨어러블 기술의 성공을 가를 주요 요인으로 꼽힌다. 조금이라도 불편하다고 생각되는 웨어러블 기기는 사용자가 구매하지 않을 것이다.

기술적인 관점에서 스마트워치 테스트는 모바일 앱과 비교해 도전적인 요소가 좀 더 보인다. 스마트워치가 모바일 기기를 확장한 개념이라는 점에서, 데이터를

---

9   www.kohl.ca/2014/lessons-learned-when-designing-products-for-smartwatches-wearables/

주고받는 모바일 기기 간의 통신 검증을 위해 웨어러블 기기와 소프트웨어 테스트가 함께 필요하다. 이런 테스트 시나리오는 자동화로 해결할 일이 아니다. 모바일 기기의 파편화 문제는 이미 알고 있겠지만, 스마트워치와 피트니스 밴드의 경우는 날마다 일어나는 각기 다른 사용자 시나리오 상황에서 정상적인 동작을 확인해야 한다. 이런 사용자 시나리오는 실생활에 더욱 밀접하게 다가가는 것이 필수다.

구글은 2014년 안드로이드 웨어$^{Android Wear}$[10]를 발표하면서 웨어러블 시대를 열었다. 애플은 2014년 9월 애플 워치$^{Apple Watch}$[11]를 발표하고 2015년 봄에 대중에게 판매를 시작했다. 인터넷으로 스마트워치와 피트니스 밴드를 검색해보면, 다양한 기기 제조사와 수많은 제품을 만나볼 수 있다.

웨어러블 기기의 소프트웨어에 관한 정보는 페블 개발자 페이지[12], 구글 웨어러블[13], 애플 워치[14] 소개란을 참고한다.

스마트 안경

구글 글래스$^{Google Glass}$는 구글에서 만든 웨어러블 기기다. 구글 글래스[15]는 모바일 기기의 하드웨어 사양과 거의 흡사하지만, 광학 헤드마운트 디스플레이$^{OHMD, optical head-mounted display}$가 장착되어 콘텐츠와 정보를 눈앞에서 바로 확인할 수 있게 해준다. 또한 다양한 센서와 카메라가 주변에 부착된 상태에서 음성이나 프레임 옆 터치패드를 사용해 기기를 제어할 수 있다.

일부 국가를 대상으로 2014년부터 구글 글래스 익스플로러 에디션$^{explorer edition}$을 판매하고 있지만, 상대방의 동의 없이 영상 녹화를 할 수 있어서 많은 사람들이 사생활 침해를 우려하고 있다. 또한 기기의 활용에 따라 기업의 비밀 유출과 운전 중 사용 같은 안전상의 이슈도 제기되면서 제품에 대한 우려의 목소리가 높

---

10 www.android.com/wear/

11 www.apple.com/watch/

12 https://developer.getpebble.com/

13 https://developer.android.com/training/building-wearables.html

14 www.apple.com/watch/features/

15 www.google.com/glass/start/

아지는 실정이다.

그런데도 구글은 새로운 방식의 모바일 기술을 제공하고 웨어러블 세상의 표준을 만들면서 혁신을 계속하고 있다. 심지어 제품이 대량 소비로 이어지지 않아도 말이다. 구글 글래스는 다가오는 미래에 반드시 사용될 방향성 기술^{direction} ^{technology}을 활용하는 좋은 예다.

스마트 안경을 직접 개발하거나 테스트할 기회가 주어지면, 스마트워치에서 했던 질문을 잊지 말길 바란다. 스마트 안경의 경우도 기존에 알고 있던 테스트 접근법을 다시 생각해보는 과정이 필요하다.

헬스 앱

성장하고 있는 모바일 시장에서 또 하나 흥미로운 것은 헬스 앱^{health apps}이다. '시장을 이끄는 iOS와 안드로이드 마켓에 등록된 모바일 헬스^{mHealth} 앱의 수는 불과 2년 반 만에 배로 늘어 10만 개에 이른다.', '… 2017년에 이르면 26억 달러 규모의 매출을 올릴 전망이다.' 이상은 헬스케어 앱 시장 분석 보고서인 「mHealth App Developer Economics」[16]에서 인용한 내용이다. 이러한 폭발적인 증가는 모바일 헬스 앱이 이제 곧 제 모습을 완전히 드러낼 때가 임박했음을 의미한다.

가장 인기 있는 모바일 헬스 앱 분야는 다음과 같다.

1. 피트니스 앱 (30%)
2. 의학 자료 앱 (16%)
3. 웰빙 앱 (15%)
4. 영양 섭취 앱 (8%)

모바일 헬스 앱의 남은 과제는 의료 상태 관리, 진단, 법규, 알림, 모니터링 같은 다양한 분야에 골고루 산재해 있다.

헬스 앱은 신체를 측정하는 도구로, 모바일 기기나 웨어러블 기기를 사용해 혈

---

16 http://mhealtheconomics.com/mhealth-developer-economics-report/

압이나 맥박, 심장 박동 수, 수면 패턴, 칼로리 소모, 러닝 속도를 측정한다. iOS와 안드로이드에서 동작하는 수많은 모바일 헬스 앱이 애플과 구글의 모바일 헬스 API 개발에 대한 투자를 확신하고 있다. 애플은 iOS 8을 발표하는 자리에서 건강 Health 앱[17]과 HealthKit[18]을 함께 소개했고, 구글은 구글 핏Google Fit[19]을 2014년에 선보였다. 애플과 구글이 헬스 시장에 진출함에 따라 곧 새로운 기기와 앱이 나타날 전망이다.

대부분의 앱이 사용자의 운동이나 식습관을 기록해 생활의 편리함을 가져오겠지만, 때로는 위험을 초래할 수도 있다. 당뇨병 환자의 인슐린 복용을 관리하는 앱은 버그가 있으면 그 자체로 재앙이 된다. 이런 위험으로 인해 고민해야 하는 문제가 생겼다. 과연 헬스 케어 앱을 믿을 수 있을까?

의료 기기는 일반적으로 미국 식품의약관리국FDA, United States Food and Drug Administration의 통제를 받지만, 모바일 헬스 앱의 경우는 아니다. 의학 저널인 「뉴잉글랜드 저널 오브 메디슨New England Journal of Medicine」[20]에서 어떤 전문가는, FDA는 충분한 인력과 자원이 없어서 앱스토어에 올라오는 수많은 헬스 관련 앱을 모두 규제할 수 없다고 말했다. 더 큰 문제는 모바일 운영체제의 업데이트에 있다. 모바일 플랫폼은 1년에 적어도 두세 번의 업데이트를 하는데, 운영체제 업데이트도 FDA의 규제 대상이다.

이쯤에서 헬스 앱의 신뢰도를 묻는 앞서의 질문에 대한 나의 생각을 말하면 '아니오'다. 데이터가 정확하며 어떤 오류도 없다는 것을 보장할 수 없고 관리 기관의 규제도 받지 않은 헬스 앱은 신뢰할 수 없다.

모바일 헬스 앱을 테스트할 기회가 주어진다면 다음 내용을 잊지 말길 바란다.

- FDA와 의료 기관에서 헬스 케어 규제와 관련된 정보를 구한다.
- 앱에서 다루는 데이터는 사람의 생명과 관련되어 있으므로 정확해야 한다.
- 개인의 건강 상태는 사적인 부분이므로 데이터 보호가 매우 중요하다.

17　www.apple.com/ios/whats-new/health/
18　https://developer.apple.com/healthkit/
19　https://developers.google.com/fit/
20　http://www.nejm.org/doi/full/10.1056/NEJMhle1403384

- 모바일 헬스 앱은 사용자의 니즈에 부합하도록 사용성이 뛰어나야 한다.
- 피트니스 앱에서 위치 데이터는 정확도가 높아야 한다.

위 내용 말고도, 책을 통해 얻은 모든 모바일 테스트 체계가 헬스 앱과 피트니스 앱에 그대로 적용된다.

모바일 헬스 앱과 관련된 내용을 더 찾아보고 싶으면 mHealthNews[21] 또는 mobile Health Economics[22] 웹사이트를 방문하거나, 2014년 앱 개발자 시장조사 연구 자료[23]를 살펴보길 바란다.

결론

이번 절에서는 나의 마지막 결론을 내리고자 한다. 이 책을 통해 모바일 테스트의 중요 요소인 모바일 기기와 모바일 앱, 사용자, 각종 도구에 대해 배우고 익혔는데, 모바일 테스터로 일했던 내 생각과 경험이 하나도 빠짐없이 모두 전달되었으면 하는 바람이다.

이 책에서 주요 타깃으로 하는 독자층은 모바일 테스터, 모바일 개발자, 프로덕트 매니저 등 모바일 분야 종사자다. 이 책은 새로운 테스트 아이디어를 가지고 새로운 시각으로 모바일 테스트에 접근하는 기회가 될 수 있으며, 또한 지식수준을 확장함과 동시에 자신만의 테스트 아이디어와 접근법 개발을 위한 기본서로 쓰일 수 있다.

지금까지 살펴봤듯이, 모바일 개발과 테스트 분야는 하루가 멀다 하고 등장하는 수많은 기술로 급격하게 변화하고 있다. 항상 최신 기술을 유지하고 배움에 굶주리며, 변화무쌍한 테크놀로지 세상에 적응하는 것이 중요한 이유가 여기에 있다.

---

21 http://mhealtheconomics.com
22 https://developer.apple.com/healthkit/
23 https://developers.google.com/fit/

성공을 확신하는 다섯 가지 핵심 요소

마지막으로, 성공하는 모바일 테스터로 성장하기 위한 다섯 가지 핵심 요소를 설명한다.

성공 핵심 요소 1: 목표 기대치를 높게 잡는다

모바일 사용자의 높은 기대치만큼이나 모바일 앱의 성능과 기능, 사용성 기준도 높아야 한다. 모바일 사용자는 사용 중 불편한 점이 발견되면 그 자리에서 앱을 삭제하고 앱스토어에 낮은 평점을 준다는 사실을 기억해야 한다. 따라서 사용자의 편의를 항상 최우선으로 두고 사용성과 성능에 집중하며 심각한 버그는 모두 수정될 수 있도록 해야 한다. KIFSU를 기억하고 고객의 니즈에 귀 기울인다.

성공 핵심 요소 2: 모바일 기기 전문가가 된다

모바일 테스터로 성장하려면 모바일 기기 전문가가 되어야 한다. 모바일 기기를 구성하고 있는 다양한 하드웨어와 소프트웨어 기능을 플랫폼에 상관없이 모두 알고 있어야 하는데, 이런 지식이 쌓여 다양한 테스트 시나리오를 생각해낼 수 있다. 가능하다면, 다양한 플랫폼의 모바일 기기를 구매하는 것으로 항상 최신 정보를 습득할 수 있다. 구매가 어려운 경우에는 모바일 디바이스 랩에서 대여하는 방법을 고려한다.

다양한 분야의 블로그와 뉴스를 통해 운영체제와 모바일 기기에 관련된 최신 정보를 얻을 수 있다. 모바일 제조사의 키노트 영상을 보면서 플랫폼 전반에 걸쳐 다양한 정보를 습득해야 한다.

성공 핵심 요소 3: 같은 장소에 머물러 테스트하지 않는다

모바일 앱을 테스트할 때 가장 신경 써야 하는 부분은 장소를 이동해가며 테스트하는 것이다. 사용자는 다양한 시나리오로 다양한 장소와 네트워크 환경에서 모바일 앱을 사용한다. 따라서 테스트는 최대한 실제 사용 환경과 가깝도록 다양한 네트워크 속도를 고려하는 것이 필수다. 실제 환경에서 테스트를 수행한다면 반드시 다양한 이슈가 튀어나오기 마련인데, 사무실 안에서만 테스트해서는 이런 문제들을 절대로 발견할 수 없다. 움직이며 테스트한다면 여러 방해 요소들로 인해 모바일 기기의 센서와 인터페이스가 영향을 받을 수 있다. 당장 모바일 기기를 가지고 실외 테스트를 계획해보자.

성공 핵심 요소 4: 프로그래밍을 시작한다

모바일 테스터는 테스트 자동화 코드를 작성할 수 있어야 한다. 아직 프로그래밍을 하지 못한다면, 여기에 최우선을 두고 신뢰성 있는 자동화 스크립트를 작성할 수 있을 때까지 노력해야 한다. 프로그래밍으로 리그레션 테스트 자동화에 기여할 수 있고, 개발자와 코드를 보며 의논하는 징검다리 역할도 할 수 있다. 프로그래밍을 중단하고 있었다면, 지금이 바로 책이나 온라인 튜토리얼을 통해 프로그래밍을 시작할 때다.

성공 핵심 요소 5: 꾸준히 배운다

마지막 성공 요소는 꾸준히 배우는 사람이 되는 것이다. 이 말은 모바일 테스터뿐만 아니라 IT 산업에 종사하고 있는 모든 이에게 해당한다. 모바일 앱을 포함해 복잡한 시스템에 사용되는 기술은 계속해서 발전한다. 여기에 발맞춰 새로운 기술과 소통하고 활용하는 방식도 함께 변화하고 있으므로 최대한 빨리 이런 정보를 찾아내 받아들여야 한다.

새로운 기술을 배우는 것과 함께 테스트 역량을 향상시키기 위해 끊임없이 노력해야 한다. 가장 좋은 방법은 많은 양의 독서와 블로그 포스팅 읽기, 콘퍼런스 참가 등인데, 대회 참여를 통해 다른 테스터의 기술을 배우고 경험을 공유하는 방법도 좋은 훈련법 중 하나다. 이 모든 방법이 테스트 아이디어와 접근법, 역량 향상에 큰 도움이 된다.

새로운 무언가를 배우는 것을 피하지 말자. 실수를 통해 배우면 된다.

요약

9장은 '앞으로 펼쳐질 일들'이라는 제목으로 관련 주제를 다뤘다. 소프트웨어 테스터가 알아야 할 다가오는 미래 기술은 무엇인가? 9장에서 설명한 다섯 가지 기술 중에는 이미 시장에 나온 것도 있고, 현재 진행형인 기술도 있다. 다섯 가지 기술은 다음과 같다.

- 사물인터넷
- 스마트홈
- 스마트카
- 웨어러블 기기
- 헬스 앱

'결론' 절에서는 모바일 테스터로서 성공적인 커리어를 쌓기 위한 다섯 가지 핵심 요소를 적었다. 성공을 위한 핵심 요소는 다음과 같다.

- 목표 기대치를 높게 잡는다.
- 모바일 기기 전문가가 된다.
- 한 자리에만 머물러 테스트하지 않는다.
- 프로그래밍을 시작한다.
- 꾸준히 배운다.

여기까지가 하고 싶은 말의 전부다. 책을 읽어준 여러분께 감사하며, 이 책을 통해 많은 것을 얻고 새로운 아이디어를 생각해내 현장에서 발휘할 수 있길 바란다.

행복한 모바일 테스트를 위해!

찾아보기

에이콘출판의 기틀을 마련하신 故 정완재 선생님 (1935-2004)

고품질 앱을 위한 모바일 테스팅

모바일 테스트 전략부터 수행까지

인 쇄 | 2015년 2월 18일
발 행 | 2016년 2월 26일

지은이 | 다니엘 노트
옮긴이 | 최근호 · 정미연

펴낸이 | 권 성 준
엮은이 | 황 영 주
　　　　　전 도 영
　　　　　오 원 영
표지 디자인 | 한국어판_이승미
본문 디자인 | 김 연 옥

인쇄소 | (주)갑우문화사
지업사 | 다올페이퍼

에이콘출판주식회사
서울특별시 양천구 국회대로 287 (목동 802-7) 2층 (07967)
전화 02-2653-7600, 팩스 02-2653-0433
www.acornpub.co.kr / editor@acornpub.co.kr

한국어판 ⓒ 에이콘출판주식회사, 2016, Printed in Korea.
ISBN 978-89-6077-834-4
ISBN 978-89-6077-412-4 (세트)
http://www.acornpub.co.kr/book/mobile-app-testing

이 도서의 국립중앙도서관 출판시도서목록(CIP)은 서지정보유통지원시스템 홈페이지(http://seoji.nl.go.kr)와
국가자료공동목록시스템(http://www.nl.go.kr/kolisnet)에서 이용하실 수 있습니다.(CIP제어번호: CIP2016004347)

책값은 뒤표지에 있습니다.